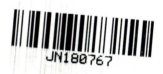

情報・コンテンツの公正利用の実務

IT／ネット時代の企業活動における
コンテンツの活用

森・濱田松本法律事務所

齋藤 浩貴
上村 哲史
編著

池村 聡
佐々木 奏
田中 浩之
桑原 秀明
嶋村 直登
呂 佳叡
著

青林書院

はしがき

情報・コンテンツを利用する場合において，権利者の許諾を得る必要があるのか（許諾を得なければ権利侵害となるのか）というのは，情報・コンテンツを取り扱うすべての事業者にとって常に悩ましい問題です。

そのため，当職らの下にも，日々，情報・コンテンツを取り扱う事業者から様々な疑問や相談が寄せられています。

そこで，これらの疑問や相談に応えるべく，権利者の許諾を得る必要のない情報・コンテンツの利用（以下「公正利用」といいます）とはどのようなものか，公正利用といえるためにはどのような要件が必要なのか，などの考え方を整理することといたしました。

本書は，様々な読者を想定し，①公正利用といえるかを判断するのに必要となる基本的な法的知識を解説する「基礎編」と，②公正利用といえるかが実務上問題となり得る具体的なケースについてQ＆A形式で解説する「実務編」との大きく２つのパートに分けて構成されています。

そして，本書がこの一冊に当たれば公正利用の大抵のことがわかる本となること（公正利用の「バイブル」となること）を目指し，本書Q＆Aでは，情報・コンテンツの公正利用に関する様々な問題をできる限り網羅的に取り上げています。

解説にあたっては，高度化するネットワーク社会において，権利者の権利を適切に保護するとともに，公正な利用を適切に行うことによって文化の発展を図るという，権利者・利用者双方の利益の調整に由来する法システムと実務の状況を明らかにするよう努めました。

もっとも，すべての問題を完全にカバーすることは不可能であり，また，時代とともに，公正な利用の範囲に関する考え方や裁判例も変遷し，新しい論点が発生する可能性もありますので，もし版を重ねる機会がありましたら，かかる時代の変遷もふまえ，より一層のQ＆Aの拡充を図っていきたいと思っています。

当職らといたしましては，本書が情報・コンテンツを取り扱う事業者の悩みを解決し，事業者において情報・コンテンツを安心して利用する一助となれば幸甚です。

最後に，本書の刊行に向けて，ご尽力いただきました青林書院編集部の長島晴美氏に，心からお礼を申し上げる次第です。

平成28年８月

執筆者代表　齋藤 浩貴
上村 哲史

凡　例

1. 本書の用字・用語は，原則として常用漢字，現代仮名づかいによったが，法令に基づく用法，及び判例，文献等の引用文は原文どおりとした。

2. 各設問の冒頭にQとして問題文を掲げ，第１章基礎編では🗀実務上のポイント🗀を，第２章実務編では🗀回　答🗀を示したうえで，▶解　説以下に具体的な説明を行った。

3. 関係法令は，原則として平成28年８月末日現在のものによった。

4. 判例，裁判例を引用する場合には，文章中に「☆１，☆２，☆３……」と注番号を振り，各設問の末尾に▶▶判　例として，注番号と対応させて「☆１　最判平24・２・２民集66巻２号89頁」というように列記した。その際に用いた略語は，後掲の〔**雑誌，判例集等略語表**〕によった。

5. 文献を引用する場合，及び解説に補足をする場合には，本文中に「★１，★２，★３……」と注番号を振り，各設問の末尾に▶▶注　記として，注番号と対応させて，文献あるいは補足を列記した。文献は，原則としてフルネームで次のように表記した。主要な雑誌等は後掲の〔**雑誌，判例集等略語表**〕によった。
〔例〕著者名『書名』（出版社，刊行年）頁数
　　　編（著）者名編『書名』（出版社，刊行年）頁数〔執筆者名〕
　　　執筆者名「論文タイトル」編（著）者名編『書名』（出版社，刊行年）頁数
　　　執筆者名「論文タイトル」掲載誌○○号／○○巻○○号○○頁　など

6. 本文解説中における法令条項は，原則としてフルネームで引用した。カッコ内における法令条項のうち主要な法令名は，後掲の〔**主要法令略語表**〕によった。

7. 本文中の重要用語は，巻末の「事項索引」に掲載した。

8. 本文中に引用した判例，裁判例は，巻末の「判例索引」に掲載した。

〔主要法令略語表〕

憲	日本国憲法	民	民法
商標	商標法	特定電通賠責	特定電気通信役務提供者の損害賠償責任の制限及び発信者情報の開示に関する法律
著作	著作権法		
著作則	著作権法施行規則		
著作令	著作権法施行令		
不正競争	不正競争防止法		

〔雑誌，判例集等略語表〕

最	最高裁判所	知財集	知的財産権関係民事・行政裁判例集
最大	最高裁判所大法廷	無体	無体財産関係民事・行政裁判例集
高	高等裁判所	最判解民	最高裁判所判例解説民事篇
地	地方裁判所	ジュリ	ジュリスト
判	判決	判時	判例時報
決	決定	判タ	判例タイムズ
支	支部	法教	法学教室
民集	最高裁判所民事判例集	LEX／DB	LEX／DBインターネット（TKC法律情報データベース）
刑集	最高裁判所刑事判例集	WLJ	Westlaw Japan
集民	最高裁判所裁判集民事		
下民	下級裁判所民事裁判例集		
行集	行政事件裁判例集		
訟月	訟務月報		

編著者・執筆者紹介

編 著 者

齋藤　浩貴（さいとう　ひろき）

第１章Q９，Q10，Q20，Q21，第２章Q１～Q８，Q15～Q18，Q30～Q35

弁護士　森・濱田松本法律事務所　パートナー

東京大学法学部卒業。ニューヨーク大学法科大学院修士課程修了。

1990年弁護士登録（第二東京弁護士会）。1995年ニューヨーク州弁護士登録。

知的財産，技術取引，情報通信，エンタテインメントに関連する交渉案件，訴訟案件及びマネジメント案件を中心に取り扱い，国内外にわたる取引に豊富な経験を有している。

上村　哲史（かみむら　てつし）

第１章Q１～Q５，Q11，第２章Q９～Q11，Q22～Q29，Q36，Q40

弁護士　森・濱田松本法律事務所　パートナー

早稲田大学大学院法学研究科修士課程修了。2002年弁護士登録（第二東京弁護士会）。

知的財産権，特に，放送，エンタテインメント，コンテンツ，ソフトウェア，IT関連分野の紛争案件や取引案件について，豊富な知識と経験を有している。

執 筆 者

池 村　聡（いけむら　さとし）

第１章Q６～Q８，第２章Q19～Q21

弁護士　森・濱田松本法律事務所　オブ・カウンセル

2001年弁護士登録（第二東京弁護士会）。

2009年文化庁長官官房著作権課著作権調査官（～2012年６月）。

各種エンタテインメント分野，IT分野等を主な取扱分野とする。

佐々木　奏（ささき　すすむ）

第１章Q18，Q19，第２章Q37～Q39

弁護士　森・濱田松本法律事務所　アソシエイト

2003年弁護士登録（第二東京弁護士会）。

知的財産法，IT分野，エンタテインメント分野等を主な取扱分野とする。

田中　浩之（たなか　ひろゆき）

第１章Q13～Q17，第２章Q12～Q14

弁護士　森・濱田松本法律事務所　アソシエイト

2007年弁護士登録（第二東京弁護士会）。2014年ニューヨーク州弁護士登録。

著作権法を含む知的財産法，システム・ゲーム等のIT分野等を主な取扱分野とする。

桑原　秀明（くわはら　ひであき）

第１章Q13～Q15，第２章Q９～Q11，Q13，Q14

弁護士　森・濱田松本法律事務所　アソシエイト

2012年弁護士登録（第二東京弁護士会）。

特許権，商標権その他の知的財産権に関する紛争案件・取引案件を主に取り扱う。

嶋村　直登（しまむら　なおと）

第２章Q26～Q33，Q36

弁護士　森・濱田松本法律事務所　アソシエイト

2013年弁護士登録（第二東京弁護士会）。

著作権，IT／システム関連の紛争案件・相談案件を主に取り扱う。

呂　　佳叡（ろ　かえい）

第１章Q11，Q12，第２章Q１～Q８，Q15～Q18，Q40

弁護士　森・濱田松本法律事務所　アソシエイト

2013年弁護士登録（第二東京弁護士会）。

著作権法を含む知的財産法，ゲーム・放送等のエンタテインメント分野等を主な取扱分野とする。

目　次

第1章　基礎編

第９節　裁定制度――125

Q20 □ 著作物の利用に関する裁定制度……〔齋藤　浩貴〕／125

許諾を受けて著作物を利用したいのですが，著作権者不明の場合はどうすればよいでしょうか。著作物の利用に関する裁定制度について教えてください。

第10節　オープン・ライセンス――131

Q21 □ クリエイティブ・コモンズ・ライセンス……〔齋藤　浩貴〕／131

クリエイティブ・コモンズ・ライセンス（CCライセンス）とは何ですか。

第２章　実 務 編

第１節　社内における情報・コンテンツの利用――139

Q１ □ 社内検討用資料における著作物の利用……〔齋藤　浩貴＝呂　佳叡〕／139

1　ライバル企業の①新商品発売のプレスリリース，②ウェブサイトの商品紹介ページ，③新聞サイトの商品紹介記事を，当社内での検討会議のためにプリントアウトして配布することには問題はあるでしょうか。

2　ライバル企業が米国企業である場合に，社内で翻訳したものを添付することはどうでしょうか。

Q２ □ 自社に関するニュース記事のデータ化……〔齋藤　浩貴＝呂　佳叡〕／143

当社のことを取り上げたニュース記事をPDF化して当社のサーバで管理・保管したいと思います。何か問題があるでしょうか。

Q３ □ 入社試験への評論の登載……〔齋藤　浩貴＝呂　佳叡〕／149

当社の入社試験問題に，経済誌に掲載された評論を登載したいと思います。何か問題があるでしょうか。

第２節　企画・検討過程・試験段階における利用――155

Q４ □ プレゼン，応募資料における著作物の利用……〔齋藤　浩貴＝呂　佳叡〕／155

1　当社は広告代理店ですが，イベント企画を顧客にプレゼンするため，イベントに使用することを提案するキャラクターと楽曲（歌付き）が収録されているプレゼン資料を作り，プレゼン会議で映写説明するとともに，資料としてコピー（楽曲含む）を配布する予定です。何か問題があるでしょうか。

2　当社は，ロゴデザインのコンペに応募しようとしていますが，ロゴデザインの使用例として，個人のサイトからダウンロードした空港や街角の写真に当社作成のロゴデザインをはめ込んだ資料を応募資料に利用する予定です。応募資料は，コンペの審査のみに使用され，一般には公開されないことになっていますが何か問題があるでしょうか。

Q 5 🗀企画書における著作物の利用……〔齋藤　浩貴＝呂　佳叡〕／162

取引先に対して企画書を提出することになっていますが，企画イメージの補強のため，一般的な食品を撮影した写真を，個人のサイトからダウンロードして使用しようと思っています。何か問題があるでしょうか。

Q 6 🗀フリー素材の利用……〔齋藤　浩貴＝呂　佳叡〕／167

取引先にプレゼンする企画書をパワーポイントで作成するのですが，企画書内で使用したい画像を掲載しているサイトに，「すべてフリー素材です！　ご自由にお使いください」と記載されている場合は，そのまま企画書に使用しても，著作権法上の問題は生じないでしょうか。

Q 7 🗀発注書における著作物の利用……〔齋藤　浩貴＝呂　佳叡〕／170

当社は，オンラインゲームの開発をしていますが，当該開発中のゲームに使用する画像を外注する予定です。その際，イラストのイメージを外注先に伝えるため，文章による説明のほか，CDのジャケット写真，ファッション誌に掲載されている写真やイラスト，及びインターネット上で掲載されている画像等，服装，ポーズ，背景や作風などの参考になる写真，イラスト及び画像等を発注書に複製したいと考えています。何か問題があるでしょうか。

Q 8 🗀著作権侵害の判定の準備のための利用……〔齋藤　浩貴＝呂　佳叡〕／173

当社は，お客様からいただいた３Ｄデータを基に３Ｄプリンタで立体物を製作して提供するサービスを行おうとしています。著作権を侵害しないようにするため，著作権により保護されている著作物を集めたデータから特徴量を抽出し，これと持込み３Ｄデータを照合する技術を開発しようとしています。持込み３Ｄデータが特徴量にヒットし，著作権侵害の可能性があると判定された場合には，著作権者からの許諾を取得済みであることをお客様から証明いただかない限り，製作は行わない運用にする予定です。この特徴量の抽出のために著作物を複製することは，著作権法上問題があるのでしょうか。

第３節　写り込み，写し込み――180

Q 9 🗀屋外にある著作物の利用行為……〔上村　哲史＝桑原　秀明〕／180

1　当社ホームページに本社ビルの写真をアップロードしたいと思いますが，本社の目の前の公園に，有名な彫刻家の彫刻があり，これがどうしても写り込んでしまいます。問題はないでしょうか。当該写真を当社案内パンフレット（無料）の表紙に使うことはどうでしょうか。

2　当社（テレビ局）が渋谷で女子高生に対する最近のファッション事情に関する街頭インタビューを収録し放送する際，屋外で流れている音楽（JASRAC等の当社が包括契約

を締結している著作権等管理事業者の管理楽曲以外の楽曲）が入り込んでしまっても問題ないでしょうか。

Q10　著作物の複製への該当性 ……………………………〔上村　哲史＝桑原　秀明〕／184

当社の販売する照明器具の宣伝広告用カタログにおいて，和室で撮影した写真を掲載する予定です。その写真には，掛け軸として装丁された書が小さく写っていますが，当該写真を利用することは問題ないでしょうか。なお，写真からは，何の文字が書いてあるかは読み取れますが，細部についてはわからないようになっています。

Q11　キャラクターTシャツの写り込み・写し込み……〔上村　哲史＝桑原　秀明〕／188

1　当社が発行する雑誌の表紙に子供タレントの写真を使う予定です。子供タレントに着せる衣装としてスタイリストが用意したTシャツには，有名キャラクターがプリントされており，撮影した写真には，当該キャラクターが，それほど大きくないのですがはっきりとわかる形で写り込んでいました。問題ないでしょうか。

2　当社の発行する育児雑誌に，読者から投稿された，遊園地で母親と子供が遊んでいるところを父親が撮影した写真を使用したいのですが，写真に写っている子供が着ているTシャツには，有名キャラクターがそれほど大きくないのですがはっきりとわかる形で写り込んでいました。問題ないでしょうか。

第4節　引　用 ――――――――――――――――――――――――――― 191

Q12　パロディ・フェアユース ……………………………………〔田中　浩之〕／191

当社は，レコード会社です。当社では，過去のヒットソングの歌詞を変更した替え歌を収録したCDを販売しようとしています。元歌の楽曲自体を利用することについては必要な権利処理はするつもりです。替え歌は，パロディやフェアユースに当たるため，元歌の作詞家・作曲家から歌詞を変更することについて許諾を得ることは不要と考えてもよいでしょうか。

Q13　引用の限界――鑑定証書に絵画のコピーを添付することや，漫画において主人公がプレイするゲームに登場するキャラクターを描くことは適法か
……………………………………〔田中　浩之＝桑原　秀明〕／196

1　美術鑑定会社である当社が，ある画家の作品である絵画が真作であるとの鑑定証書を作製するにあたり，当該鑑定証書の裏面に，当該絵画を縮小してカラーコピーしたものを貼り合わせることはできますか。

2　当社は，出版社です。当社が出版する漫画において，主人公がゲームをプレイするシーンがあり，コマの中のゲームのプレイ画面として，他社が著作権を有するゲームに登場するキャラクターが描かれ，実際のゲームのキャラクターのセリフも描かれています。このような場合，ゲームのキャラクターに関する著作物についての権利者からの許諾は不要と考えてもよいでしょうか。

Q14　翻訳引用，要約引用 ……………………………〔桑原　秀明＝田中　浩之〕／203

1　当社の出版物（日本語）に英文の文献の記載を引用したいのですが，英文ではなくそ

第5節　上映，上演，公の伝達等 ─── 208

Q15　社屋の外壁へのテレビ番組の映写 ……………………〔齋藤　浩貴＝呂　佳叡〕／208

当社は放送局です。会社の社屋の外壁に，通行の公衆へのアピールになるよう，当社番組を大画面で映写したいと思いますが，問題がありますか。

Q16　スポーツ施設における音楽の利用 ……………………〔齋藤　浩貴＝呂　佳叡〕／212

地方公共団体が運営するスポーツセンターでダンス教室を開催するのですが，その際に音楽を流すことに問題はありませんか。

Q17　社内研修のためのDVDの上映 …………………………〔齋藤　浩貴＝呂　佳叡〕／218

社内研修のためにDVDの鑑賞会をすることに問題はありますか。

Q18　スポーツバーにおけるスポーツ番組の上映 …………〔齋藤　浩貴＝呂　佳叡〕／223

私はスポーツバーを営んでいます。店内にテレビを設置してスポーツ番組を流してもよいでしょうか。

Q20　他者商品を撮影した画像の利用行為 ……………………………〔池村　聡〕／232

当社のホームページのデザインの素材として，他社が販売している商品（家具，おもちゃ，衣服等）を当社で撮影した画像を利用したいと思いますが，何か問題があるでしょうか。

Q21　オークションサイトでの美術品画像の利用行為 ………………〔池村　聡〕／234

当社は，オークションサイトを営んでいます。オークションの対象となる美術品の画像を当社のオークションサイト上に掲載することはできますか。

1　当社のウェブサイトのディスクリプションメタタグ（記述メタタグ）に競合他社の商標を記述し，検索エンジンの検索結果ページに当社のウェブサイトを表示させることは，商標権侵害又は不正競争防止法違反になりますか。

2　また，当社ウェブサイトのキーワードメタタグに競合他社の商標を記述する場合はどうでしょうか。

当社は，公園内で，インターネットで配信する動画コンテンツの撮影を行うことを予定しています。このような撮影の際には，その場所をたまたま通行していた一般人の肖像が背景に小さく映り込んでしまう場合もあります。何か問題がありますか。また，問題がある場合にはどのような措置を講ずるのがよいでしょうか。

当社は，当社が配信する女性向けの電子雑誌（本件雑誌）の中で，「この春・ファッションリーダーになろう！　編集者が選ぶ人気女優コーディネート・ベスト５と『着回しコーデ術』」と題する記事（本件記事）を掲載する予定です。

本件記事は，約300頁の本件雑誌の中で４頁にわたって掲載されたものであり，本件雑誌の編集者３名が若い女性に人気の女優たちのコーディネートをランキング形式で紹介しつつ，春物の服のコーディネートのポイントを解説することを内容としています。本件記事には，複数の女優を被写体とする10枚のカラー写真（本件写真）が使用されており，その大きさは，小さいもので縦２cm，横３cm，大きいもので縦８cm，横10cm程度です。また，本件記事は，人気女優の肖像よりもむしろファッションに主眼をおいているため，編集者３名による選考の理由やコーディネートのポイントに関する記述やそれぞれのコーディネートを組み合わせた２週間分の「着回しコーデ」の方法を紹介する記述や図解などが本件記事の全体の分量のうちの８割くらいを占めています。

女優たちに無断で本件写真を掲載すると，女優たちのパブリシティ権侵害になるのでしょうか。

1　当社は民間のシンクタンクです。報告書を作成するにあたって，他者のウェブサイトに掲載されている会社情報（名称，所在地及び電話番号等）や財務情報を利用する場合のルールを教えてください。

2　会社情報や財務情報などがまとめられている図表が，他者のウェブサイトに掲載され

ていますが，こうした図表を利用する場合はどうでしょうか。

Q27 □ 店舗情報の転載 ……………………………………〔上村　哲史＝嶋村　直登〕／262

当社は，自社のウェブサイトで，グルメ情報を発信しているのですが，そのウェブサイト上に，立地，外観，店名，内装，入店方法等により秘密性を演出している地域の小規模な飲食店Ａについて，その店舗情報（名称，所在地及び電話番号等）を掲載して紹介していました。

飲食店Ａは，自身のウェブサイトで自己の店舗情報を掲載していたので，当社が，飲食店Ａの店舗情報を利用するにあたって，その飲食店Ａから事前の了解を得ていなかったのですが，このたび，突然，当該飲食店Ａが，当社のウェブサイトから，飲食店Ａに関する情報を削除するように求めてきました。当社は，その店舗情報の削除に応じなければいけないのでしょうか。

Q28 □ ニュースのまとめサイトの留意点(1) ……………〔上村　哲史＝嶋村　直登〕／270

1　他社のニュースサイトの記事を，手作業でまとめたサイトを開設したいと思います。その場合の著作権法上の問題点を教えてください。

2　他社のニュースサイトの記事を，プログラムにより自動的に収集して表示するサイトを開設する場合はどうでしょうか。

Q29 □ ニュースのまとめサイトの留意点(2) ……………〔上村　哲史＝嶋村　直登〕／279

他社のニュースサイトに，ある犯罪事件について容疑者の実名・顔写真を報道している記事が掲載されています。当社が運営するまとめサイトに，その容疑者の実名・顔写真を掲載することの問題点を教えてください。

第９節　クラウドビジネス ―――――――――――――― 283

Q30 □ オンラインストレージサービス ………………〔齋藤　浩貴＝嶋村　直登〕／283

スマートフォンやタブレット端末でユーザが保有している情報を，インターネット経由で当社の国内のサーバで預かるストレージサービスを開始したいと思います。その場合の留意点を教えてください。

Q31 □ 評判分析サービス …………………………………〔齋藤　浩貴＝嶋村　直登〕／291

インターネット上の情報をクラウド上のサーバに収集・分類し，自社商品等の評判を知りたい会社に対して，評判を知りたい商品等の名称を入力すれば，その商品等の評判に関するデータが提供されるサービスを提供したいと思いますが，可能でしょうか。

Q32 □ 類似画像の検索サービス …………………………〔齋藤　浩貴＝嶋村　直登〕／296

インターネット上の画像を事前にクラウド上のサーバに収集・分類しておき，チェック対象の画像を入力すると，既にサーバに収集・分類された画像と比較し，類似画像が表示されるサービスを提供したいと思いますが，可能でしょうか。

Q33 □ テレビ放送された番組・ＣＭの情報の提供 ……〔齋藤　浩貴＝嶋村　直登〕／303

1　当社のクラウドサーバ上で全チャンネルのテレビ放送を録画し，法人顧客が，危機管理や報道対応のために，後で検索して自由に視聴できるようにするサービスを提供することは可能でしょうか。

2　当社が，テレビ放送から，メタデータ（番組やCMの内容，出演者，BGMの曲名，紹介されたお店，商品，広告主の名称等の情報）を抽出し，データベース化したものをオンラインで法人顧客に提供するとともに，テレビ放送の全チャンネルを録画することができるレコーダを販売又はリースすることで，当該法人顧客が，危機管理や報道対応のために，当該機器を用いてテレビ番組を録画したうえで，メタデータを検索して，対応する録画済のテレビ番組・CMを自由に視聴できるようにするサービスを提供することは可能でしょうか。

第10節　私的使用目的利用の支援サービス——310

Q34□書籍の自炊代行サービス……〔齋藤　浩貴〕／310

個人のお客様が所蔵している書籍を，当社に送付していただき，裁断のうえスキャンして，スキャンした電子データをお客様に提供する，いわゆる自炊代行サービスのビジネスをすることは可能でしょうか。

Q35□テレビの遠隔視聴支援サービス……〔齋藤　浩貴〕／316

当社のサーバで録画したテレビ番組を，利用者のスマートフォンやタブレット等様々なインターネット端末で視聴可能にするサービスを提供したいと思いますが，そのようなビジネスをすることは可能でしょうか。

テレビの受信・録画・インターネット送信を行うサーバについては，利用者ごとに1台ずつ用意し，利用者の所有ということにして，当社にてサーバを預かるという仕組みにした場合はどうでしょうか。

第11節　動画投稿サイト——323

Q36□動画投稿サイトの運営者の責任……〔上村　哲史＝嶋村　直登〕／323

当社は，ユーザから動画を投稿してもらう動画投稿サイトを開設しようと考えています。ユーザの投稿動画が著作権を侵害するものであった場合には，当社も著作権法上の責任を問われることを懸念しています。当社が責任を問われるリスクを低減させるためにはどのような対応をとればよいでしょうか。

第12節　リ ン ク——329

Q37□サイトや動画へのリンク……〔佐々木　奏〕／329

1　当社のメールマガジンで，当社のビジネスに関連する他社のウェブサイトのコンテンツを，当該サイトにリンクを張る形で紹介したいと考えています。他社のウェブサイト

にリンクを張る場合の留意点を教えてください。
2　当社のウェブサイトにおいて，動画投稿サイトに投稿されている動画にリンクを張って配信したいと考えています。その場合の留意点を教えてください。

第13節　著作物性のない情報と不法行為 ―― 335

Q38 ニュース記事の見出しのデッドコピー ……〔佐々木　奏〕／335
当社では，ウェブサイトに掲載されたニュース記事の見出しと同じ語句のリンク見出しをメールマガジンに掲載して，当該メールマガジンのリンク見出しをクリックすることによりニュース記事を閲覧できるサービスを展開することを検討しています。このようなサービスを展開する場合には，法律上どのような問題があるでしょうか。

第14節　契約の成立と効力 ―― 341

Q39 契約の成否 ……〔佐々木　奏〕／341
会員制ウェブサイトの利用規約に，ウェブサイトの内容は秘密であるため，転載禁止と記載されている場合に会員は従わなければならないでしょうか。

第15節　類否判断 ―― 345

Q40 オンラインゲーム制作における著作権侵害回避 …〔上村　哲史＝呂　佳叡〕／345
競合他社のヒットしているオンラインゲームに対応して，当社も同ジャンルのオンラインゲームを制作したいと思います。具体的にどのような点に注意すればよいでしょうか。

事項索引 ……355
判例索引 ……359

第 1 章

基礎編

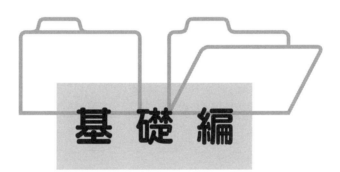

第1節　公正利用一般

Q 1　他人の情報やコンテンツを利用する場合に注意すべき権利

他人の情報・コンテンツを自己のウェブサイトで利用する場合に注意すべき権利にはどのようなものがありますか。

🗁実務上のポイント🗁

☑他人の情報・コンテンツを権利者の許諾なく自己のウェブサイトで利用する場合，当該情報・コンテンツの種類や利用の態様に応じて，主に，以下の🗀表1－1－1　関連権利一覧記載の権利に注意する必要があります。

🗀表1－1－1　関連権利一覧★1

	情報・コンテンツの種類	関係する権利
①	他人の著作物	著作権，出版権，著作者人格権
②	他人の実演，レコード，放送又は有線放送	著作隣接権
③	他人の商標（社名，商品・サービス名，ロゴ等）	商標権，不正競争防止法
④	他人の氏名・肖像	プライバシー権，肖像権，（著名人の場合）パブリシティ権
⑤	他人の社会的評価や信用に関する情報	名誉権，名誉感情

▶解　説

Ⅰ　はじめに

他人の情報・コンテンツを他人の許諾なく自己のウェブサイトで利用する場合には，当該情報・コンテンツの種類や利用態様に応じて，様々な権利に注意する必要がある。

例えば，ニュース記事やテレビ番組など，他人が作成した著作物を自己のウェブサイトで利用する場合，当該著作物について他人が保有している著作権や著作者人格権といった著作権法に定める権利を侵害しないかが問題となる。当該著作物を著作権法の定めるルールに従って公正に利用していれば著作権等の侵害にはならないが，そうでなければ，著作権等の侵害となり，他人から当該著作物の利用の差止めを求められたり，損害賠償を請求されたりすることになる。

以下では，情報・コンテンツの種類及び利用態様ごとに注意すべき権利の概要を解説する。

Ⅱ　他人の著作物を利用する場合

他人の著作物を他人の許諾なく利用する場合には，著作権や著作者人格権を侵害する可能性がある。

著作物とは，「思想又は感情を創作的に表現したものであって，文芸，学術，美術又は音楽の範囲に属するもの」（著作２条１項１号）をいう。小説・論文，音楽，舞踏，絵画・彫刻，建築，地図・図面，映画，写真，プログラムなど，様々なものがこれに当たる。著作物の詳細については，Ｑ６を参照されたい。

著作権とは，著作物を排他的に利用することができる財産的な権利をいう。その詳細については，Ｑ２を参照されたい。また，著作者人格権とは，著作者の人格的な利益を保護する権利をいう。その詳細については，Ｑ２を参照されたい。

他人の著作物を他人の許諾なく利用した場合には，原則として著作権侵害となる。しかし，例えば，当該著作物の利用が「引用」（Q13参照）に当たる場合など，著作権法上，例外的に他人の許諾を得なくても利用することが許されている場合がある。著作物の権利者から許諾を得なくても，著作物を利用することができる場合の詳細については，Q5を参照されたい。

著作権侵害となった場合には，著作権者から当該著作物の利用の差止め（著作112条）や損害賠償等（民709条，著作114条等）を求められる可能性がある。また，著作権侵害は，刑事罰の対象にもなっている（著作119条1項）。

Ⅲ 他人の実演，レコード，放送又は有線放送を利用する場合

他人の実演，レコード，放送又は有線放送を他人の許諾なく利用する場合には，著作隣接権を侵害する可能性がある。

著作隣接権とは，著作物の公衆への伝達に重要な役割を果たしている者に与えられる権利をいい，具体的には，①実演家の権利，②レコード製作者の権利，③放送事業者の権利，④有線放送事業者の権利の4つがある。

「実演」とは，著作物を，演劇的に演じ，舞い，演奏し，歌い，口演し，朗詠し，又はその他の方法により演ずることをいう（著作2条1項3号）。「レコード」とは，蓄音機用音盤，録音テープその他の物に音を固定したものをいい（同項5号），世間一般にいわれているレコードよりも広い概念で，カセットテープやCDなども含む。ただし，映画のDVDなど，音をもっぱら影像とともに再生することを目的とするものは含まない。「放送」とは，不特定又は多数の者（公衆）に同一の内容のものが同時に受信されることを目的として行う無線通信の送信をいい（同項8号），有線通信の送信の場合には「有線放送」となる（同項9号の2）。

著作隣接権者の権利の詳細については，Q2を参照されたい。

著作隣接権侵害となった場合には，著作隣接権者から当該著作隣接権の対象物の利用の差止め（著作112条）や損害賠償等（民709条，著作114条等）を求められる可能性がある。また，著作権隣接権侵害は，刑事罰の対象にもなっている（著作119条1項）。

Ⅳ 他人の商標を使用する場合

他人の商標を他人の許諾なく使用する場合には，商標権を侵害する，又は不正競争防止法２条１項１号又は２号の不正競争行為に該当する可能性がある。

商標とは，商品や役務の出所を識別させるために用いられる，文字，図形，記号，立体的形状もしくは色彩又はこれらの結合，音などをいう。かかる商標が特許庁に登録されている場合には商標権で保護され，登録されていなくても周知又は著名になっているものは不正競争防止法で保護されている。商標権及び不正競争防止法２条１項１号又は２号の詳細については，Ｑ３を参照されたい。

商標権侵害又は不正競争防止法違反となった場合には，商標権者等から当該商標の使用の差止め（商標36条，不正競争３条）や損害賠償等（民709条，商標38条等，不正競争５条等）を求められる可能性がある。また，商標権侵害や不正競争防止法違反は，刑事罰の対象にもなっている（商標78条，不正競争21条２項）。

Ⅴ 他人の氏名や肖像を利用する場合

他人の氏名や肖像を他人の許諾なく利用する場合には，他人のプライバシー権，肖像権及びパブリシティ権を侵害する可能性がある。

プライバシー権とは，私事又は私生活に関する事項をみだりに公表等されない権利をいう。肖像権とは，自己の肖像をみだりに利用されない権利をいう。また，パブリシティ権とは，芸能人や著名人の肖像や氏名の有する顧客吸引力を排他的に利用する権利をいう。これらの権利は，法律上の定義があるわけではなく，裁判例により確立されてきた権利である。これらの権利の詳細については，Ｑ４を参照されたい。

プライバシー権等の侵害となった場合には，本人から当該氏名や肖像の利用の差止め（削除）や損害賠償等（民709条）を求められる可能性がある。

Ⅵ 他人の社会的評価や信用に関する情報を利用する場合

他人の社会的評価や信用に関する情報を利用した場合には，それによって他人の社会的評価を低下させたり，名誉感情を害したりしたときは，名誉毀損（名誉権の侵害）や侮辱（名誉感情の侵害）となる可能性がある。

まず，名誉毀損とは，他人の社会的評価を低下させることをいう。ウェブサイトにおける書き込みが社会的評価を低下させるか否かは，一般人の通常の注意と読み方を基準として，一般人が当該書き込みから受ける印象及び認識に従って判断される☆1☆2。

ただし，他人の社会的評価を低下させたとしても，違法性が阻却される場合がある。

すなわち，具体的事実の摘示による名誉毀損にあっては，

① その行為が公共の利害に関する事実に係り（公共性），

② もっぱら公益を図る目的に出た場合には（公益性），

③ 摘示された事実が真実であることが証明されたときは（真実性），

当該行為には違法性がなく不法行為は成立せず，また，仮に当該事実が真実であることが証明されなくても，その行為者においてその事実を真実と信ずるについて相当の理由があるときは，当該行為には故意又は過失が否定される☆3。

また，ある事実を基礎としての意見ないし論評の表明による名誉毀損にあっては，

① その行為が公共の利害に関する事実に係り（公共性），

② その目的がもっぱら公益を図ることにあった場合に（公益性），

③ 当該意見ないし論評の前提としている事実が重要な部分について真実であることの証明があったときは（真実性），

人身攻撃に及ぶなど意見ないし論評としての域を逸脱したものでない限り，当該行為は違法性を欠き，仮に当該意見ないし論評の前提としている事実が真実であることの証明がないときにも，事実の摘示による名誉毀損における場合と対比すると，行為者において当該事実を真実と信ずるについて相当の理由があれば，その故意又は過失は否定される☆4。

そして，上記の事実の真実性は，必ずしも細部にわたって要求されるもので

はなく，主要な部分又は重要な部分についての証明で足りる☆5。

次に，侮辱とは，他人の名誉感情を害することをいう。他人の主観的な名誉感情を害したからといって直ちに違法となるわけではなく，社会通念上許される限度を超えて人格権を侵害する場合にはじめて違法と評価される☆6。

名誉毀損等が成立した場合には，本人から当該情報の削除や損害賠償等（民709条・723条）を求められる可能性がある。

◆上村　哲史

▶▶判　例

☆１　最判平24・３・23集民240号149頁・判タ1369号121頁・判時2147号61頁。
☆２　最判昭31・７・20民集10巻８号1059頁。
☆３　最判昭41・６・23民集20巻５号1118頁・判タ194号83頁・判時453号29頁。
☆４　最判平９・９・９民集51巻８号3804頁・判タ955号115頁・判時1618号52頁。
☆５　前掲（☆４）最判平９・９・９。
☆６　最判平22・４・13民集64巻３号758頁・判タ1326号121頁・判時2082号59頁。

▶▶注　記

★１　▢表１－１－１　**関連権利一覧**記載の権利は，情報・コンテンツを利用する際に一般的に問題となりやすい権利のみを記載している。これらの権利以外にも，例えば，他人の営業秘密を利用した場合には，当該利用行為が不正競争防止法の営業秘密侵害となる可能性があり，これら以外の権利は検討しなくてよいというわけではない。

Q 2 著作権法上の権利

著作権法上の権利には，どのような権利がありますか。

🗁実務上のポイント🗁

☑著作権とは，著作物を排他的に利用することができる財産的な権利をいいます。

☑著作者人格権とは，著作者の人格的な利益を保護する権利をいいます。具体的には，①著作物を公表するか否か等を決めることができる権利である公表権，②著作者名を付するか否か等を決めることができる権利である氏名表示権，③著作物の内容や題号をその意に反して改変されない権利である同一性保持権の 3 つがあります。また，著作者の名誉や声望を害する方法で著作物を利用すると著作者人格権侵害とみなされます。

☑著作隣接権とは，著作物の公衆への伝達に重要な役割を果たしている者に与えられる権利をいいます。具体的には，①実演家の権利，②レコード製作者の権利，③放送事業者の権利，④有線放送事業者の権利の 4 つがあります。

☑出版権とは，著作物を文書又は図画として排他的に出版することができる権利をいいます。出版権は，著作権者と出版権の設定を受けようとする者との間の契約により成立します。

▶解　説

Ⅰ　著作権法上の権利

著作権法上の権利は，大別して，著作者の権利と著作隣接権者の権利に分けられる。

このうち，著作者の権利には，①著作者人格権と②財産権としての著作権の 2 種類の権利がある。著作権法上の権利を広く著作権と総称することもあるが，著作権は，著作者の権利のなかの財産権としての著作権を指すのが正確である。

また，著作隣接権者の権利には，①実演家の権利，②レコード製作者の権利，③放送事業者の権利，④有線放送事業者の権利の４種類がある。

加えて，著作権法上の権利には，著作権者（厳密には複製権者又は公衆送信権者）と出版をしようとする者との間の契約によって設定される出版権がある。

上記の各権利を図示すると□図１－２－１　**著作権法上の権利**記載のとおりである。

以下，それぞれの権利の概要を解説する。

□図１－２－１　著作権法上の権利

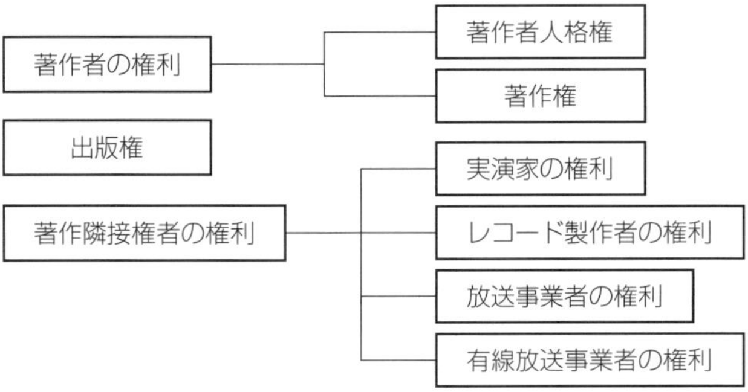

Ⅱ　著作者の権利

①　著 作 権

著作権とは，著作物を排他的に利用することができる財産的な権利をいう。

著作権は，財産的な権利であるため，当該権利を第三者に譲渡したり（著作61条１項），当該権利の対象となる著作物の利用行為を第三者に許諾したりすることもできる（著作63条１項）。また，著作権は，著作物の利用に関する排他的な権利であるため，第三者が無断で著作物を利用した場合には，当該利用を差し止めることもできる（著作112条１項）。

著作権法は，□表１－２－１　**著作権（支分権）の概要**記載のとおり，著作権の対象となる（著作権者が排他的な権利を有する）利用行為の類型を定めている（著作21条～28条）。

著作権法21条ないし28条に定める各権利を一般に支分権と呼んでおり，同条に定める利用行為に該当しなければ，著作権者の許諾を得ていなくても，著作権侵害にはならないのが原則である。例えば，本を読んだり，映画や音楽を聴いたり，ゲームをプレイしたりすることは，同法21条ないし28条に定める行為に当たらず，当該行為には著作権（支分権）は及ばない。

表１－２－１　著作権（支分権）の概要

①複製権（著作21条）	著作物を印刷，写真，複写，録音その他の方法により有形的に再製する権利
②上演権・演奏権（著作22条）	著作物を公に上演し，又は，演奏する権利
③上映権（著作22条の２）	著作物を公に上映する権利
④公衆送信権・公の伝達権（著作23条）	著作物を公衆送信し，又は，公衆送信された著作物を公に伝達する権利
⑤口述権（著作24条）	言語の著作物を公に口述する権利
⑥展示権（著作25条）	美術の著作物又は未発行の写真の著作物を原作品により公に展示する権利
⑦頒布権（著作26条）	映画の著作物を，その複製物により頒布する権利
⑧譲渡権（著作26条の２）	映画の著作物を除く著作物をその原作品又は複製物の譲渡により公衆に提供する権利
⑨貸与権（著作26条の３）	映画の著作物を除く著作物をその複製物の貸与により公衆に提供する権利
⑩翻案権（著作27条）	著作物を翻訳，編曲，変形，脚色，映画化，その他翻案する権利
⑪二次的著作物の利用に関する権利（著作28条）	原著作者の二次的著作物を利用する権利

② 著作者人格権

著作者人格権とは，著作者の人格的な利益を保護する権利をいう。著作者人格権は，著作者の人格にかかわる権利であるため，著作者の一身に専属している（著作59条）。そのため，著作者人格権は，著作者から第三者に譲渡したりすることはできない。

著作者人格権には，□表1－2－2　著作者人格権の概要記載のとおり，①公表権（著作18条），②氏名表示権（著作19条），③同一性保持権（著作20条）の3つがある。

また，著作者の名誉や声望を害する方法で著作物を利用した場合には著作者人格権侵害とみなされる（著作113条6項）。

□表1－2－2　著作者人格権の概要

公表権（著作18条）	自己の著作物を公表するか否か等を決定する権利
氏名表示権（著作19条）	自己の著作物に著作者名を付すか否か，どのような名義を付すかを決定する権利
同一性保持権（著作20条）	自己の著作物の内容や題号をその意に反して改変されない権利

著作者人格権は，著作権法上，著作権（財産権）とは別個に保護されているため，他人の著作物を利用しようとする場合には，著作権だけでなく，著作者人格権を侵害しないように注意する必要がある。

Ⅲ　著作隣接権者の権利

著作隣接権とは，実演家，レコード製作者及び放送事業者の権利の国際的な総称であるneighbouring rightsの日本語訳であり，著作物の公衆への伝達に重要な役割を果たしている者に与えられる権利をいう。わが国の著作権法上，著作隣接権には，①実演家の権利，②レコード製作者の権利，③放送事業者の権利，④有線放送事業者の権利の4つがある。

実演家とは，俳優，舞踊家，演奏家，歌手その他実演を行う者及び実演を指揮し，又は演出する者（著作2条1項4号），レコード製作者とは，録音テープやCD等のレコードに固定されている音を最初に固定した者（同項6号），放送事業者とは，放送を業として行う者（同項9号），有線放送事業者とは，有線放送を業として行う者（同項9号の3），をいう。

それぞれの著作隣接権者が有する著作隣接権の概要は，□表1－2－3　著

表１－２－３　著作隣接権の概要

▶実演家の権利

実演家の権利	実演家人格権★1	氏名表示権（著作90条の２）	自己の実演に実演家の名前を付するか否か，どのような名義を付するかを決められる権利
		同一性保持権（著作90条の３）	自己の実演について名誉又は声望を害する改変をされない権利★2
	許 諾 権	録音権・録画権（著作91条）	自己の実演を録音・録画する権利
		放送権・有線放送権（著作92条）	自己の実演を放送・有線放送する権利
		送信可能化権（著作92条の２）	自己の実演を公衆の求めに応じて公衆に送信し得る状態におく権利
		譲渡権（著作95条の２）	自己の実演の録音物又は録画物を譲渡により公衆に提供する権利
		貸与権（著作95条の３第１項）（発売後１年間のみ。同条２項）	自己の実演の録音物又は録画物を貸与により公衆に提供する権利
	報酬請求権★3	商業用レコードを用いた放送・有線放送の二次使用料請求権（著作95条）	商業用レコードが放送・有線放送で使用された場合の使用料を放送事業者・有線放送事業者から受ける権利
		商業用レコードの貸与報酬請求権（発売後２年目以降。著作95条の３第３項）	商標用レコードの貸レコード業者から報酬を受ける権利

▶レコード製作者の権利★4

レコード製作者の権利	許 諾 権	複製権（著作96条）	レコードを複製する権利
		送信可能化権（著作96条の２）	レコードを公衆の求めに応じて公衆に送信し得る状態におく権利
		譲渡権（著作97条の２）	レコードの複製物を譲渡により公衆に提供する権利
		貸与権（著作97条の３第１項）（発売後１年間のみ。同条２項）	レコードの複製物を貸与により公衆に提供する権利
	報酬請求権	商業用レコードを用いた放送・有線放送の二次使用料請求権（著作97条）	商業用レコードが放送・有線放送で使用された場合の使用料を放送事業者・有線放送事業者から受ける権利

		商業用レコードの貸与報酬請求権（発売後２年目以降。著作97条の３第３項）	商標用レコードの貸レコード業者から報酬を受ける権利

▶放送事業者・有線放送事業者の権利

放送事業者	許諾権	複製権（著作98条）	放送を録音・録画及び写真的方法により複製する権利
		再放送権・有線放送権（著作99条）	放送を受信して再放送し，又は有線放送する権利
		送信可能化権（著作99条の２）	放送を公衆の求めに応じて公衆に送信し得る状態におく権利
		テレビジョン放送の伝達権（著作100条）	テレビジョン放送を受信して拡大装置を用いて公に伝達する権利
有線放送事業者の権利	許諾権	複製権（著作100条の２）	有線放送を録音・録画及び写真的方法により複製する権利
		放送権・再有線放送権（著作100条の３）	有線放送を受信して放送し，又は再有線放送する権利
		送信可能化権（著作100条の４）	有線放送を公衆の求めに応じて公衆に送信し得る状態におく権利
		有線テレビジョン放送の伝達権（著作100条の５）	有線テレビジョン放送を受信して拡大装置を用いて公に伝達する権利

作隣接権の概要記載のとおりである（著作第４章）。

Ⅳ　出版権

出版権とは，著作物を文書又は図画として排他的に出版することができる権利をいう。出版権は，著作権法21条又は23条１項の権利を有する者（複製権者又は公衆送信権者）と当該権利の設定を受けようとする者との間の契約により成立する。

従来は，出版権は，紙媒体での出版のみを対象としていたが，平成26年の著作権法改正により，いわゆる電子書籍（電子出版）にも適用されることとなった。すなわち，同改正により，出版行為には，①紙媒体で著作物を文書又は図画として頒布することのほか，②著作物をパソコンや携帯電話の画面上に文書又は図画として表示される方式で記憶媒体に記録し，記憶媒体に記録された当該著作物の複製物により頒布することや，③当該方式で記録媒体に記録された当該著作物の複製物を用いて公衆送信を行うことが含まれることとなった★5。

したがって，出版権が設定されている場合には，他人の著作物を上記①ないし③の態様で利用する場合には，当該出版権者の許諾が必要となる。

◆上村　哲史

▶▶注　記

★1　実演家人格権である氏名表示権（著作90条の2）と同一性保持権（著作90条の3）は，著作者人格権と同様，実演家の一身に専属し，譲渡することはできないとされている（著作101条の2）。

★2　実演家の同一性保持権は，著作者の同一性保持権と異なり，「自己の名誉又は声望を害する」改変に限定されているので，注意が必要である。

★3　著作権法は，商業用レコードが放送又は有線放送で利用された場合には，実演家及びレコード製作者に対し，二次使用料を受ける権利を認めている。また，著作権法は，1年を経過した商業用レコードが貸与された場合にも，実演家及びレコード製作者に対し，貸レコード業者から報酬を受ける権利を認めている。これらの権利は，当該利用できるか否かを許諾できる物権的な権利ではなく，二次使用に関する報酬を請求できる債権的な権利であり，一般に，報酬請求権と呼ばれている。

これらの権利の行使は，一定の要件を備えた指定団体がある場合は，その団体によってのみ，行使されることとされ，現在，実演家の権利については公益社団法人日本芸能実演家団体協議会（芸団協）が，レコード製作者の権利については一般社団法人日本レコード協会が，それぞれ指定団体となっている。

★4　レコード製作者の権利は，音楽業界の実務上，単独で又はレコードに収録されている実演に係る実演家の権利と併せて原盤権と呼ばれることがある。

★5　なお，音楽業界では，音楽の著作権そのものを指して「出版権」「音楽出版権」などということがあるが，これは著作権法上の「出版権」ではないので，注意が必要である。

Q3　他人の商標の使用が権利侵害となる場合

当社のコンテンツの中で他人の商標と同一又は類似の商標を使用する場合には，どのような権利に注意すればよいでしょうか。

実務上のポイント

☑他人が商標登録している商標と同一又は類似の商標を当該登録されている指定商品・役務と同一又は類似の商品・役務に使用すると，商標権侵害となる場合があります。
☑他人の周知な商標や著名な商標と同一又は類似の商標を商品や役務の表示に使用すると，不正競争防止法２条１項１号又は２号の不正競争行為となる場合があります。
☑他人の商標と同一又は類似の商標を使用している場合であっても，当該商標を出所識別表示として使用していなければ，上記の商標権侵害や不正競争行為にはなりません。
☑他人の商標を出所識別表示として使用する場合とは，例えば，他人の商標をコンテンツの提供主体を表示しているかのように使用する場合をいいます。他方，他人の商標をコンテンツの内容として使用している場合やコンテンツの内容を指す題号（タイトル）として使用している場合などは，出所識別表示として使用しているとはいえません。

▶解　説

Ⅰ　商標法による商標の保護

①　商標とは

商標とは，「人の知覚によって認識することができるもののうち，文字，図形，記号，立体的形状若しくは色彩又はこれらの結合，音その他政令で定めるもの」（以下「標章」という）であって，①業として商品を生産し，証明し，又は譲渡する者がその商品について使用をするもの，②業として役務を提供し，又は証明する者がその役務について使用をするものをいう（商標２条１項)。

商標権は，商標を使用する商品や役務を指定して特許庁に設定登録することにより発生する（商標18条１項)。かかる商標登録を受けている商標を登録商標という（商標２条５項)。

そして，商標権者は，指定商品又は指定役務について登録商標の使用をする権利を専有している（商標25条)。

(2) 商標権侵害の要件

他人が商標登録している商標と同一又は類似の商標を，他人の許諾なく，他人が商標登録している指定商品又は指定役務と同一又は類似の商品又は役務に使用した場合には，商標権侵害となる（商標37条１項１号)。

すなわち，商標権侵害の要件は，①商標が登録商標と同一又は類似していること，②商品又は役務が指定商品又は指定役務と同一又は類似していること，③商標を使用していることである。

(3) 商標の類否，商品又は役務の類否

商標の類似性は，対比される両商標が同一又は類似の商品又は役務に使用された場合に，その出所に誤認混同を生じるおそれがあるかで判断され，それは，「その外観，称呼，観念等によって取引者に与える印象，記憶，連想等を総合して全体的に考察すべく，しかもその商品の取引の実情を明らかにし得るかぎり，その具体的な取引状況に基づいて判断」される☆1☆2。

また，商品又は役務の類似性は，商品の製造・取引状況・品質・用途，役務の提供手段・業種，需要者の範囲などを総合して，同一又は類似の商標を対比されるそれぞれの商品又は役務に付した場合に，出所に誤認混同が生じるおそれがあるかで判断される★1。

(4) 商標の使用

商標の「使用」とは，商品や商品の包装に標章を付したり，標章を付したものを譲渡等したり，役務の提供にあたりその提供を受ける者の利用に供する物に標章を付したり，標章を付したものを用いて役務を提供したり，商品や役務

の広告に標章を付して展示等したりすることをいう（商標２条３項）。

しかし，商標は，当該商品や役務の出所を示すものであるから，形式的に，他人の商標と同一又は類似の商標を使用しているといえる場合であっても，当該商標を出所識別表示として使用していなければ，商標を使用しているとはいえず，商標権侵害とはならない。

商標としての使用を否定した裁判例としては，例えば，以下のようなものがある。

① 書籍の表紙に付された「POS実践マニュアル」との標章は，書籍の題号として，書籍の内容を示すために表示されているから，出所識別機能を有しない態様で表示されているとして，商標権侵害を否定した事件☆3

② CDアルバムのタイトルとしてCDジャケットに付された「UNDER THE SUN」との標章は，編集著作物であるアルバムに収録されている複数の音楽の集合体を表示するもので，出所表示機能を果たしていない態様で使用されているとして，商標権侵害を否定した事件☆4

③ アンダーシャツの胸部中央に付された「POPEYE」「ポパイ」の文字と漫画の主人公の図柄で構成される標章は，意匠的な効果をねらったもので，需要者もそのように認識し，これによって出所を識別するとは考えられない等として，商標権侵害を否定した事件☆5

Ⅱ 不正競争防止法による商標の保護

① 不正競争防止法２条１項１号及び２号の要件

⑴ 不正競争防止法２条１項１号

不正競争防止法２条１項１号は，「他人の商品等表示（人の業務に係る氏名，商号，商標，標章，商品の容器若しくは包装その他の商品又は営業を表示するものをいう。以下同じ。）として需要者の間に広く認識されているものと同一若しくは類似の商品等表示を使用し，又はその商品等表示を使用した商品を譲渡し，引き渡し，譲渡若しくは引渡しのために展示し，輸出し，輸入し，若しくは電気通信回線を通じて提供して，他人の商品又は営業と混同を生じさせる行為」を不正競争行為として定めている。

すなわち，同号の要件は，①他人の商品等表示が需要者の間に広く認識されている（周知である）こと，②他人の商品等表示と同一又は類似の商品等表示を使用等していること，③他人の商品又は営業と混同を生じさせるおそれがあることである。

上記①の周知といえるためには，日本全国で広く知られている必要はなく，特定の地域の一定の需用者層において知られていれば足りる。例えば，全国的には知られていなくても，横浜市及びその近郊で有名な飲食店の店名表示があったとすると，当該表示はその地域では需用者において周知な表示といえる。

⑵ 不正競争防止法２条１項２号

不正競争防止法２条１項２号は，「自己の商品等表示として他人の著名な商品等表示と同一若しくは類似のものを使用し，又はその商品等表示を使用した商品を譲渡し，引き渡し，譲渡若しくは引渡しのために展示し，輸出し，輸入し，若しくは電気通信回線を通じて提供する行為」を不正競争行為として定めている。

すなわち，同号の要件は，①他人の商品等表示が著名であること，②他人の商品等表示と同一又は類似の商品等表示を使用等していることである。同号は，商品等表示の著名性を要求する代わりに，他人の商品又は営業と混同を生じさせるおそれを要求していない点において，同項１号と異なる。

上記①の著名といえるためには，日本全国で広く知られている必要がある。

② 商品等表示の使用

不正競争防止法２条１項１号又は２号の商品等表示も，商品や営業の出所を示すものであるから，形式的に他人の商標と同一又は類似の商標を使用している場合であっても，当該商標を出所識別表示として使用していなければ，商標等表示として使用しているとはいえず，同項１号又は２号の不正競争行為とはならない。

商品等表示性又は商品等表示としての使用を否定した裁判例としては，例えば，以下のようなものがある。

① 書籍の表紙部分等に表示された「スイングジャーナル青春録」は，Xの商品等表示と同一又は類似である「スイングジャーナル」の文字を含んでいるが，当該書籍に接した顧客ないし読者は，通常，「スイングジャーナ

ル」部分を，Xの営業活動と関連させて認識することはなく，むしろ，もっぱら当該書籍の内容を説明する部分であると理解するとして，Yら行為は，不正競争防止法２条１項２号所定の他人の商品等表示と同一もしくは類似のものを使用した行為に該当するものとはいえないとした事件☆6

② 「マクロス」を含むタイトルは，いずれも当該映画ないし当該媒体に収録された映画を特定する映画の題名として表示されているものであるから，Yらによって当該表示が商品等表示として使用されているものではないとされた事件☆7

◆上村　哲史

▶▶判　例

☆１　最判昭43・２・27民集22巻２号399頁・判タ219号91頁・判時516号36頁〔しょうざん事件〕。

☆２　最判平４・９・22集民165号407頁・判タ800号169頁・判時1437号139頁〔大森林事件〕。

☆３　東京地判昭63・９・16無体20巻３号444頁・判タ684号227頁・判時1292号142頁〔POS実践マニュアル事件〕

☆４　東京地判平７・２・22判時1526号141頁〔UNDER THE SUN事件〕。

☆５　大阪地判昭51・２・24無体８巻１号102頁・判タ341号294頁・判時828号69頁〔ポパイシャツ事件〕。

☆６　東京地判平11・２・19判タ1004号246頁・判時1688号163頁〔スイングジャーナル事件〕。

☆７　知財高判平17・10・27（平成17年（ネ）第10013号）裁判所ホームページ〔超時空要塞マクロス事件〕。

▶▶注　記

★１　なお，特許庁の「商標審査基準」〔改訂第12版〕では，商品・役務の類否については，次の基準を総合的に考慮するとされており，この場合には，原則として「『商品及び役務の区分』に基づく類似商品・役務審査基準」によるものとするとされている。

＜商品の類否＞
① 生産部門が一致するかどうか
② 販売部門が一致するかどうか
③ 原材料及び品質が一致するかどうか
④ 用途が一致するかどうか
⑤ 需要者の範囲が一致するかどうか

⑥　完成品と部品の関係にあるかどうか

＜役務の類否＞

①　提供の手段，目的又は場所が一致するかどうか
②　提供に関連する物品が一致するかどうか
③　需要者の範囲が一致するかどうか
④　業種が同じかどうか
⑤　当該役務に関する業務や事業者を規制する法律が同じかどうか
⑥　同一の事業者が提供するものであるかどうか

＜商品と役務の類否＞

①　商品の製造・販売と役務の提供が同一事業者によって行われているのが一般的であるかどうか
②　商品と役務の用途が一致するかどうか
③　商品の販売場所と役務の提供場所が一致するかどうか
④　需要者の範囲が一致するかどうか

Q4 他人の肖像や氏名の利用

当社のウェブサイト等で他人の肖像や氏名を利用する場合には，どのような権利に注意する必要がありますか。

実務上のポイント

☑他人の肖像を利用する場合には，当該肖像が含まれる画像（写真の著作物）に係る著作権や著作者人格権のほか，①プライバシー権，②肖像権，③パブリシティ権に注意する必要があります。
☑プライバシー権とは，法律上の定義はありませんが，私事又は私生活に関する事項をみだりに公表等されない権利をいいます。
☑肖像権とは，自己の肖像をみだりに利用されない権利をいいます。
☑パブリシティ権とは，芸能人や著名人の肖像や氏名の有する顧客吸引力を排他的に利用する権利をいいます。

▶解　説

Ⅰ プライバシー権

⑴ プライバシー権とは

プライバシーとは，法律上の定義はないが，私事又は私生活に関する事項を意味し，プライバシー権は，本人の承諾なく，かかる私事又は私生活に関する事項をみだりに公表等されない権利をいう。下級審の裁判例では，プライバシー権を「私生活をみだりに公開されないという法的保障ないし権利」と判示したものがある☆1。

⑵ 他人の氏名の利用がプライバシー権の侵害となる場合

そもそも，誰の私事又は私生活に関する事項なのかがわからない場合には，プライバシー侵害の問題は生じない。

また，誰の私事又は私生活に関する事項なのかがわかる場合であっても，それを公表等したからといって直ちにプライバシー侵害として不法行為（民709条）となるわけではなく，これを公表等されない法的利益と公表等する理由とを比較衡量し，前者が後者に優越する場合にはじめて不法行為となる☆2☆3。

プライバシー権が侵害された場合，被侵害者は，侵害者に対し，その利用の差止めや損害賠償等を求めることができる。

Ⅱ 肖像権

① 肖像権とは

肖像権とは，自己の肖像をみだりに利用されない権利をいう。

肖像，すなわち，社会通念上特定人であることを識別し得る人の容ぼうや姿態が，法的に保護される利益（「肖像権」）となり得ることは判例・学説上定着している。例えば，〔ピンク・レディー事件〕最高裁判決☆4では，「人の氏名，肖像等（以下，併せて「肖像等」という。）は，個人の人格の象徴であるから，当該個人は，人格権に由来するものとして，これをみだりに利用されない権利を有すると解される」と判示している。

② 他人の肖像の利用が肖像権の侵害となる場合

そもそも，ぼかしやモザイクなどの画像処理により，それが誰の肖像であるか特定できない場合には，肖像権侵害の問題は生じない。

また，誰の肖像か特定できる場合でも，被撮影者の社会的地位・活動内容，撮影の場所，撮影の目的，撮影の必要性，撮影の態様等を総合考慮し，自己の肖像を撮影・利用されることによる人格的利益の侵害が社会生活上受忍できる限度内のものであれば，肖像権侵害として不法行為（民709条）とならない☆5。

肖像権侵害がなされた場合，被侵害者は，侵害者に対し，その利用の差止めや損害賠償等を求めることができる。

なお，肖像権侵害とならない場合でも，他の権利を侵害する可能性があるので，別途留意が必要である★1。

Ⅲ　パブリシティ権

①　パブリシティ権とは

パブリシティ権とは，芸能人や著名人の肖像等の有する顧客吸引力を排他的に利用する権利をいう。芸能人や著名人の肖像等がCMやグッズに利用されるのは，当該芸能人の肖像等に顧客を商品等に引きつける力（顧客吸引力）があるからである。

このパブリシティ権は，「○○法」といった法律で定められている権利ではないが，裁判例のなかで古くから認められてきた権利であり，前掲（☆４）〔ピンク・レディー事件〕最高裁判決において明確に認められるに至っている。

②　他人の肖像や氏名の利用がパブリシティ権侵害となる場合

芸能人や著名人の肖像等の利用が直ちに不法行為となるわけではない。肖像等に顧客吸引力を有する者は，社会の耳目を集めるなどして，その肖像等を時事報道，論説，創作物等に使用されることもあるのであって，その使用を正当な表現行為等として受忍すべき場合もあるからである。

この点，前掲（☆４）〔ピンク・レディー事件〕最高裁判決は，肖像等を無断で使用する行為が「専ら肖像等の有する顧客吸引力の利用を目的とするといえる場合に，パブリシティ権を侵害するものとして，不法行為法上違法となると解するのが相当である。」と判示している。

そして，もっぱら肖像等の有する顧客吸引力の利用を目的とするといえる場合として，以下の３つの類型を例示している。

①　肖像等それ自体を独立して鑑賞の対象となる商品等として使用する場合
②　商品等の差別化を図る目的で肖像等を商品等に付する場合
③　肖像等を商品等の広告として使用する場合

したがって，芸能人や著名人の肖像等の無断利用が，上記①ないし③の類型に該当する場合など，もっぱら肖像等の有する顧客吸引力の利用を目的とするといえる場合には，当該芸能人等のパブリシティ権侵害となる。

パブリシティ権が侵害された場合，被侵害者である芸能人等は，侵害者に対し，その利用の差止めや損害賠償等を求めることができる。

◆上村　哲史

▶▶判　例

☆１　東京地判昭39・９・28下民15巻９号2317頁・判タ165号184頁・判時385号12頁〔宴のあと事件〕。

☆２　最判平６・２・８民集48巻２号149頁・判タ933号90頁・判時1594号56頁〔ノンフィクション『逆転』事件〕。

☆３　最判平15・３・14民集57巻３号229頁・判タ1126号97頁・判時1825号63頁〔長良川リンチ殺人事件報道訴訟〕。

☆４　最判平24・２・２民集66巻２号89頁・判タ1367号97頁・判時2143号72頁〔ピンク・レディー事件〕。事案と判旨は，実務編Q25参照。

☆５　最判平17・11・10民集59巻９号2428頁・判タ1203号74頁・判時1925号84頁。

▶▶注　記

★１　例えば，青森地判平７・３・28判タ891号213頁・判時1546号88頁〔ふかだっこ肖像権訴訟〕は，六ヶ所村の元村長で同村の核燃料サイクル施設の建設に反対していた者（原告）の姿を撮影した写真が，核燃料サイクルのPRをする雑誌の表紙に使われていたという事例において，肖像権侵害に加え，原告の名誉感情の侵害を認めている。

Q5　他人の著作物を公正利用できる場合

他人の著作物を権利者から許諾を得ないで利用できるのはどのような場合ですか。

実務上のポイント

☑他人の著作物を利用する場合には，原則として，当該著作物の権利者から許諾を得る必要があります。
☑例外として，以下のいずれかに該当する場合には，当該著作物の権利者から許諾を得なくても，当該著作物を利用することができます。
　①　当該著作物が著作権法上保護されない場合
　②　当該著作物の利用が著作権法が侵害の対象とする行為に該当しない場合
　③　当該著作物の利用が著作権法上の権利制限規定に該当する場合
☑ただし，上記①ないし③のいずれかに該当する場合であっても，その態様によっては，別途著作者人格権（Q２参照）を侵害する可能性があるので，注意が必要です。

▶解　説

Ⅰ　総　　論

他人の著作物を利用する場合には，原則として，当該著作物の権利者から許諾を得る必要がある。

しかし，一定の例外的な場合には，当該著作物の権利者から許諾を得なくても，当該著作物を利用することができる。

すなわち，当該著作物の権利者から許諾を得なくても，著作権法上，①当該著作物が著作権法上保護されない場合，②当該著作物の利用が著作権法が侵害の対象とする行為に該当しない場合，③当該著作物の利用が著作権法上の権利制限規定に該当する場合，のいずれかに該当する場合には，当該著作物を利用しても著作権侵害とはならない（図１－５－１　フローチャート参照）。

図１－５－１　フローチャート

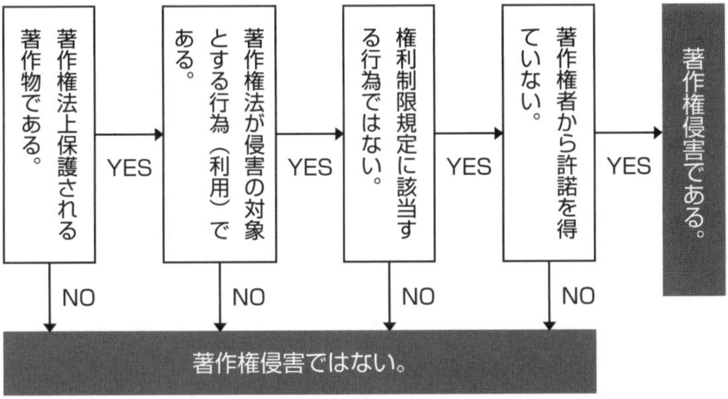

もっとも，著作者人格権（Q２参照）は，著作権法上，著作権（財産権）とは別個に保護されているため，他人の著作物の利用が著作権侵害にならなくても，その態様によっては，別途著作者人格権を侵害する可能性がある。例えば，未公表の他人の著作物を利用して公表したり，著作者名表示を変更したり，意に反する改変を行ったりした場合には，それぞれ公表権（著作18条），氏名表示権（著作19条），同一性保持権（著作20条）の侵害となり得る。したがって，他人の著作物を利用しようとする場合には，著作権だけでなく，著作者人格権を侵害しないように注意する必要がある。

以下，上記①ないし③の場合について　それぞれ具体的に解説する。

Ⅱ 各　論

(1) 他人の著作物が著作権法上保護されない場合

他人の著作物が著作権法上保護されない場合としては，大別して，①わが国の著作権法の保護を受けない著作物である場合と②著作権又は著作者人格権の保護期間が満了している場合の２つがある。

(1) わが国の著作権法の保護を受けない著作物である場合

著作権法6条は，わが国の著作権法の保護を受ける著作物として，①日本国民（日本の法人を含む）の著作物（1号），②最初に国内で発行された著作物（最初に国外で発行されたが，その発行の日から30日以内に国内において発行されたものを含む）（2号），③条約によりわが国が保護の義務を負う著作物（3号），の3つを挙げている。これらの3つに該当しない著作物は，わが国の著作権法の保護を受けない著作物であるから，当該著作物をわが国で利用しても著作権侵害とはならない。

わが国は，現在，ベルヌ条約，万国著作権条約及びTRIPS協定（知的所有権の貿易関連の側面に関する協定）などの条約により，179（2013年4月現在）の国と地域の著作物について保護すべき義務を負っている。

ところで，わが国の未承認国である北朝鮮もベルヌ条約に加盟しているが，当該未承認国の著作物も著作権法6条3号の「条約により保護の義務を負う著作物」に当たるかが問題となる。

この点，参考となる判例としては，〔北朝鮮映画事件〕最高裁判決☆1がある。同事件は，日本のテレビ局がニュース番組において北朝鮮で製作された映画の一部を紹介したことについて，北朝鮮の文化省傘下の行政機関とその独占的なライセンシーが当該テレビ局に対して著作権侵害に基づき損害賠償等を求めたという事案であるが，最高裁は，「一般に，我が国について既に効力が生じている多数国間条約に未承認国が事後に加入した場合，当該条約に基づき締約国が負担する義務が普遍的価値を有する一般国際法上の義務であるときなどは格別，未承認国の加入により未承認国との間に当該条約上の権利義務関係が直ちに生ずると解することはできず，我が国は，当該未承認国との間における当該条約に基づく権利義務関係を発生させるか否かを選択することができるものと解するのが相当である。」とし，「これをベルヌ条約についてみると，……同条約は，同盟国という国家の枠組みを前提として著作権の保護を図るものであり，普遍的価値を有する一般国際法上の義務を締約国に負担させるものではない。」と述べたうえ，「我が国は，未承認国である北朝鮮の加入にかかわらず，同国との間における同条約に基づく権利義務関係は発生しないという立場を採っている」として，「我が国は，同条約3条(1)(a)に基づき北朝鮮の国民の著作物を保護する義務を負うものではなく，本件各映画は，著作権法6条3号所定の著作物には当たらないと解するのが相当である。」と判示している★[1]。

⑵ 著作権又は著作者人格権の保護期間が満了している場合

⒜ 著作権の保護期間

著作権の保護期間は，著作物を創作した時から始まり（著作51条１項），原則として著作者の死後（共同著作物の場合には最後に死亡した著作者の死後）50年を経過するまでの間存続する（同条２項）。例外として，①無名・変名（周知の変名は除く）の著作物は，公表後50年（死後50年の経過が明らかであれば，その時点まで）が経過するまでの間（著作52条），②団体名義の著作物（著作者が法人か個人かは問わない）は，公表後50年（創作後50年以内に公表されなかったときは，創作後50年）が経過するまでの間（著作53条），③映画の著作物は，公表後70年（創作後70年以内に公表されなかったときは，創作後70年）を経過するまでの間（著作54条），それぞれ存続する。著作権の保護期間の詳細については，Ｑ９を参照されたい。

著作権の保護期間を満了した著作物は，一般に「パブリックドメイン」と呼ばれている。このパブリックドメインには，著作権の保護が及ばないため，原則として自由に利用できる（ただし，後述⒝の死後の著作者人格権侵害がないように注意が必要である）。

⒝ 著作者人格権の保護期間

著作者人格権は，著作者の人格に関わる権利であるため，著作者の一身に専属し，譲渡することができないとされている（著作59条）。したがって，著作者の死後は，原則として著作者人格権は及ばなくなる。

ただし，著作権法は，著作者の死後においても人格的利益の保護を求めている。すなわち，著作権法は，著作物を公衆に提供又は提示する者は，その著作物の著作者の死後においても，著作者が生きていたら著作者人格権の侵害となるべき行為を禁止している（著作60条）。著作権法60条の違反の行為は，刑事罰の対象（非親告罪）となっており（著作120条），また，その遺族（配偶者と２親等以内の血族）から当該行為の差止請求がなされる可能性があるので（著作116条），注意が必要である。

② 他人の著作物の利用が著作権法が侵害の対象とする行為に該当しない場合

⑴ 著作権（支分権）の対象となる行為

著作権法は，著作権の対象となる利用行為の類型を定めている（著作21条～28条。著作権の対象となる利用行為の類型の概要については，Ｑ２の□表１－２－１　著作権（支分権）の概要を参照されたい）。著作権法21条ないし28条に定める各権利を一般に支分権と呼んでおり，これらに定める利用行為に該当しなければ，著作権者の許諾を得ていなくても，著作権侵害にはならないのが原則である。例えば，本を読んだり，映画や音楽を聴いたり，ゲームをプレイしたりすることは，著作権法21条ないし28条に定める行為に当たらず，当該行為には著作権（支分権）は及ばない。

⑵ みなし侵害行為

もっとも，著作権法は，著作権法21条ないし28条が対象とする利用行為に該当しない行為であっても，□表１－５－１　みなし侵害行為記載の行為につ

□表１－５－１　みなし侵害行為

①頒布目的の海賊版の輸入等（著作113条１項） ➡著作者人格権，著作権，出版権，実演家人格権，著作隣接権侵害とみなす	国内に頒布目的で，輸入時に国内で作成したとしたならば侵害となるような行為によって作成された物を輸入する行為（１号）
	侵害行為によって作成された物（前号の輸入物を含む）を，情を知って，頒布し，もしくは頒布の目的をもって所持する行為，又は業として輸出し，もしくは業として輸出の目的で所持する行為（２号）
②海賊版プログラムの業務上の使用（同条２項） ➡著作権侵害とみなす	プログラムの著作物の著作権を侵害する行為で作成された複製物を取得した時に情を知りながら，業務上コンピュータで使用する行為
③権利管理情報の改変等（同条３項） ➡著作者人格権，著作権，出版権，実演家人格権，著作隣接権侵害とみなす	権利管理情報として虚偽の情報を故意に付加する行為（１号）
	権利管理情報を故意に除去し，又は改変する行為（２号）
	前２号の行為が行われた著作物もしくは実演等の複製物を，情を知って，頒布地，もしくは頒布の目的で輸入し，もしくは所持し，又は当該著作物もしくは実演等を情をしって公衆送信し，もしくは送信可能化する行為（３号）

④音楽レコードの還流防止措置（同条5項） ➡著作者人格権，著作権侵害とみなす	国内頒布目的商業用レコードを発行又は発行させている著作権者又は著作隣接権者が，当該レコードと同一の国外頒布目的商業用レコードを国外で発行し又は発行させている場合において，情を知って，当該国外頒布目的商業用レコードを国内に頒布する目的で輸入し，国内で頒布し，又は国内頒布目的で所持する行為（国外頒布目的商業用の国内頒布により権利者の利益が不当に害されることとなる場合に限る）
⑤名誉等侵害行為（同条6項） ➡著作者人格権侵害とみなす	著作者の名誉又は声望を害する方法によりその著作物を利用する行為

いては，著作権・著作者人格権等の権利を侵害する行為とみなす旨を定めている（著作113条）。したがって，これらの侵害とみなされる行為を行う場合には，権利者の許諾を得る必要がある。

⑶　形式的には著作権の対象となる行為に該当するが，実質的には該当しない行為

なお，形式的には著作権の対象となる行為に該当するが，実質的には当該行為に該当しないと判断される場合もある。

例えば，〔照明器具カタログ事件〕東京高裁判決☆2では，室内照明器具の宣伝用カタログ中の写真に小さく掲載されていた和室内の床の間に掛けられた書がX作品の複製に当たるかが争点となったが，東京高裁は，X作品の書の著作物としての本質的な特徴（創作的な表現部分）が再現されているということはできないとして，X作品の複製に当たらないとした。

また，〔スターデジオ事件〕東京地裁判決☆3では，CSデジタル放送によりラジオ音楽番組を放送するのに際して商業用レコードのデータをサーバのRAMに一時的に蓄積することが著作権法上の「複製」に該当するかが争点の一つとなったが，東京地裁は，「著作権法上の『複製』，すなわち『有形的な再製』に当たるというためには，将来反復して使用される可能性のある形態の再製物を作成するものであることが必要であると解すべきところ，RAMにおけるデータ等の蓄積は，……一時的・過渡的な性質を有するものであるから，RAM上の蓄積物が将来反復して使用される可能性のある形態の再製物といえないことは，社会通念に照らし明らか」であると判示し，RAMへの一時的な蓄積は複製に当たらないとした。

③　他人の著作物の利用が著作権法上の権利制限規定に該当する場合

著作権法は，一定の例外的な場合には，著作権者の許諾を得ないで利用できる場合を定めている。これらの例外的な場合を定めた条項を権利制限規定といい，著作権法は，著作権が制限される場合を個別に列挙している（著作30条～47条の10。代表的な権利制限規定の概要は，下記の□表１－５－２　代表的な権利制限規定を参照されたい）。したがって，権利制限規定に該当しない場合には，原則どおり，当該利用行為について著作権（支分権）が及ぶことになる。また，権利制限規定に該当する場合であっても原則として出所の明示が必要であり（著作48条），権利制限規定に基づき複製物の作成が許されたとしても，当該複製物を

□表１－５－２　代表的な権利制限規定

私的使用のための複製 （著作30条）★2	家庭内で個人的な目的で使用するための著作物の複製 ただし，以下の場合には，この権利制限規定は適用されない。 ①公衆の使用に供することを目的として設置されている自動複製機器を用いて複製する場合 ②技術的保護手段の回避により可能となった複製を，その事実を知りながら行う場合 ③著作権等を侵害する自動公衆送信を受信して行うデジタル方式の録音又は録画を，その事実を知りながら行う場合
付随対象著作物の利用 （著作30条の２）	写真撮影，録音又は録画の方法による創作時の著作物の写込みや録込み
検討の過程における利用 （著作30条の３）	適法な利用についての検討過程における著作物の利用
引用 （著作32条）	①公正な慣行に合致すること，②引用の目的上正当な範囲内で行われることを条件とする他人の著作物の引用
教育機関における複製等 （著作35条）	教育を担任する者やその授業を受ける者（学習者）による授業の過程で使用するための著作物の複製，授業が同時中継されている場合における主会場から副会場への公衆送信
試験問題としての複製等 （著作36条）	入学試験や採用試験などの問題における著作物の複製，公衆送信

営利を目的としない上演等（著作38条）	①非営利かつ無償の公開された著作物の上演・演奏・上映・口述 ②非営利かつ無償の放送される著作物の有線放送等 ③非営利かつ無償の放送等される著作物の公の伝達 ④非営利かつ無償の公表された著作物（映画の著作物を除く）の貸与による提供等
時事問題に関する論説の転載等（著作39条）	新聞・雑誌に掲載された時事問題に関する論説の他の新聞・雑誌への掲載，放送
時事事件の報道のための利用（著作41条）	時事の報道のための著作物の利用
公開の美術の著作物等の利用（著作46条）	屋外に設置された美術の著作物又は建築の著作物の利用
美術の著作物等の譲渡等の申出に伴う複製（著作47条の２）	美術又は写真の著作物の譲渡等の申出のために行う商品紹介用画像の掲載（複製，自動公衆送信）
プログラムの著作物の複製物の所有者による複製等（著作47条の３）	プログラムの所有者による自ら電子計算機で利用するために必要と認められる限度でのプログラムの複製又は翻案。ただし，プログラムの所有権を失った場合には作成した複製物は保存できない。
保守，修理等のための一時的複製（著作47条の４）	記録媒体が内蔵されている複製機器を保守又は修理する場合において，その製造上の欠陥などにより複製機器を交換する場合の一時的な複製
送信の障害の防止等のための複製（著作47条の５）	サーバ管理を業とする者による①アクセス集中による送信の遅滞等の防止（ミラーリング），②サーバへの障害発生時における復旧（バックアップ），③著作物の送信の中継の効率化（キャッシング）のための著作物の複製
送信可能化された情報の送信元識別符号の検索等のための複製等（著作47条の６）	インターネット情報の検索サービスを業として行う者によるサービスを提供するために必要と認められる限度での著作物の複製，翻案，自動公衆送信
情報解析のための複製等（著作47条の７）	コンピュータ等を用いて情報解析（統計的な解析）を行うことを目的とした記録媒体への著作物の複製，翻案
電子計算機における著作物の利用に伴う複製（著作47条の８）	コンピュータ等において著作物を適法に利用する場合において，当該コンピュータ等による情報処理の過程で行われる著作物の複製

その目的外で使用した場合には複製権侵害となるので（著作49条），注意が必要である。

なお，上述のとおり，わが国の著作権法では，権利が制限される場合が個別に限定列挙されているが，米国著作権法では，フェアユースという包括的な制限規定も設けられている（米国著作権法107条。フェアユースの詳細についてはQ17を参照されたい）。

◆上村　哲史

▶▶判　例

☆１　最判平23・12・８民集65巻９号3275頁・判タ1366号93頁・判時2142号79頁〔北朝鮮映画事件〕。

☆２　東京高判平14・２・18判時1786号136頁〔照明器具カタログ事件〕。事案と判旨は実務編Q10参照。

☆３　東京地判平12・５・16判タ1057号221頁・判時1751号128頁〔スターデジオ事件〕。

▶▶注　記

★１　台湾も北朝鮮と同じくわが国の未承認国であるが，台湾は国家としてベルヌ条約には加盟していないが，WTO（世界貿易機関）には独立の関税地域として加盟しており，わが国は，WTO設立協定と一体となっているTRIPS協定９条で「加盟国は，1971年のベルヌ条約第１条から第21条まで及び付属書の規定を遵守する。」とされているため，台湾人（台湾という独立の関税地域内の人）の著作物も，TRIPS協定により，著作権法６条３号の「条約により保護の義務を負う著作物」として，わが国は保護する義務を負っている。

★２　なお，私的使用目的であっても，映画館等で有料上映中の映画や無料試写会で上映中の映画の影像・音声を録画・録音することには，著作権法30条の権利制限規定は適用されない（映画の盗撮の防止に関する法律４条）。

第2節　著作物性

Q 6　著作物とは何か

どのような情報が著作物に当たりますか。

実務上のポイント

☑著作権による保護の対象となる情報は，「著作物」に限られます。
☑著作権法上，著作物とは，「思想又は感情を創作的に表現したものであって，文芸，学術，美術又は音楽の範囲に属するもの」をいい，以下の要件を満たす必要があります。
① 「思想又は感情」を含むこと
② 「創作的」であること
③ 「表現したもの」であること
④ 「文芸，学術，美術又は音楽の範囲に属するもの」であること
☑著作物性の要件はさほど厳しいものではなく，単純なイラストや短文であっても著作物性が認められる場合があります。
☑著作物か否かの判断が難しい場合もありますが，その際は過去の裁判例等を参考に慎重に検討することが重要です。

▶解　説

Ⅰ　総　　論

著作権とは，他人に無断で著作物を利用されない権利であり，その対象（客体）は，「著作物」である。よって，ある情報やコンテンツが著作物に該当する場合，著作権による保護を受けるが，著作物に該当しない場合はそもそも著作権による保護対象とはならない。

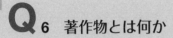

このように，著作物か否かは，著作権が及ぶか否かに直接関係するという意味において，非常に重要な問題である。

この点，著作権法2条1項1号は，「著作物」につき，「思想又は感情を創作的に表現したものであって，文芸，学術，美術又は音楽の範囲に属するもの」と定義している。当該定義は，①「思想又は感情」を含むこと，②「創作的」であること，③「表現したもの」であること，④「文芸，学術，美術又は音楽の範囲に属するもの」であること，という4つの要件に分けることができる。この4つの要件をすべて満たしたものが著作物であり，逆に，この要件のどれか1つでも欠けるものは，著作物とはいえず，著作権による保護は受けられない。

次に，著作権法10条は，著作物の例示として，①言語の著作物，②音楽の著作物，③舞踊又は無言劇の著作物，④美術の著作物，⑤建築の著作物，⑥図形の著作物，⑦映画の著作物，⑧写真の著作物，⑨プログラムの著作物を規定しており，それぞれの具体例は以下の□**表1－6－1　著作物の例示**に示すとおりである。

著作権法10条はあくまで例示列挙であり，①ないし⑨以外の種類の著作物も存在する。例えば，漫画の著作物は，①と④との両側面をもつ著作物であると

□**表1－6－1　著作物の例示**

著作物の種類	具体例
①　言語の著作物	小説，脚本，論文，講演，詩
②　音楽の著作物	楽曲，歌詞
③　舞踏又は無言劇の著作物	日本舞踊，バレエ・ダンス，パントマイム等の振付
④　美術の著作物	絵画，版画，彫刻，書
⑤　建築の著作物	建築物
⑥　図形の著作物	地図，設計図
⑦　映画の著作物	劇場用映画，テレビ番組，CG動画，ゲーム映像
⑧　写真の著作物	肖像写真，風景写真，グラビア写真
⑨　プログラムの著作物	ソフトウェア，ゲーム，アプリ

の評価が可能である。さらに，①ないし⑨のジャンルに属するものがすべて著作物に該当するわけではなく，あくまで上で見た４要件を満たさなければならない。以下，４要件を個別にみる。

Ⅱ 各　論

① 「思想又は感情」を含むこと

まず，「思想又は感情を創作的に表現したもの」とあることから，「思想又は感情」を含む情報でなければならない。例えば，「東京の元日の最高気温は５度でした。」という文は，何ら思想感情は含まれていないため著作物には当たらない。仮に東京の過去100年分の最高気温を調べて羅列したとしても，やはり思想感情は含まれていない以上，著作物には当たらない。このように，著作物として保護されるには，「思想又は感情」を何かしら内容として含むものでなければならず，単なる事実やデータはそれだけでは著作物とはいえない。

なお，近時，AI（人工知能）が自動的に作成したコンテンツを著作権法上保護すべきか否かという議論があるが，こうしたコンテンツには，人間の思想感情は含まれていないため，少なくとも現行著作権法の下では，著作物としての保護を受けることはできないといわざるを得ないように思われる。

② 「創作的」であること

⑴ 創作性の程度

次に，「思想又は感情を創作的に表現したもの」とあることから，「創作的」なものでなければならない。「創作的」といっても，それほど高いレベルものものは要求されず，多少なりとも個性が発揮されていればよい。この点，国政選挙における立候補予定者の当落予想表の著作物性が争われた〔当落予想表事件〕東京高裁判決☆1は，「『創作的に表現したもの』とは，厳格な意味での独創性があるとか他に類例がないとかが要求されているわけではなく，『思想又は感情』の外部的表現に著作者の個性が何らかの形で現れていれば足り」るとする。もっとも，誰でも思いつくようなありふれたものや，他人の表現をそのまま真似したものは，「創作的」であるとはいえず，著作物性は否定される。

⑵ 裁判例に見る創作性

実務上，著作物性が争われる事案は多く，裁判例も多い。以下，代表的な例をいくつか紹介する。なお，いわゆる応用美術の著作物性については，Q7を参照のこと。

⒜ 短　文

雑誌の休刊・廃刊の挨拶文の著作物性が争われた〔ラストメッセージ事件〕東京地裁判決☆2では，「あたたかいご声援をありがとう。昨今の日本経済の下でギアマガジンは，新しい編集コンセプトで再出発を余儀なくされました。皆様のアンケートでも新しいコンセプトの商品情報誌をというご意見をたくさんいただいております。ギアマガジンが再び店頭に並ぶことをご期待いただき，今号が最終号となります。長い間のご愛読，ありがとうございました。」等の挨拶文につき創作的であるとし，著作物性を認めた。一方，「長い間ご愛読いただきましたBONTONは今月号（5月号）をもって休刊し，紙面を一新して7月発売で新雑誌としてデビューいたします。どうぞ，ご期待下さい!!」等の挨拶文については，ありふれた言い回しにとどまっているとして，創作的ではないとし，著作物性を否定している。

また，キャッチフレーズの著作物性が争われた〔スピードラーニング事件〕東京地裁判決☆3では，「音楽を聞くように英語を聞き流すだけ　英語がどんどん好きになる」「ある日突然，英語が口から飛び出した！」というキャッチフレーズにつき，裁判所は平凡かつありふれた表現であるとして著作物性を否定している。

一方，交通標語の著作物性が争われた〔交通安全スローガン事件〕東京高裁判決☆4は，「ボク安心　ママの膝より　チャイルドシート」という交通標語につき，「全体としてのまとまりをもった5・7・5調の表現のみにおいて」創作性が認められるとし，著作物性を肯定している。

⒝ イラスト，図形

地図イラストの著作物性が争われた〔新撰組ガイドブック事件〕東京地裁判決☆5は，図1－6－1の地図イラストにつき，「一般に，地図は，地形や土地の利用状況等を所定の記号等を用いて客観的に表現するものであって，個性的表現の余地が少なく，文学，音楽，造形美術上の著作に比して創作性を認め得る余地が少ないのが通例である。それでも，記載すべき情報の取捨選択及びその表示の方法に関しては，地図作成者の個性，学識，経験，現地調査の程度等が重要な役割を果たし得るものであるから，なおそこに創作性が表われ得るものということができる。そして，地図の著作物性は，右記載すべき情報の取捨選択及びその表示の方法を総合して，判断すべきものである。」との一般論を述べたうえで，「読者が最も関心があると思われる『近藤勇胸像』や『近藤勇と理心流の碑』等を，実物に近い形にしながら適宜省略し，デフォルメした形で記載した点には創作性が認められ，この点が同地図の本質的特徴をなしている」とし，著作物性を肯定した。

□図1－6－1

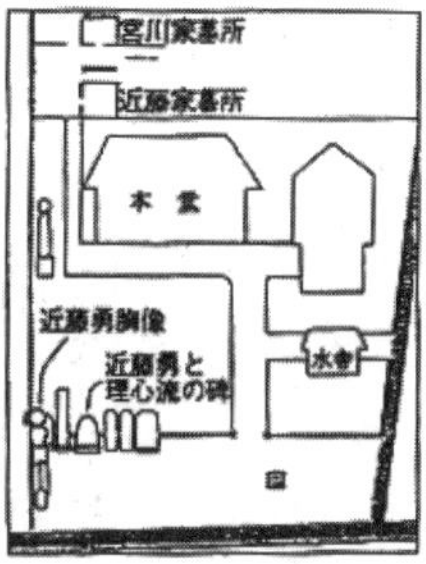

また，浮世絵を模写したイラストの著作物性が争われた〔豆腐パッケージ事件〕東京地裁判決☆6は，江戸時代に描かれた浮世絵（□図1－6－3）を模写して描かれたイラスト（□図1－6－2）につき，□図1－6－3のイラストの複製にすぎず，新たな創作性は付加されていないとし，著作物性を否定した。

□図1－6－2

□図1－6－3

このほか，工業製品（業務用スタンド灰皿）の設計図の著作物性が争われた〔スモーキングスタンド設計図事件〕東京地裁判決☆7は，「工業製品の設計図は，そのための基本的訓練を受けた者であれば，だれでも理解できる共通のルールに従って表現されているのが通常であり，その表現方法そのものに独創性を見出す余地はな」いとして，著作物性を否定している。

(c) 建築の著作物

注文住宅の著作物性が争われた〔百年耐久・檜の家事件〕大阪高裁判決☆8は，「一般住宅が……『建築の著作物』であるということができるのは，客観的，外形的に見て，それが一般住宅の建築において通常加味される程度の美的創作性を上回り，居住用建物としての実用性や機能性とは別に，独立して美的鑑賞の対象となり，建築家・設計者の思想又は感情といった文化的精神性を感得せしめるような造形芸術としての美術性を備えた場合と解するのが相当である。」としたうえで，図1－6－4の建物につき，造形芸術としての美術性を備えたものとはいえないとして，著作物性を否定した。

図1－6－4

(d)　写真の著作物

商品写真の著作物性が争われた〔ホームページ上の広告販売用商品写真の著作物性事件〕知財高裁判決☆9は，図1－6－5の写真につき「被写体の組合せ・配置，構図・カメラアングル，光線・陰影，背景等にそれなりの独自性が表れているのであるから，創作性の存在を肯定することができ，著作物性はあるものというべきである。」とし，これを無断でそのままコピーし，ホームページに掲載することは著作権侵害に該当するとした。

図1－6－5

このほか，絵画のような平面的な被写体をそのまま二次元的に再現することを目的として撮影された写真については，撮影者自身の創作性が現れているとは通常評価できないことから，著作物性は否定される☆10。

③　「表現されたもの」であること

次に，「思想又は感情を創作的に表現したもの」とあることから，「表現したもの」でなければならない。いい換えると，単なる「アイディア」の段階では著作物とは認められないのであり，いくら頭のなかで作品のイメージを膨らませていても，それを何らかの形で作品として外に「表現」してはじめて著作物としての資格を得ることになる。また，あるアイディアを作品として表現した場合，著作物として保護されるのは，あくまでその表現された「作品」であって，その元になっているアイディアは保護されない。

なお，表現とアイディアの関係については，Q8を参照されたい。

④ 「文芸，学術，美術又は音楽の範囲に属するもの」であること

最後に，「文芸，学術，美術又は音楽の範囲に属するもの」でなければならない。前掲（☆1）〔当落予想表事件〕東京高裁判決が，「『文芸，学術，美術又は音楽の範囲に属する』というのも，知的，文化的精神活動の所産全般を指すものと解するのが相当である。」とするとおり，厳密にどの範囲に属するかが問題となることは実務上ほとんどないといってよい。

当該要件に関しては，例えば，工業製品のデザインは著作物ではないといった文脈で解説されることが多い（もちろん，工業製品のデザインは意匠登録することにより，意匠権による保護を受けることができる）。しかしながら，Q7で解説するとおり，工業製品のデザインであっても著作物としての保護を受けるとする裁判例も近時出ており，工業製品のデザイン全般の著作物性に関して，当該要件を理由に否定することは困難である。

⑤ まとめ

以上，著作物とは何かにつき概観した。著作物の要件は決して高度なものではなく，単純なイラストや文章であっても著作物に該当するものもある。その意味で，われわれの身の周りは無数の著作物で溢れているといえる。そして，著作物の定義は抽象的なものであり，著作物か否かの判断は時として非常に困難な場合もあり，そうした場合は，過去の裁判例等，専門的な知識が求められる。

なお，仮にある情報，コンテンツが著作物でない場合，それを無断で利用した場合や類似した作品を利用しても著作権侵害には該当しないが，世間的には「パクり」であるとして炎上するケースも少なからずあるため（五輪エンブレム問題を想起されたい），そうした観点からの検討も時として必要となる場合もある。

◆池村　聡

▶▶判　例

☆1　東京高判昭62・2・19無体19巻1号30頁・判タ629号221頁・判時1225号111頁〔当

落予想表事件〕。

☆２　東京地判平７・12・18知財集27巻４号787頁・判タ916号206頁・判時1567号126頁〔ラストメッセージ事件〕。

☆３　東京地判平27・３・20（平成26年（ワ）第21237号）裁判所ホームページ〔スピードラーニング事件〕。

☆４　東京高判平13・10・30判タ1092号281頁・判時1773号127頁〔交通安全スローガン事件〕。

☆５　東京地判平13・１・23判時1756号139頁〔新撰組ガイドブック事件〕。

☆６　東京地判平18・５・11判タ1226号276頁・判時1946号119頁〔豆腐パッケージ事件〕。

☆７　東京地判平９・４・25判タ944号265頁・判時1605号136頁〔スモーキングスタンド設計図事件〕。

☆８　大阪高判平16・９・29（平成15年（ネ）第3575号）裁判所ホームページ〔百年耐久・檜の家事件〕。

☆９　知財高判平18・３・29判タ1234号295頁〔ホームページ上の広告販売用商品写真の著作物性事件〕。

☆10　東京地判平10・11・30知財集30巻４号956頁・判タ994号258頁・判時1679号153頁〔版画の写真事件〕。

Q７ 応用美術とは何か

応用美術とは何ですか。応用美術には著作権の保護が及びますか。

実務上のポイント

☑美的にデザインされた実用品のことを「応用美術」といいます。
☑応用美術は意匠登録を受けることにより意匠権による保護を受けることができます。
☑一方で，応用美術に著作権法上の保護が及ぶかという点については，古くから議論があり，従来の裁判例は，純粋美術と同視できる程度の美的鑑賞性を有するものに限って，美術の著作物として著作権法上の保護が及ぶとする見解をとるものが多くありました。
☑近時，応用美術も通常の著作物と同じく，作成者の個性が発揮されていれば著作物として著作権法上の保護が及ぶとし，家具（幼児用椅子）の著作物性を認めた裁判例が示され，注目を集めています。

▶解　説

Ⅰ 応用美術とは

著作権法上，「応用美術」の定義はないが，一般には，美的にデザインされた各種実用品のことを「応用美術」と呼ぶ。家具や家電，洋服，雑貨などが典型である。こうした応用美術は，意匠登録をすることにより，意匠権としての保護を受けることが可能であるが，著作権による保護も受けるのだろうか。

著作権法10条１項４号は，著作物の例示として「絵画，版画，彫刻その他の美術の著作物」と規定するほか，２条２項で「この法律にいう『美術の著作物』には，美術工芸品を含むものとする。」と規定する。ここでいう美術工芸品とは，一品制作の陶芸作品（壺や皿等）が典型的な例であり，応用美術の一種であるところ，この規定は，応用美術のうち，美術工芸品だけを特別に著作権法上保護することを定めたものなのか，それとも美術工芸品はあくまで例示として規定されたものにすぎず，これ以外の応用美術も著作権法上保護の対象となるのかについては法律上明らかではない。

そのため，応用美術が著作権による保護を受けるか否かについては，古くから争いがあり，現在においてもなお，定説を見ない状況にある。

Ⅱ 裁 判 例

(1) 従来の裁判例

従来の裁判例は，段階理論と呼ばれる見解をとるものが多かったといえる。段階理論とは，応用美術については，原則としては意匠権による保護に委ねるものとし，著作権による保護は受けられないとしつつも，例外として純粋美術と同視し得るほどの美的鑑賞性を備えていれば，美術の著作物として保護を受けられるとする考え方である。

段階理論を採用して応用美術の著作物性を肯定したと考えられる裁判例としては，量産品である博多人形の著作物性が争われた〔博多人形事件〕長崎地裁佐世保支部決定☆1（▢図1－7－1），仏壇に施された彫刻の著作物性が争われた〔仏壇彫刻事件〕神戸地裁姫路支部判決☆2（▢図1－7－2），Tシャツに描かれた図柄の著作物性が争われた〔Tシャツ事件〕東京地裁判決☆3（▢図1－7－3），妖怪フィギュアの著作物性が争われた〔おまけフィギュア事件〕大阪高裁判決☆4等がある。

▢図1－7－1

▢図1－7－2

▢図1－7－3

図１－７－５

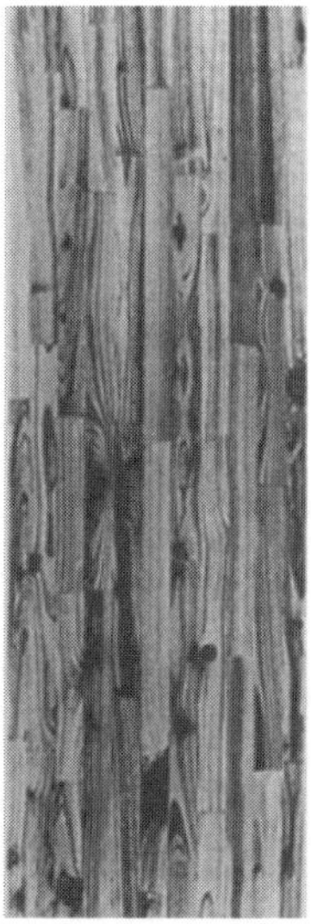

図１－７－４

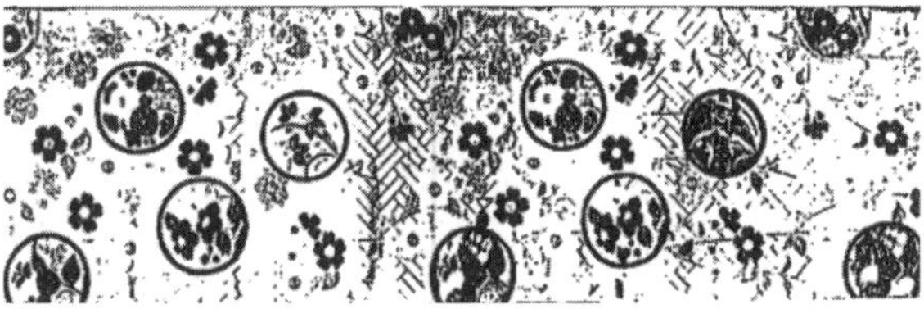

図１－７－６

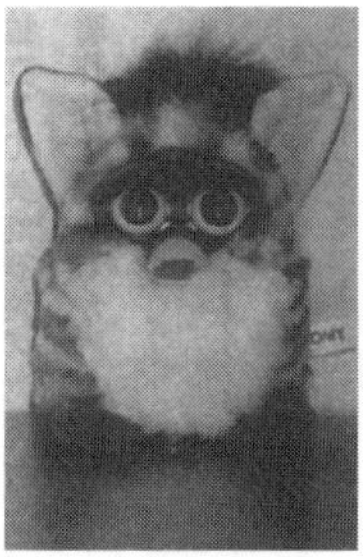

一方，段階理論を採用して応用美術の著作物性を否定したと考えられる裁判例としては，袋帯の著作物性が争われた〔佐賀錦袋帯事件〕京都地裁判決☆5（図１－７－４），名作椅子の著作物性が争われた〔ニーチェア事件〕大阪高裁判決☆6，木目化粧紙の著作物性が争われた〔木目化粧紙原画事件〕東京高裁判決☆7（図１－７－５），電子ペット玩具の著作物性が争われた〔ファービー人形刑事事件〕仙台高裁判決☆8（図１－７－６），動物フィギュアの著作物性が争われた〔おまけフィギュア事件〕大阪高裁判決☆4等がある。

これらの裁判例は，結論として著作物性の判断は肯否分かれてはいるものの，いずれも純粋美術と同視できるほどの鑑賞性を備えているかを基準に判断がなされている。

② 近時の注目すべき裁判例

上記のとおり，従来の裁判例の多くは，純粋美術と同視できるほどの鑑賞性を備えているか否かという観点から，応用美術の著作物性を判断していた。しかしながら，近時，応用美術の著作物性につき，これとは別の考え方を採用した裁判例が相次いで現われ，大きな注目を集めている。

⑴〔ファッションショー事件〕

まず，ファッションショーに出演するモデルに施された化粧や髪型のスタイリング，着用する衣装の選択やコーディネート，装着させるアクセサリーやコーディネート等の著作物性が争われた〔ファッションショー事件〕知財高裁判決☆9が挙げられる。

知財高裁は，「実用目的の応用美術であっても，実用目的に必要な構成と分離して，美的鑑賞の対象となる美的特性を備えている部分を把握できるものについては，上記２条１項１号に含まれることが明らかな『思想又は感情を創作的に表現した（純粋）美術の著作物』と客観的に同一なものとみることができるのであるから，当該部分を上記２条１項１号の美術の著作物として保護すべきである。」とし，美的表現部分が実用目的や機能面から分離できるか否かという観点から応用美術の著作物性を判断するという，段階理論を採用した従来の裁判例とは異なる考え方を示した（なお，結論として問題となった髪型等の著作物性はすべて否定した）。

この考え方によれば，実用目的や機能面から必然的に導かれるデザインについては，（いかに優れたデザインであろうと）著作物性が否定されるのに対し，そうでないデザインについては，著作物性が肯定され得ることになる。

⑵〔トリップトラップ事件〕

一方，幼児用椅子の著作物性が争いになった〔トリップトラップ事件〕知財高裁判決☆10（▢図１－７－７）は，段階理論を採用した従来の裁判例とも，そして⑴とも異なる考え方を示した。知財高裁は，「応用美術は，装身具等実用品自体であるもの，家具に施された彫刻等実用品と結合されたもの，染色図案等実用品の模様として利用されることを目的とするものなど様々であり……表現態様も多様であるから，応用美術に一律に適用すべきものとして，高い創作性の有無の判断基準を設定することは相当とはいえず，個別具体的に，作者の個性が発揮されているか否かを検討すべきである。」と述べ，問題となった幼児用椅子が備える，市場に出回っている他社製の幼児用椅子とは異なった特徴を認定し，著作物性を肯定した（なお，相手方商品との類似性については否定したため，結論として著作権侵害は成立していない）。

▢図１－７－７

この考え方は，応用美術についても，他の著作物と同様

に，個別に創作性の有無を判断することにより著作物性を判断すべきというものであり，少なくとも従来の裁判例に比べ，応用美術の著作物性のハードルは相当程度低くなったとの評価が可能である。

③ 実務上の留意点

このように，近時，応用美術の著作物性に関し，異なる考え方を示す知財高裁の注目裁判例が相次いで出されことから，この問題はこれまで以上に，学説上激しく議論が交わされている状況にある。なお，前掲（☆10）〔トリップトラップ事件〕知財高裁判決後に出された〔ピクトグラム事件〕大阪地裁判決☆11では，従来の段階理論を採用したうえで，ピクトグラムの著作物性を肯定しており，下級審の判断も流動的である。

こうした状況における実務上の留意点としては，②(2)で述べたとおり，前掲（☆10）〔トリップトラップ事件〕知財高裁判決に従う限り，従来の裁判例に従うよりも多くの応用美術の著作物性が肯定され，著作権による保護を受け得るという点であろう。逆の視点でいえば，著作物性が肯定される応用美術については，当然のことながら，著作権者に無断で各種の利用をすることは原則として著作権侵害に該当し，許されないことになる。少なくとも，意匠権の切れた名作椅子のコピー商品（いわゆるジェネリック家具）を製造販売することは，著作権保護期間が満了している場合を除き，著作権侵害に該当する可能性があるといわざるを得ない。

こうしたデッドコピー商品でなくとも，ある応用美術が著作物として保護を受ける場合，その本質的特徴を直接感得できるような別の商品を制作することは，複製や翻案と評価され，著作権侵害に該当し得ることになるため，他社商品のデザインを参考にして自社商品のデザインを検討する場合等には，これまで以上に慎重な姿勢が求められよう。

なお，応用美術を写真撮影等する際の問題点については実務編Q20を参照のこと。

◆池村　聡

▶▶判　例

☆１　長崎地佐世保支決昭48・２・７無体５巻１号18頁〔博多人形事件〕。

☆２　神戸地姫路支判昭54・７・９無体11巻２号371頁〔仏壇彫刻事件〕。

☆3　東京地判昭56・4・20無体13巻1号432頁・判時1007号91頁〔Tシャツ事件〕。
☆4　大阪高判平17・7・28判タ1205号254頁・判時1928号116頁〔おまけフィギュア事件〕。
☆5　京都地判平元・6・15判タ715号233頁・判時1327号123頁〔佐賀錦袋帯事件〕。
☆6　大阪高判平2・2・14判例集未登載・LEX/DB27815252〔ニーチェア事件〕。
☆7　東京高判平3・12・17知財集23巻3号808頁・判時1418号120頁〔木目化粧紙原画事件〕。
☆8　仙台高判平14・7・9判タ1110号248頁・判時1813号150頁〔ファービー人形刑事事件〕。
☆9　知財高判平26・8・28判時2238号91頁〔ファッションショー事件〕。
☆10　知財高判平27・4・14判時2267号91頁〔トリップトラップ事件〕。
☆11　大阪地判平27・9・24（平成25年（ワ）第1074号）裁判所ホームページ〔ピクトグラム事件〕。

Q８ アイディアと表現

アイディアであれば無断で利用してもよいのでしょうか。表現とアイディアはどのように区別されますか。

実務上のポイント

☑著作権による保護を受ける「著作物」は思想又は感情を創作的に「表現」したものである必要があります。
☑したがって，「表現」のもととなる思想又は感情である「アイディア」自体は著作物には当たらず，アイディアがいかに独創的なものであっても，これを無断で利用することは著作権の侵害には当たりません。
☑表現とアイディアは，思想，感情を個別具体的に文章やイラストなど，外部的に認識可能な形態で表現したものが「表現」であり，いまだ抽象的な思想，感情の状態にあるものが「アイディア」であるという形で区別することができますが，その境界が曖昧な場合も少なくないため，時として慎重な検討，判断が求められます。
☑また，「アイディア」を利用したにすぎない場合は，著作権侵害には当たりませんが，「パクり」であるとして，いわゆる炎上の対象となる場合も少なくありませんので，実務上は留意が必要です。

▶解　説

Ⅰ 「表現」「アイディア」「作風」「手法」

著作権による保護を受ける「著作物」につき，著作権法２条１項１号は，「思想又は感情を創作的に表現したものであって，文芸，学術，美術又は音楽の範囲に属するもの」と定義している。この定義からも明らかなとおり，「著作物」とは，思想又は感情を創作的に「表現したもの」でなければならず，表現のもととなる，思想又は感情それ自体は，「著作物」ではなく，著作権による保護を受けない。いわゆる「アイディア」については，表現のもととなる思想又は感情それ自体であるともいえるし，思想又は感情を表現するに際して用いる手法等であるという側面もあるが，いずれにせよ，こうした「アイディア」それ自体は，「表現したもの」ではないため，著作権による保護の対象ではない。つまり，どんなに頭の中でアイディアを練り，作品の構想を膨らませていたとしても，それを何らかの形で外部に表現しない限り，著作権による保護を受けることはできないのである。

したがって，アイディアがいかに独創的なものであっても，これを無断で利用することは著作権の侵害には当たらないし，アイディアが共通していることのみをもって著作権侵害であると主張することもできない。

一例を挙げると，「勉強も運動もできない少年を未来からやってきた動物型ロボットが様々な未来の道具を駆使して助けてあげる様子をほのぼの描いた子供向け漫画」というレベルではいまだアイディアにとどまるものであって，著作権による保護は受けられない。これを漫画「ドラえもん」という形で作品として具体的に表現してはじめて著作物として著作権による保護が受けられることになるのである。

また，「アイディア」の一つとして，「作風」「手法」といったものもそれ自体は著作権による保護の対象ではなく，これらが作品として具体的に表現されることにより，著作権による保護の対象である著作物たり得ることになる。

このように「アイディア」自体に著作権による保護を与えないことは，その方が多様な文化の発展に資することになり，望ましいという考えがベースにあるといえよう。

さらに，ある「アイディア」を表現しようとした場合に表現の選択の幅が狭い場合，これを表現したとしても，創作性がないとされ，表現であっても著作物とは認められず，著作権による保護を受けることはできない。例えば，「四角いキャンバスを赤一色に染める」というアイディアを表現しようとすると，誰がやっても同じ表現になるため，著作物とは認められない。かかる意味において，いわゆる現代アートや前衛音楽と呼ばれるジャンルにあっては，（その芸術的価値や財産的価値とはうらはらに）著作物とは評価されないものも少なくないように思われる。

Ⅱ 表現とアイディアの区別

① 総　　論

表現とアイディアは，思想，感情を個別具体的に文章やイラストなど，外部的に認識可能な形態で表現したものが「表現」であり，いまだ抽象的な思想，感情の状態にあるものが「アイディア」であるという形で区別することが概念上は一応可能である。

上記の例でいえば，「勉強も運動もできない少年を未来からやってきた動物型ロボットが様々な未来の道具を駆使して助けてあげるという様子をほのぼの描いた子供向け漫画」というのはアイディアであり，藤子不二雄Fが描いた漫画「ドラえもん」は表現である。

また，「結婚３年目にして妻に浮気がバレてしまった際のやり取りをコミカルに夫婦役の男女が掛け合いながら歌う歌謡曲」というのはアイディアであり，佐々木勉作詞作曲による「３年目の浮気」（ヒロシ＆キーボー）は表現である。

しかしながら，その境界が曖昧な場合も少なくなく，時として両者の峻別には慎重な検討，判断が求められる。

特に，❶で見たとおり，いわゆる現代アートやコンセプチュアル・アート，前衛音楽と呼ばれるジャンルの作品においては，アイディアと表現とが一致ないしほぼ一致する場合も少なくないといえ，そのような場合，作品としての芸術性がいかに高く評価されようとも，著作権法上の保護対象となる著作物とは評価されないことになる。例えば，日本の美術家河原温によるTodayシリーズ（黒一色に塗られたキャンバスの中心に白文字でその日の日付を丁寧に描くことにより表現される作品）や米国の音楽家ジョン・ケージによる「４分33秒」と称される作品（演奏者が楽器の前で何も演奏せず，任意の時間が経過したらそのまま退場することを内容とする作品であり，会場内のざわめき等を鑑賞するものとされている）は，その芸術性の高さや前者における原作品の財産的価値はいうまでもないところであるが，著作物として法的に評価することは困難なのではないかと思われる。

Ⅲ 裁判例

〔野川グループ事件〕控訴審判決☆1は，数学に関する論文に含まれる命題の解明過程やこれを説明するために使用された方程式の著作物性が争われた事案であるが，大阪高裁は，「数学に関する著作物の著作権者は，そこで提示した命題の解明過程及びこれを説明するために使用した方程式については，著作権法上の保護を受けることができないものと解するのが相当である。一般に，科学についての出版の目的は，それに含まれる実用的知見を一般に伝達し，他の学者等をして，これを更に展開する機会を与えるところにあるが，この展開が著作権侵害となるとすれば，右の目的は達せられないことになり，科学に属する学問分野である数学に関しても，その著作物に表現された，方程式の展開を含む命題の解明過程などを前提にして，更にそれを発展させることができないことになる。このような解明過程は，その著作物の思想（アイデア）そのものであると考えられ，命題の解明過程の表現形式に創作性が認められる場合に，そこに著作権法上の権利を主張することは別としても，解明過程そのものは著作権法上の著作物に該当しないものと解される。」と述べ，命題の解明過程等はアイディアであり，著作権の保護は及ばないとした。

また，「城」の定義の著作物性が争われた事案である〔日本の城と文学と事件〕東京地裁判決☆2は，「原告が長年の調査研究によって到達した，城の学問的研究のための基礎としての城の概念の不可欠の特性を簡潔に言語で記述したものであり，原告の学問的思想そのものと認められる。そして，本件定義のような簡潔な学問的定義では，城の概念の不可欠の特性を表す文言は，思想に対応するものとして厳密に選択採用されており，原告の学問的思想と同じ思想に立つ限り同一又は類似の文言を採用して記述する外はなく，全く別の文言を採用すれば，別の学問的思想による定義になってしまうものと解される。」と述べ，学問的定義は著作物には当たらないとした。

このほか，NHKの大河ドラマ「武蔵　MUSASHI」が映画「七人の侍」（監督：黒沢明）の翻案権等を侵害するとして争われた〔武蔵　MUSASHI事件〕東京地裁判決☆3は，両作品を比較したうえで，設定やストーリにおいていくつかの共通点があるとしつつも，「共通する部分はアイデアの段階にとどまる」

とし，結論として侵害を否定している。

Ⅳ 炎上リスク

以上見たとおり，「アイディア」それ自体は著作権法による保護の対象とはならず，アイディアのみが共通していることをもって著作権侵害とは評価されない。しかしながら，一方で，SNSを中心に，アイディアが共通ないし類似していることをもって「パクり」であるとし，あたかもそれが著作権侵害であるかのように「炎上」してしまう事例も少なからず存在するところであり，実務上は，かかる「炎上リスク」についても念頭に置いておく必要がある。

◆池村　聡

▶▶判　例

☆1　大阪高判平6・2・25知財集26巻1号179頁・判タ846号244頁・判時1500号180頁〔野川グループ事件〕。

☆2　東京地判平6・4・25判タ873号254頁・判時1509号130頁〔日本の城と文学と事件〕。

☆3　東京地判平16・12・24（平成15年（ワ）第25535号）裁判所ホームページ〔武蔵事件〕。

第3節　保護期間

Q9　著作権の存続期間

著作権はいつまで保護されるのでしょうか。パブリックドメインとは何ですか。

実務上のポイント

☑著作権は保護される期間が法律上決まっています。
☑著作権の存続期間を過ぎた著作物は，パブリックドメイン（「公共の財産」という意味です）の著作物と呼ばれ，自由に利用することができます。
☑著作権の存続期間の原則は著作者の死後50年ですが，様々な例外的取扱いがあるため，著作物がパブリックドメインになっているかどうかの判断は，慎重に行う必要があります。
☑著作権の存続期間を過ぎていても，著作者人格権には別途注意を払う必要があります。
☑TPP協定の承認手続に向けた著作権法の改正案が2016〔平成28〕年の国会に提出されています。この改正案が可決成立し，施行されれば，著作権の存続期間が修正されることになります。

▶解　説

Ⅰ　著作権の存続期間

①　はじめに

著作権は永久に保護されるものではなく，保護される期間が決まっている。保護期間★1が終了した著作物は，著作権の保護を受けることがなくなるので，自由に利用することができる。このため，誰もが利用できる公共の財産になったという意味で，パブリックドメインの著作物と呼ばれる。

著作物の利用にあたっては，著作者人格権（Q２参照）にも留意する必要があるが，著作者人格権と著作権では存続期間が異なることに，注意が必要である。

著作権の存続期間は，著作物を創作した時から始まる（著作51条１項)。保護期間の終期は，著作物の公表名義，種類等によって異なるので，以下で説明するところに従って，慎重に判断する必要がある。

②　保護期間の原則

著作権の存続期間は，原則として著作者の死後50年を経過するまでとされている（著作51条２項)。共同著作物（２人以上の者が共同して創作した著作物であって，その各人の寄与を分離して個別的に利用することができないもの〔著作２条１項12号〕）については，共同著作者のうち最終に死亡した著作者の死後50年を経過するまで存続する（著作51条２項かっこ書)。

著作権の存続期間は，暦年単位で計算することになっているので，著作者の死亡した年の翌年の元日から起算し，保護期間が満了する年の大晦日の終了で満了することなる（著作57条)。以下の説明で，著作物の創作，公表等が保護期間の起算点になっている場合にも同様に暦年単位で計算する。

③　無名又は変名の著作物の保護期間

無名又は変名（ペンネームや雅号等のこと〔著作14条〕）の著作物については，保護期間は，著作物の公表時から50年とされている（著作52条１項)。ただし，変名が周知のものであったり（例えば，夏目漱石は夏目金之助の変名であることは周知である)，実名が登録される等した場合には，原則に戻って，著作者の死亡時から保護期間を起算する（著作52条２項)。

④　団体名義の著作物の保護期間

法人その他の団体の名義を有する著作物についても，保護期間は，著作物の公表時から50年とされている（著作53条１項)。ただし，創作から50年間公表されない著作物については，保護期間は創作時から50年とされている（同項かっこ書)。

⑤ 映画の著作物の保護期間

映画の著作物については，一律に，保護期間は，公表から70年とされている(著作54条1項)。

映画の著作物に翻案されている著作物（原作小説や脚本等）の著作権についても，当該映画の著作物の利用に関する限り，映画の著作物の著作権と同時に消滅することになっている（著作54条2項)。あくまでも「当該映画の著作物の利用に関する限り」なので，例えば映画とは別途脚本を出版したり，同じ脚本に基づいて映画をリメークしたりする場合などに及ぶ著作権については，上記④までに説明したところに基づいて保護期間が算定される。

映画の著作物の保護期間を判断するにあたっては，旧法（1970〔昭和45〕年に現行法が制定される以前の旧著作権法）の規定にも注意する必要がある。

旧法と比較すると，現行法は一般的には保護期間を長くしている。旧法時代に作成された著作物で，現行法の施行時にパブリックドメインになっていなかった著作物は，現行法の保護期間に従って保護される。しかしながら，映画の著作物については，旧法による保護の方が長い場合があり，そのような場合には，旧法が適用されることになっているのである（著作附則7条)。

すなわち，旧法では，映画の著作物の保護期間については，「独創性を有する」映画の保護期間は著作者の死後38年であったが（旧著作22条ノ3)，現行法では公表後50年とされた（2013〔平成25〕年の改正により，公表後70年に改められた)。そのため，映画監督等の著作者が旧法時代の公表後13年以上生存していた場合，旧法の保護期間の方が長いことになるので，旧法が適用になるのである。例えば，黒澤明監督の映画「羅生門」は1950年に公表されたので，公表から50年を経過した2000年末日をもって，現行法（2013〔平成25〕年の改正前）によれば保護期間は満了していたことになる。しかし，「羅生門」の著作者は監督である黒澤明だと裁判上認定されており，そのため，「羅生門」の保護期間は，黒澤明の没年2008年から起算して38年存続し，2046年まで保護されることになっている。

⑥ 継続的刊行物についての取扱い

上記③ないし⑤で説明した例外的場合においては，著作権の保護期間は，著作物の公表時から起算されることになる。

著作物は，一つの作品全部が一時に公表されるのではなく，新聞等の連載小説や，漫画雑誌の連載漫画のように，回数を分けて公表されることが少なくないので，その場合の取扱いが定められている（著作56条）。

新聞・雑誌・年報等のように，冊，号又は回を追って公表する著作物については，毎冊，毎号又は毎回の公表時から保護期間を起算する。新聞に掲載される4コマ漫画のように，連載ではあるが，各回でストーリー完結するものもこれに含まれる。他方，連載小説，連載ストーリー漫画のように，一部分ずつを逐次公表して完成する著作物については，最終部分の公表の時が起算点になる。ただし，連載が長期に中断していて，直近の部分が3年以上公表されないときは，既に公表されたもののうちの最終部分をもって公表の時とされている。

以上はあくまでも，公表時を起算点とする場合に問題になるのであり，個人の実名や周知のペンネームで公表される著作物（著作者の死亡時が起算点となる）では問題とならないことに注意されたい。

⑦ 外国人の著作物と戦時加算

外国人の著作物は，わが国が締結しているベルヌ条約等の条約により，わが国においても原則として自国民と同等の保護が与えられる（内国民待遇の原則〔著作6条〕）。ただし，外国を本国とする著作物については，わが国よりも著作権の存続期間が短い国の著作物は，当該国の著作権の存続期間の限度で保護される（著作58条）。例えば，ある国において映画の著作物の保護期間が公表後50年間であれば，その国を本国とする映画の著作物については，わが国でも公表後50年間保護されることになる。

また，第二次世界大戦の間は，わが国では連合国民の著作権が実質的に保護されていなかったとの理由で，「日本国との平和条約」（サンフランシスコ平和条約）15条(c)で，戦時期間を保護期間に加算することが義務づけられている。これを受けて，「連合国及び連合国民の著作権の特例に関する法律」4条において戦時加算が規定されている。

具体的には，開戦前日であった1941〔昭和16〕年12月7日から平和条約締結の日の前日までの間が保護期間に算入される。加算の日数は国によって若干異なるが，米，英，仏，加，豪の場合は，3794日が加算される。連合国民の著作物の保護期間を算定する場合には，この戦時加算にも注意しなければならない。

Ⅱ 著作者人格権の存続期間

著作物に及ぶ権利には，著作権とは別途著作者人格権があるが（Q2参照），著作者人格権の存続期間は，著作権とは異なることに注意が必要である。

著作者人格権は一身専属的なものであり（著作59条），著作者が自然人である場合には，その死亡とともに消滅し，相続もされない。しかし，著作者の死後に著作物を公衆に提供，提示する者は，著作者が存しているとしたならば，その著作者人格権の侵害となるべき行為をしてはならないと規定されている（著作60条）。

この規定に違反する行為をする者に対しては，遺族等が差止請求と名誉回復

表1－9－1　著作権，著作者人格権の存続期間の概要

<table>
<tr><th colspan="2"></th><th>存続期間</th><th>備　考</th></tr>
<tr><td rowspan="4">著作権</td><td>原　則</td><td>著作者の死後50年</td><td>共同著作物については最終に死亡した者の死後50年</td></tr>
<tr><td>無名又は変名の著作物</td><td>著作物の公表後50年</td><td>変名が周知である等の場合には原則に戻る。</td></tr>
<tr><td>団体名義の著作物</td><td>著作物の公表後50年</td><td>公表されないときは創作後50年</td></tr>
<tr><td>映画の著作物</td><td>著作物の公表後70年</td><td>公表されないときは創作後70年
旧法の方が長いときは旧法による。</td></tr>
<tr><td colspan="2">著作者人格権</td><td colspan="2">著作者の死亡時に消滅するが，その後も遺族（配偶者，子，父母，孫，祖父母，兄弟姉妹）が差止請求と名誉回復措置の請求をすることができる。</td></tr>
</table>

注：TPP協定の承認に向けた著作権法改正案が成立し，施行されると，上記に50年とあるのは，すべて70年となる。

措置の請求をすることができる（著作116条）。遺族とは，配偶者，子，父母，孫，祖父母，兄弟姉妹を指す。また，遺言で請求権者を指定することもでき，その指定された者は著作者の死後50年経過後（その時に遺族が存する場合にあっては，その遺族が存しなくなった後）は請求できないことになっている（同条３項）。

以上からして，著作権法116条が規定する請求権者が存しなくなるまでは，著作者が生存していたとするならば著作者人格権の侵害となるような行為は，自由には行えないということになる。

なお，法人が著作者となる職務著作の場合には，著作者人格権はその法人が存続する限り存続することになる。

Ⅲ 著作隣接権の存続期間

著作隣接権についても存続期間が定められている（著作101条）。

実演に関しては，実演を行つた時から50年間保護される。

レコードに関しては，レコードが発行された時から50年間保護される。

放送・有線放送に関しては，放送・有線放送が行われた時から50年間保護される。

Ⅳ TPP協定の承認に向けた著作権の存続期間の改正

環太平洋パートナーシップ（Trans-Pacific Partnership）協定（以下「TPP協定」という）は，2015年10月５日に大筋合意に至った。TPP協定が，ルールの統一を目指している分野の一つが知的財産権であり，そのうちわが国が最も対応を要する分野が著作権法である。日本政府は，2016〔平成28〕年１月からの通常国会中にTPP協定の承認手続（憲73条３号ただし書）を行うにあたり，同協定にあらかじめ対応するための関連法案を提出したが，その中には著作権法の改正法案も含まれている。

TPP協定は，著作物，実演及びレコードの保護期間について次のように定めている（18.63条）。すなわち，死亡時起算主義に基づく保護期間は，著作者の死後少なくとも70年存続するものとし（同条ａ項），また，それ以外を起算点とする保護期間は，公表の後少なくとも70年，又は（創作後25年以内に公表されない場合は）創作後少なくとも70年存続するものとしている（同条b項）。

これを受けた改正法案は，上記❶，Ⅲに解説した，著作物，実演及びレコードの保護期間について，現行法で死後70年とされているものはすべて死後70年に，公表，創作，発行又は実演の後50年とされているものはすべて公表，創作，発行又は実演の後70年に改正することとしている。放送・有線放送の保護期間は，改正されず，放送・有線放送の後50年のままとなる。

この著作権法改正を含むTPP協定関連法案は，2016〔平成28〕年1月からの通常国会では成立せず，同年秋の臨時国会以降に見送られた。同年6月の本稿執筆時点においては，大統領選を控えた米国によるTPP協定承認が流動的であるなど，TPP協定自体が発効するかどうかについては予断を許さない状況にある。上述の改正法が国会で成立しても，その施行は，TPP協定が発効することを条件としているので，上述のとおりの改正が実現するかどうかは本稿執筆時点で不透明な状況にある。

◆齋藤　浩貴

▶▶注　記

★1　保護期間は存続期間ともいう。著作権法では厳密には，著作権について存続期間，著作物について保護期間の語を用いているが，一般的にはそれほど厳密に使い分けられていない。

第 4 節　利用行為

Q 10　著作物の利用と使用

著作物の利用行為とはどのような行為ですか。使用とは違うのですか。

🗁実務上のポイント🗁

☑著作権が及ぶ行為は法定の利用行為に限られており，著作物を使用する行為であっても，法定の利用行為に当たらなければ，著作権は及びません。

☑法定の利用行為は著作権法21条ないし28条に列挙されています。各利用行為について及ぶ権利を支分権と呼ぶことがあり，著作権は支分権の集合体であるということができます。

▶解　説

Ⅰ　著作物の法定利用行為と使用行為

著作権は，他人が無許諾で著作物を利用することを禁止する効力を有する権利である。著作物は，無体の情報であるから，これを使用し又は利用するあらゆる行為に権利が及ぶとすると，他人の自由を不当に制限するおそれが高くなる。そのため，著作権法では，21条ないし28条に著作権が及ぶ行為を法定の利用行為として限定列挙し，法定利用行為に当たらない著作物の利用行為には著作権が及ばないものとしている。

著作物を〈使用〉する行為とは，著作物を見たり聞いたりしてその内容を感得する行為を指している。プログラムの著作物については，コンピュータ上でプログラムを実行することも使用行為とされる。これらの使用行為は法定の利用行為となっていないため，著作権は及ばない。よって，著作権者の許諾を得

▢表１－10－１　著作権の支分権（法定利用行為）

支分権	支分権の条文	著作２条の関連定義規定	備　考
複製権	21条	１項15号	
上演権・演奏権	22条	１項16号７項	「公に」行うと法定利用行為になる
上映権	22条の２	１項17号	「公に」行うと法定利用行為になる
公衆送信権（送信可能化を含む）	23条１項	１項７号の２ １項９号の５	23条２項に，公衆送信を受信して行う「公の伝達権」も規定されている。
口述権	24条	１項18号 ７項	「公に」行うと法定利用行為になる
展示権	25条		美術の著作物又は未発行の写真の著作物の原作品のみに適用 「公に」行うと法定利用行為になる
頒布権	26条	１項19号	映画の著作物のみに適用
譲渡権・貸与権	26条の２ 26条の３	８項	映画の著作物以外の著作物に適用 「公衆に」譲渡・貸与すると法定利用行為になる
翻訳権，翻案権等	27条		
二次的著作物の利用に関する原著作者の権利	28条	１項11号	

ることなく自由に行うことができる。

なお，利用許諾について著作権者が受領する対価については，「利用料」ではなく，「使用料」の語が用いられる。

Ⅱ　支分権と法定利用行為

①　複製権（著作21条）

著作権は，著作物を複製する利用行為に及ぶ。

複製とは「印刷，写真，複写，録音，録画その他の方法により有形的に再製することをいう」とされている（著作２条１項15号）。

それだけでなく，まず，脚本その他これに類する演劇用の著作物については，「当該著作物の上演，放送又は有線放送を録音し，又は録画すること」も複製に当たるものとされている（同号イ）。脚本に基づいて上演されている演劇は，脚本の実演に当たるものであり，脚本とは独立の著作物とはされていない。上演されている演劇をビデオで撮影したり，これをテレビ放送したものを録画することは，脚本の複製に当たり，複製権が及ぶと整理しているということである。

また，建築の著作物については，「建築に関する図面に従って建築物を完成すること」も複製に当たるとされている（同号ロ）。

② 上演権及び演奏権（著作22条），口述権（著作24条）

著作権は，著作物を，公に上演し，又は演奏する利用行為に及ぶ。同様に著作権は著作物を，公に口述する利用行為にも及ぶ

著作権法上，「演奏」には歌唱を含むとされており，「上演」は演奏以外の方法により著作物を演ずることをいうとされている（著作２条１項16号）。よって，著作物を公に演ずる行為一般が著作権法22条により法定利用行為とされていることになる。

注意しなければならないのは，著作権法２条７項により，「上演」，「演奏」又は「口述」には，著作物の上演，演奏又は口述で録音され，又は録画されたものを再生することを含むとされていることである。したがって，例えばCDに録音された音楽を店頭で流すような行為は，公の演奏として法定利用行為に該当することになる。

「公に」とは，公衆に直接見せ又は聞かせることを目的とすることをいう（著作22条）。「公衆」とは，著作権法においては不特定又は多数の者を意味するから（著作２条５項），特定少数の者にしか見せたり聞かせたりしない上演，演奏，口述は，法定利用行為には当たらず，自由に行えることになる。

事業者が営業するカラオケボックスで，客が友人とともにカラオケを再生して歌唱しても，客は「公に」演奏したことにならないので，法定の利用行為には当たらず，著作権侵害にはならない。ただし，カラオケボックスにおけるカラオケの再生や客による歌唱については，事業者もその利用主体であると一般に解釈されているため，事業者にとっては，公に（不特定の者，すなわち公衆であ

る客に直接聞かせることを目的として）演奏したことになる。よって，カラオケボックスを営業するためには，再生する楽曲の著作権者から許諾を得ることが必要である。

③ 上映権（著作22条の２）

著作権は，著作物を公に上映する利用行為に及ぶ。

「上映」とは，著作物（公衆送信されるものを除く）を映写幕その他の物に映写することをいい，これに伴って映画の著作物において固定されている音を再生することが含まれる（著作２条１項17号)。「公に」の意味は上記②を参照。

上映権の対象からは，公衆送信される著作物を映写する場合が除かれているが，公衆送信される著作物を映写する行為については，著作権法23条２項の公の伝達権の対象とされているため，著作権が及ばないということではない。

④ 公衆送信権等（著作23条）

著作権は，公衆送信（自動公衆送信の場合にあっては，送信可能化を含む）をする利用行為に及ぶ（著作23条１項)。

「公衆送信」とは，「公衆によって直接受信されることを目的として無線通信又は有線電気通信の送信（電気通信設備で，その一の部分の設置の場所が他の部分の設置の場所と同一の構内（その構内が二以上の者の占有に属している場合には，同一の者の占有に属する区域内）にあるものによる送信（プログラムの著作物の送信を除く。）を除く。）を行うこと」をいう（著作２条１項７号の２)。

わかりにくい定義であるが，公衆送信には，「放送」「有線放送」「自動公衆送信」「その他」の４種類があるので，この４つに分けて理解するとわかりやすい。

「放送」とは，公衆送信のうち，公衆によって同一の内容の送信が同時に受信されることを目的として行う無線通信の送信をいう（著作２条１項８号)。典型的には地上波テレビ放送やラジオ放送がこれに当たる。

「有線放送」とは，公衆送信のうち，公衆によって同一の内容の送信が同時に受信されることを目的として行う有線電気通信の送信をいう（著作２条１項９号の２)。典型的には有線テレビ放送がこれに当たる。

「自動公衆送信」とは，公衆送信のうち，公衆からの求めに応じ自動的に行うもの（放送又は有線放送に該当するものを除く）をいう（著作2条1項9号の4）。インターネットやイントラネットによる送信がこれに当たる。なお，著作権法2条1項7号の2のかっこ書があるから，同一構内のイントラネット通信でプログラムの著作物以外の著作物を送信することは，端末を利用する者が多数いたとしても，「公衆送信」に当たらないことになる。しかし，送信された著作物が端末にコピーされる場合は，複製に当たるため複製権の対象になるし，著作物が端末でコピーされない場合には，端末への送信が上演，演奏，口述に該当するか，端末において上映が行われるかのいずれかが生じることになるから，複製権，上演権，演奏権，口述権，上映権のいずれかの対象になることが多い，ということに注意する必要がある。

その他の自動公衆送信には，公衆送信のうち，公衆からの求めに応じて手動で行うものがこれに該当することになる。公衆からの依頼を受けて行うファックス送信等がこれに当たる。

ところで，公衆送信権は，自動公衆送信の場合にあっては，「送信可能化」にも及ぶ。

「送信可能化」については，著作権法2条1項9号の5に複雑な定義があるが，要するに，自動公衆送信用のサーバ（自動公衆送信装置）を設置，設定して，著作物をいつでも自動公衆送信できるようにする行為である。単純化すれば，次の①②いずれかの行為により，「自動公衆送信し得るようにすること」をいう。

① 既にインターネットに接続されている自動公衆送信装置に著作物をアップロード又は入力する（著作2条1項9号の5号イの場合）。

図1－10－1　アップロード入力型送信可能化

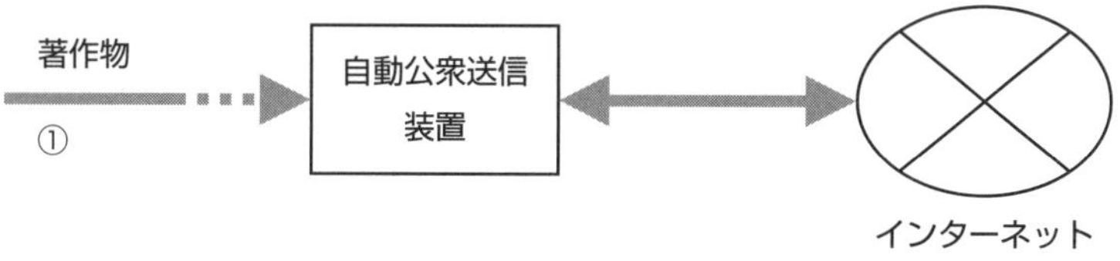

② 既に著作物がアップロード又は入力されている自動公衆送信装置について，インターネットに接続する等の設定をする（同号ロの場合）。

□図１－10－２　設定型送信可能化

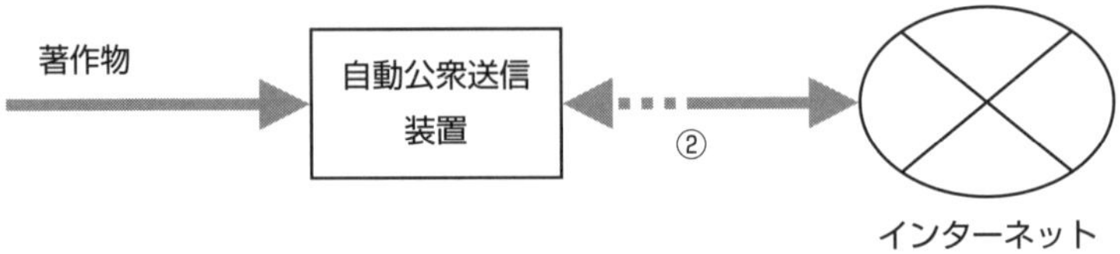

なお，公衆送信される著作物については，これを受信装置を用いて公に伝達する利用行為にも権利が及ぶ（公の伝達権〔著作23条２項〕）。受信したテレビ番組のパブリックビューイング等がこれに該当する。

⑤　展示権（著作25条）

著作権は，美術の著作物又はまだ発行されていない写真の著作物をこれらの原作品により公に展示する利用行為に及ぶ（著作25条）。美術の著作物の複製物や，発行済みの写真の著作物を公に展示する行為は法定利用行為に当たらず，自由に行うことができる。「公に」の意味は上記②を参照。

⑥　頒布権（著作26条）

著作権は，映画の著作物を頒布する利用行為に及ぶ（著作26条１項）。映画の著作物において複製されている著作物（映画音楽等）についても同様である（同条２項）。

ここに「頒布」とは，映画の著作物の複製物を公衆に譲渡し又は貸与することをいい，映画の著作物を公衆に提示することを目的として当該複製物を譲渡し，又は貸与することも含むとされている（著作２条１項19号）。つまり，映画の複製物（DVDなど）を，店の客（公衆）に売ったりレンタルしたりする行為がこれに当たるほか，有料の上映会を開こうとしている友人に貸与する行為も法定利用行為である頒布に当たるということである。

⑦　譲渡権，貸与権（著作26条の２・26条の３）

著作権は，映画の著作物以外の著作物の複製物を公衆に譲渡し，又は公衆に貸与する利用行為にも及ぶ（著作26条の２・26条の３）。

映画の著作物においては，これらの利用行為をまとめた「頒布」行為を法定利用行為として著作権法26条に規定している。この違いは，複製物の公衆への譲渡に及ぶ権利がもともと映画の著作物にしか認められなかったという歴史的経緯によるものであり，現在では，映画の著作物について認められる26条の頒布権による保護と，その他の著作物について認められる26条の２及び26条の３による保護とでは，実務上それほど大きな違いはない。違いは，その他の著作物については，著作物を公衆に提示することを目的として当該複製物を特定少数の者に譲渡し，又は貸与することが法定利用行為に当たらないことくらいである。

著作権法26条の２の譲渡権は，権利者の許諾を得る等により適法に作成された複製物については，当該複製物がいったん他者に譲渡された後には，適用されない（著作26条の２第２項）。正規品の取引の安全を考慮したものであり，譲渡権の消尽と呼ばれる。26条の頒布権については消尽に関する明文の規定はないが，判例により，頒布権のうち複製物を公衆に譲渡する権利は，譲渡権と同様に消尽するものとされている☆[1]。

⑧ 翻訳権，翻案権等（著作27条）

著作権は，著作物を翻訳し，編曲し，もしくは変形し，又は脚色し，映画化し，その他翻案する利用行為に及ぶ（著作27条）。

ここで列挙されている利用行為は，著作物に創作性のある修正，変更，増減を加えて，当該原著作物の表現の本質的特徴を維持しつつ，新たな著作物（そのような著作物を二次的著作物という〔著作２条１項11号〕）を生み出す行為である。

「翻訳」「編曲」「脚色」「映画化」は一般に理解されているとおりの意味であるが，「変形」とは，美術の著作物について，例えば絵画を彫刻にし，彫刻を絵画にするというように次元を異にして表現する場合とか，写真を絵画にするように表現形式を変更する場合のことをいう。また，「翻案」とは，「脚色」「映画化」に類するような，既存の著作物の表現に創作的な変更が加わったと評価される行為の総称である。

⑨ 二次的著作物の利用に関する原著作者の権利（著作28条）

著作権は，著作物（原著作物）の二次的著作物が作成された場合に，当該二次的著作物を利用するあらゆる法定利用行為にも及ぶ。

例えば，原作者が作成した原作に基づいて，漫画家が漫画を描いて出版した場合，出版された漫画は，原作の二次的著作物となる。したがって，当該漫画には，漫画家の著作権が及ぶほか，原著作者である原作者も，漫画家とは別途著作権法28条に基づいて，当該漫画について著作権法21条ないし28条のあらゆる権利を行使できることになる。

◆齋藤　浩貴

▶▶判　例

☆1　最判平14・4・25民集56巻4号808頁・判タ1091号80頁・判時1785号3頁〔中古ゲームソフト事件〕。

第５節　著作物の類否

Q 11　複製権・翻案権の侵害

複製権・翻案権の侵害となるのは，どのような場合ですか。

🗁実務上のポイント🗁

☑複製権の侵害となるのは，他人の著作物に依拠して，当該著作物と同一のものを作成した場合です。
☑翻案権の侵害となるのは，他人の著作物に依拠して，当該著作物に新たな創作的表現を加えつつ，当該著作物と類似する別の著作物を創作した場合です。
☑著作物が同一又は類似しているか否かは，創作性ある表現部分において似ているか否かによって判断されます。思想，感情又はアイディアなど表現ではない部分や，表現であっても創作性がない部分が似ているだけでは，著作権法上の同一性や類似性は認められません。
☑他人の著作物に依拠しないで，たまたま似たような別の著作物を創作しても，著作権侵害にはなりません。

▶解　説

Ⅰ　はじめに

自分の創作した著作物に，他人の著作物と似た部分があったとしても（世間的にいわゆる「パクり」といわれるようなケースでも），直ちに著作権侵害となるわけではない。著作権侵害となるのは，当該著作物の複製（著作21条）又は翻案（著作27条）に当たる場合である。

なお，著作権侵害とは別に，著作者人格権侵害も問題となることに注意が必要である。デッドコピーではなく改変を加える場合には同一性保持権（著作20条1項）の侵害，未公表の著作物を利用した場合には公表権（著作18条1項）の侵害，氏名表示に関しては氏名表示権（著作19条1項）の侵害が問題となる（詳しくはQ2参照）。

Ⅱ 複製とは

複製とは，著作権法上，「印刷，写真，複写，録音，録画その他の方法により有形的に再製すること」をいい（著作2条1項15号），裁判例においては，その表現上の本質的な特徴を直接感得することのできるものを作成することを意味すると解されている☆1。

ある著作物と完全に同一である場合のみならず，多少の修正増減があっても当該著作物の同一性を損なうことのない，すなわち実質的に同一である場合も含む☆2。

Ⅲ 翻案とは

翻案権は，「著作者は，その著作物を翻訳し，編曲し，若しくは変形し，又は脚色し，編曲し，若しくは変形し，又は脚色し，映画化し，その他翻案する権利を専有する」（著作27条）と，翻訳権等とまとめて規定されている。

「翻案」の定義は，条文では定められていないが，言語の著作物の翻案に関する〔江差追分事件〕最高裁判決☆3において，「言語の著作物の翻案（著作権法27条）とは，既存の著作物に依拠し，かつ，その表現上の本質的な特徴の同一性を維持しつつ，具体的表現に修正，増減，変更等を加えて，新たに思想又は感情を創作的に表現することにより，これに接する者が既存の著作物の表現上の本質的な特徴を直接感得することのできる別の著作物を創作する行為をいう。そして，著作権法は，思想又は感情の創作的な表現を保護するものであるから（同法2条1項1号参照），既存の著作物に依拠して創作された著作物が，思想，感情もしくはアイディア，事実もしくは事件など表現それ自体でない部分又は表現上の創作性がない部分において，既存の著作物と同一性を有するにすぎない場合には，翻案には当たらないと解するのが相当である。」（下線は筆者による）と判示されている。以降，言語の著作物に限らず，多くの裁判例において引用され（実務編Q40☆1，☆2など），確立した判断基準となっている。

複製との違いは，当該著作物に対して新たな創作的表現を付加しているか否かであり，付加していない場合には複製，付加している場合には翻案となる。

Ⅳ 類似性の判断方法

複製及び翻案のいずれにおいても，当該著作物の表現上の本質的な特徴を直接感得できることが必要である。

この判断方法として，前掲（☆3）〔江差追分事件〕最高裁判決以降，「ろ過テスト」と呼ばれる方法が定着している。ろ過テストとは，①まず，原告作品と被告作品の同一性のある部分（共通点）を抽出し，②この部分における創作的表現の存否を判断し，存在する場合には，③原告作品の本質的特徴を感得し得るかを判断する手法のことである。

ろ過テストの具体例として，前掲（☆3）〔江差追分事件〕最高裁判決で行われた対比を紹介する。同事件は，江差追分に関するノンフィクション書籍（以下「本件著作物」という）の著作者であるXが，江差追分を題材にしたテレビ番組（以下「本件番組」という）を製作・放送したY_1及び現場責任者として本件番組の製作に関与したY_2に対し，本件番組のナレーション（以下「本件ナレーション」という）が，本件著作物のプロローグ（以下「本件プロローグ」という）の翻案に当たると主張して，本件番組の製作・放送により，本件著作物の著作権（翻案権及び放送権）が侵害されたことを理由として，損害賠償を請求した事案である。□表１－11－１　対比表は，X作品（本件プロローグ）と，Y作品（本件ナレーション）との対比表である。

最高裁は，□表１－11－１の，「江差町がかつてニシン漁で栄え，そのにぎわいが『江戸にもない』といわれた豊かな町であったこと」，「現在ではニシンが去ってその面影はないこと」及び「江差町では９月に江差追分全国大会が開かれ，年に１度，かつてのにぎわいを取り戻し，町は一気に活気づくこと」を表現している点及びその表現の順序に同一性を認めつつ，これらは事実又はアイディアであって表現ではないと判示した。また，「本件ナレーションの運び方」と「本件プロローグの骨格を成す事項の記述順序」に同一性を認めつつ，

「その記述順序自体は独創的なものとはいい難く，表現上の創作性が認められない」と判示した。

同判決は，以上より，同一性のある部分は，表現それ自体ではない部分又は表現上の創作性がない部分であって，本件プロローグの表現上の本質的な特徴を直接感得することはできないとして，翻案権侵害の成立を否定した。

表１－11－１　対比表

X作品（本件プロローグ） 「北の波濤に唄う」	Y作品（本件ナレーション） 「ほっかいどうスペシャル　遥かなるユーラシアの歌声―江差追分のルーツを求めて」
むかし鰊漁で栄えたころの江差は，その漁期にあたる四月から五月にかけてが一年の華であった。鰊の到来とともに冬が明け，鰊を軸に春は深まっていった。 彼岸が近づくころから南西の風が吹いてくると，その風に乗った日本海経由の北前船，つまり一枚帆の和船がくる日もくる日も港に入った。追分の前歌に， 松前江差の　津花の浜で すいた同士の　泣き別れ とうたわれる津花の浜あたりは，人，人，人であふれた。町には出稼ぎのヤン衆たちのお国なまりが飛びかい，海べりの下町にも，山手の新地にも，荒くれ男を相手にする女たちの脂粉の香りが漂った。人々の群れのなかには，ヤン衆たちを追って北上してきた様ざまな旅芸人の姿もあった。 漁がはじまる前には，鰊場の親方とヤン衆たちの網子合わせと呼ぶ顔合わせの宴が夜な夜な張られた。漁が終れば網子わかれだった。絃歌のさざめきに江差の春はいっそうなまめいた。「出船三千，入船三千，江差の五月は江戸にもない」の有名な言葉が今に残っている。 鰊がこの町にもたらした莫大な富につい	日本海に面した北海道の小さな港町，江差町。古くはニシン漁で栄え， 「江戸にもない」という賑いをみせた豊かな海の町でした。

ては，数々の記録が物語っている。 　例えば，明治初期の江差の小学校の運営資金は，鰊漁場に建ち並ぶ遊郭の収益でまかなわれたほどであった。 　だが，そのにぎわいも明治の中ごろを境に次第にしぼんだ。不漁になったのである。 　鰊の去った江差に，昔日の面影はない。とうにさかりをすぎた町がどこでもそうであるように，この町もふだんはすべてを焼き尽くした冬の太陽に似た，無気力な顔をしている。 　五月の栄華はあとかたもないのだ。桜がほころび，海上はるかな水平線にうす紫の霞がかかる美しい風景は相変わらずだが，人の叫ぶ声も船のラッシュもなく，ただ鴎と大柄なカラスが騒ぐばかり。通りがかりの旅人も，ここが追分の本場だと知らなければ，けだるく陰鬱な北国のただの漁港，とふり返ることがないかもしれない。 　強いて栄華の歴史を風景の奥深くたどるとするならば，人々はかつて鰊場だった浜の片隅に，なかば土に埋もれて腐蝕した巨大な鉄鍋を見つけることができるだろう。魚かすや油をとるために鰊を煮た鍋の残骸である。 　その江差が，九月の二日間だけ，とつぜん幻のようにはなやかな一年の絶頂を迎える。日本じゅうの追分自慢を一堂に集めて，江差追分全国大会が開かれるのだ。 　町は生気をとりもどし，かつての栄華が甦ったような一陣の熱風が吹き抜けていく。	 　しかし，ニシンは既に去り，今はその面影を見ることはできません。 　九月，その江差が，年に一度，かつての賑いを取り戻します。民謡，江差追分の全国大会が開かれるのです。大会の三日間，町は一気に活気づきます。

Ⅴ 具体的事例

上記のとおり，複製及び翻案の判断基準及び類似性の判断方法を示したが，実際の侵害判断にあたっては，個別のケースにおける具体的事情の検討が重要である。以下，複製権侵害や翻案権侵害が問題となった具体例を紹介する。

① イラスト

(1) 肯定例―〔イラスト事件〕東京地裁判決☆4

世界各地の名所旧跡を選択した「アラウンド・ザ・ワールド」を主題とし，淡い色調・メルヘン調を用いたXイラストのイラストレーターであるXが，Yイラストを作成し，これを使用して新聞紙上に広告を掲載したYらの行為は，Xイラストについて Xが有する著作権（複製権，翻案権等）を侵害する行為であると主張して，Yらに対し，損害賠償等を求めた事案である。

東京地裁は，XイラストとYイラストの共通点として，①横長のイラストであること，及び名所旧跡の選択・順序，②個々の名所旧跡等の描き方，③個々の名所旧跡について，縮尺を変えて高さを揃えるように描かれていること等の点を認めた。そのうえで，YイラストとXイラストとは，その筆致を異にし，その表現対象について若干の違いはあるものの，実質的に同一であり，Yイラストは，Xイラストの創作性を有する本質的な特徴部分を直接感得し得るものであるということができるとして，Yイラストを作成し，これを使用してY新聞広告に掲載した行為は，Xイラストについて Xが有する複製権又は翻案権を侵害したものであるということができると判示した。

▢図1－11－1　Xイラスト

▢図1－11－2　Yイラスト

⑵ 否定例―〔博士イラスト事件〕東京地裁判決☆5

幼児向けの教育用VHSビデオ・DVD商品を製造，販売するXが，同様のDVD商品を販売するYに対し，Yの商品で使用する博士をイメージした人物の絵柄が，Xの商品で使用する博士をイメージした人物の絵柄と類似し，X著作物の著作権（複製権及び翻案権）を侵害しているとして，損害賠償を求めた事案である。

東京地裁は，X博士絵柄とY博士絵柄との共通点として，「①角帽を被ってガウンをまとい，髭を生やしたほぼ2頭身の年配の男性の博士であり，頭部を含む上半身が強調されて，下半身がガウンの裾から見える大きな靴で描かれていること，②顔のつくりが下ぶくれの台形状であって，両頬が丸く，中央部に鼻が位置し，そこから髭が左右に『八』の字に伸びて先端が跳ね上がり（カイゼル髭），目が鼻と横幅がほぼ同じで縦方向に長い楕円であって，その両目の真上に眉があり，首と耳は描かれず，左右の側頭部に3つの山型にふくらんだ髪

図1－11－3　X博士絵柄

図1－11－4　Y博士絵柄

が生えていること」を挙げつつ，「①全体の質感と輝き，顔や全身の縦横の比率，②耳の有無，鼻の形，瞳の色，眉の形と色，髭の色，③角帽の被り方，蝶ネクタイの有無，ガウンのデザインなど」が相違しているとして，これらの相違点に照らすと，絵柄として酷似しているとはいいがたいとして，複製権・翻案権の侵害を認めなかった。

② 楽　　曲

⑴〔どこまでも行こう・記念樹（小林亜星対服部克久）事件〕東京高裁判決☆6

「どこまでも行こう」という楽曲（以下「X曲」という）の著作権者であるXらが，「記念樹」という楽曲（以下「Y曲」という）の作曲者であるYに対し，Y曲はX曲を編曲したものであると主張して，著作権（編曲権）侵害による損害賠償等を求めた事案である。

東京高裁は，楽曲の「編曲」（著作2条1項11号・27条）の意義について，前掲

□図1－11－5　X曲

別紙1　楽譜一

どこまでもゆこう

1．どこまでもゆこう 道はきびしくとも
口笛を吹きながら 走ってゆこう

2．どこまでもゆこう 道はけわしくとも
幸せが待っている あの空の向うに

3．どこまでもゆこう 道は苦しくとも
君の面影胸に 風をうけてゆこう

4．どこまでもゆこう 道がなくなっても
新しい道がある この丘の向うに

5．どこまでもゆこう 道は淋しくとも
あの星をみつめながら 迷わずにゆこう

6．どこまでもゆこう 道はけわしくとも
幸せが待っている あの雲の向っに
……………… 幸せが待っている
あの雲の向うに
あの雲の向うに

□図1－11－6　Y曲

別紙2　楽譜二

1 校庭の隅に
みんなで植えた記念樹
いつの日にか遠いところで
思い出すだろう
それは多分
つらい時泣きたい時
緑色の葉っぱ風に
揺れる記念樹

2 忘れないずっと
みんな子供だったこと
スコップうまく使えずに
顔見合わせた
大人になっても
心から笑いたいね
あの日空の雲は夢の
かたち描いた

3 夕暮れの校舎
みんなで植えた記念樹
ニワトリが朝と間違え
鳴いていたっけ
振り返るのは
つらい時泣きたい時
枝は空をめざし風に
揺れる記念樹
揺れる記念樹

(☆３)〔江差追分事件〕最高裁判決に準じて,「既存の著作物である楽曲（以下「原曲」という。）に依拠し，かつ，その表現上の本質的な特徴の同一性を維持しつつ，具体的表現に修正，増減，変更等を加えて，新たに思想又は感情を創作的に表現することにより，これに接する者が原曲の表現上の本質的な特徴を直接感得することのできる別の著作物である楽曲を創作する行為をいうものと解するのが相当である。」とした。

そのうえで，旋律，和声，及びリズム等のその他の要素の対比を行い，Y曲は,「新たな創作的な表現を含むものではあるが，旋律の相当部分は実質的に同一といい得るものである上，旋律全体の組立てに係る構成においても酷似しており」，X曲の「表現上の本質的な特徴の同一性を維持しているものであって，乙曲〔Y曲〕に接する者が甲曲〔X曲〕の表現上の本質的な特徴を直接感得することのできるものというべきである。」と判断した。

③ 写 真

⑴ 肯定例―〔西瓜の写真事件〕☆7

Xが切ったすいかを組み合わせて配置し撮影した写真（以下「X写真」という）につき，Yが，これと類似した別の写真（以下「Y写真」という）を撮影しカタログに掲載した行為について，著作権侵害及び著作者人格権侵害が問題となった事案である。

東京高裁は，一般論として，写真の著作物における創作性は，撮影時刻，露光，陰影の付け方，レンズの選択，シャッター速度の設定，現像の手法等にお

図１－11－７ X写真

別紙 写真一

図１－11－８ Y写真

別紙 写真二

いて工夫を凝らしたことにより生じるとし，また，被写体の決定自体，すなわち，撮影の対象物の選択，組合せ，配置等において創作的な表現がなされ，それに著作権法上の保護に値する独自性が与えられる場合もあり得るとした。そのうえで，X写真とY写真とは，被写体の決定，すなわち，素材の選択，組合せ及び配置において著しく似ており，相違点についてはいずれも，X写真の表現の一部を欠いているか，X写真を改悪したか，あるいは，X写真に，些細な，格別に意味のない相違を付与したか，という程度のものにすぎず，しかも，かかる相違点は，そこからY独自の思想又は感情を読み取ることができるようなものではないとして，Y写真は，X写真を，著作権法上違法に再製又は改変したものであると判示した。

⑵　否定例―〔廃墟写真事件〕知財高裁判決☆8

「廃墟」を被写体とする写真（いわゆる「廃墟写真」）を撮影する写真家であるXが，YがX撮影のX各写真と同一の被写体を撮影してY各写真を作成し，これを掲載したY各書籍を出版及び頒布するなどした行為は，Xの有するX各写真の著作物の著作権（翻案権，複製権，譲渡権）等を侵害するなどと主張して，Yに対

□図１－11－９　X写真１

□図１－11－10　Y写真１

＜共通点＞
撮影対象
＜相違点＞
①　撮影方向
②　撮影時季が違うことによる，写し込まれている対象（植物の有無等）

し，Y各書籍の増製及び頒布の差止め，損害賠償等を求めた事案である。

知財高裁は，本件の各X写真は，「被写体が既存の廃墟建造物であって，撮影者が意図的に被写体を配置したり，撮影対象物を自ら付加したものでないから，撮影対象自体をもって表現上の本質的な特徴があるとすることはできず，撮影時季，撮影角度，色合い，画角などの表現手法に，表現上の本質的な特徴があると予想される。」としたうえで，各写真につき，それぞれ共通点，相違点を認定し，いずれについても翻案権侵害の成立を認めなかった。

◆呂　佳叡＝上村　哲史

▶▶判　例

☆1　知財高判平23・12・26判タ1382号329頁・判時2139号87頁〔折り紙図事件〕，知財高判平24・1・31（平成23年（ネ）第10052号）裁判所ホームページ〔入れ墨事件〕，知財高判平28・1・19（平成26年（ネ）第10038号）裁判所ホームページ〔旅行業者向けデータベース事件〕。

☆2　知財高判平23・5・26判時2136号116頁〔データ復旧ウェブサイト掲載事件〕等。

☆3　最判平13・6・28民集55巻4号837頁・判タ1066号220頁・判時1754号144頁〔江差追分事件〕。

☆4　東京地判平15・11・12判タ1160号229頁・判時1856号142頁〔イラスト事件〕。

☆5　東京地判平20・7・4（平成18年（ワ）第16899号）裁判所ホームページ〔博士イラスト事件〕。

☆6　東京高判平14・9・6判タ1110号211頁・判時1794号3頁〔どこまでも行こう・記念樹（小林亜星対服部克久）事件〕。

☆7　東京高判平13・6・21判タ1087号247頁・判時1765号96頁〔西瓜の写真事件〕。

☆8　知財高判平23・5・10判タ1372号222頁〔廃墟写真事件〕。

第6節　権利制限規定

Q12　私的使用目的の複製

私的使用目的の複製として許されるのはどのような場合ですか。

実務上のポイント

☑著作権法上，「個人的に又は家庭内その他これに準ずる限られた範囲内において使用」（私的使用）する目的での複製は，複製権侵害とならないとして許されています。

☑私的使用とは，自分自身，家族，閉鎖的な少人数のグループ内で使う場合をいいます。

☑企業における業務目的のコピーは，少人数での利用のためであっても，私的使用には該当しないと考えられています。

☑私的使用目的であっても，次の①ないし④のいずれかに該当する場合は複製が許されないので，注意が必要です。

① 公衆の使用に供することを目的として設置されている自動複製機器を用いて複製する場合（ただし，もっぱら文書又は図画の複製に供する自動複製機による複製は許されます）

② 技術的保護手段（コピーガード）を回避して複製する場合

③ 違法サイトからのダウンロード

④ 映画の盗撮

☑私的使用目的で著作物を利用する場合，翻案等も行うことができますが，著作者人格権（同一性保持権）の侵害に注意する必要があります。

▶解　説

Ⅰ　私的使用目的の複製に関する権利制限規定

著作権の権利の内容として，著作物を複製する権利（複製権）が存在するので（著作21条），他人の著作物を複製する場合には，原則として，当該著作物の権利者から許諾を得る必要がある。

しかし，「個人的に又は家庭内その他これに準ずる限られた範囲内において使用することを目的とする」（私的使用目的）場合は，例外的に，当該著作物の権利者から許諾を得なくても当該著作物を複製することができる（著作30条1項）。

その理由は，①私的領域内で行われる複製は量が少ないため，権利者に与える影響が少ないこと，②私的領域内での複製は捕捉が困難であること，③私的領域内での複製をしようとする者が権利者から許諾を受けることが困難であること等と考えられている。

Ⅱ　私的使用目的の複製に該当する要件

⑴　私的使用目的

著作権法30条1項により合法とされるには，私的使用目的，すなわち，「個人的に又は家庭内その他これに準ずる限られた範囲内において使用することを目的とする」ことが必要である。「個人的に又は家庭内その他これに準ずる限られた範囲」とは，自己・家庭内，人的つながりの強い少人数のサークルなどを指すと考えられている。

企業において業務上利用するために著作物を複製することは，たとえ外部への頒布を予定しておらず，内部的に利用するためであっても，私的使用目的による複製とはいえないとされている（〔舞台装置設計図事件〕☆1参照）。

企業において，業務のために著作物を利用する際は，著作権者，又は日本複製権センターもしくは日本音楽著作権協会等の著作権管理団体から利用許諾を得るべきである（実務編Q2，Q16参照）。

② 「その使用する者が複製する」こと

著作権法30条1項により合法とされるためには,「その使用する者」自身が複製を行うことが必要である。同項が,私的領域における微々たる利用に限って,例外的に権利制限の対象としたことに照らし,「その使用する者」は厳格に解釈すべきであり,外部の者に複製を委託することは許されないと考えられている。

〔自炊サービス事件〕☆2では,スキャナーで書籍を読み取って電子ファイルを作成するという,いわゆる「自炊サービス」について,被告から,①複製の主体は利用者であり,自炊サービス業者は,利用者の「補助者」又は「手足」として複製を行っているにすぎないから,著作権法30条1項の「その使用する者」による複製と法的に評価される,また,②Y(自炊サービス業者)が利用者の手足といえないとしても,Y(自炊サービス業者)による複製は零細,微々たるものであって,同項の趣旨が妥当するから,利用者である「その使用する者」による複製に当たり,同項が適用される,という反論がされたが,いずれの反論も認められなかった。

Ⅲ 例外的に禁止される場合

私的使用目的であっても,次の①ないし④の場合には,無許諾で複製することは禁止されている。

① 公衆の使用に供することを目的として設置されている自動複製機器を用いて複製する場合

「公衆の使用に供することを目的として設置されている自動複製機器」を用いて複製する場合は,複製権は制限されないと定められている。ただし,著作権法附則5条の2により,当分の間,「自動複製機器」には「専ら文書又は図画の複製に供するものを含まない」とされているので,例えば,コンビニエンスストアに備え付けてあるコピー機を使って,私的使用目的で複製することは許される。

② 技術的保護手段（コピーガード）を回避して複製する場合

私的使用目的であっても，技術的保護手段（コピーガード）が施されている著作物について，当該技術的保護手段を回避して複製することは許されない。

③ 違法サイトからのダウンロード

著作権を侵害する自動公衆送信を受信して行うデジタル方式の録音又は録画を，その事実を知りながら行う場合は，私的使用目的であっても許されない。著作権者から許諾を得ずに著作物がアップロードされている，いわゆる違法サイトからのダウンロードがこれに当たる。なお，この規定によって著作権侵害となるのは「録音又は録画」であって，「複製」全般ではない。著作権法上，「録音」とは，「音を物に固定し，又はその固定物を増製すること」と定義され（著作2条1項13号），「録画」とは，「影像を連続して物に固定し，又はその固定物を増製すること」と定義されている（同項14号）から，音楽又は映画のダウンロードがこの規定の対象となる。写真，画像，文書のダウンロードは，録音にも録画にも該当しないので，この規定によって著作権侵害となることはない。なお，ダウンロードせずにストリーミング配信で視聴する行為は，複製を伴わず，著作物の法定利用行為には該当しないため，私的使用目的であるか否かにかかわらず，著作権侵害となることはない。

④ 映画の盗撮

映画館等における映画の盗撮により，映画の複製物が作成され，多数流通して映画産業に多大な被害が発生していることを受け，映画の盗撮の防止に関する法律（以下「映画盗撮防止法」という）が平成19年8月30日から施行された。これにより，映画館等（「映画館その他不特定又は多数の者に対して映画の上映を行う会場であって当該映画の上映を主催する者によりその入場が管理されているもの」〔映画盗撮防止法2条2号〕）において有料上映されている映画（無料試写会で上映される映画を含む）について，影像の録画又は音声の録音をする行為には，著作権法30条1項の規定が適用されないこととなった（映画盗撮防止法4条1項）。したがって，映画の盗撮は，私的使用目的であっても複製権侵害となる。ただし，日本国内における最初の有料上映がされた日から起算して8か月を経過した映画の盗撮については，映画盗撮防止法４条１項は適用されないので（同条２項），原則に戻って，私的使用目的の複製については著作権法30条１項が適用され，適法となる。

Ⅳ 私的使用目的の複製に伴う翻案等

著作権法43条１号で，著作権法30条１項により著作物を利用する場合には，翻訳，編曲，変形又は翻案して利用することができると定められている。したがって，外国語の著作物を私的使用目的で翻訳して利用することや，元の著作物に変更を加え，翻案して利用することもできる。

ただし，著作権法43条１号を含む権利制限規定は，著作者人格権に影響を及ぼさないという規定（著作50条）があるため，元の著作物に改変を加えることが同一性保持権（著作20条１項）の侵害となる可能性がある。著作権法43条１号で許される翻案等が行われた場合には，著作権法20条２項４号の「やむを得ないと認められる改変」であるとして同一性保持権の侵害には当たらないとする説も有力だが，注意が必要である。

◆呂　佳叡

▶▶判　例

☆１　東京地判昭52・７・22無体９巻２号534頁・判タ369号268頁〔舞台装置設計図事件〕

舞台装置等の製造，販売を業とする株式会社Xが作成した舞台装置一式の設計図（以下「本件著作物」という）を入手したYらが，Xに無断でこれを複製したところ，Xが，かかるYらの行為はXの本件著作物に係る著作権（複製権）の侵害に当たるとして損害賠償を求めた。Yらは，かかる複製は，舞台装置製作の参考資料とすること，又は自社用資料として保存することを目的としていたから，いずれも私的使用目的の複製であって，Xの許諾は必要ないと反論した。

東京地裁は，次のとおり判示して，私的使用目的の複製とは認めなかった。

「著作権法第30条によれば，著作物は，個人的に又は家庭内その他これに準ずる限られた範囲内において使用することを目的とする場合には，その使用する者が複製することができる旨が規定されているが，企業その他の団体において，内部的に業務上利用するために著作物を複製する行為は，その目的が個人的な使用にあるとはいえず，かつ家庭内に準ずる限られた範囲内における使用にあるとはいえないから，同条所定の私的使用には該当しないと解するのが相当である。」

☆2　知財高判平26・10・22判タ1414号227頁・判時2246号92頁〔自炊サービス事件〕

事業者Ｙは，利用者から電子ファイル化の依頼があった書籍について，著作者の許諾を受けることなく，スキャナーで書籍を読み取って電子ファイルを作成し，その電子ファイルを利用者に納品していた。小説家，漫画家又は漫画原作者であるXらは，かかるＹの行為について，今後，Xらの著作権（複製権）を侵害するおそれがあるとして，差止め及び弁護士費用相当額の損害賠償を請求した。

これに対しYは，①Y自身は当該著作物を使用する利用者の「補助者」又は「手足」として複製を行っているにすぎず，複製の主体は利用者であるから，著作権法30条１項の「その使用する者」による複製と法的に評価される，また，②仮にYが利用者の手足といえないとしても，Yによる複製は零細，微々たるものであって，著作権法30条１項の趣旨が妥当するから，利用者である「その使用する者」による複製に当たり，同条項が適用される，などと反論した。

知財高裁は，Yの抗弁①については，利用者はYの複製に関する作業に関与することが一切ないから，利用者がYを自己の手足として利用して書籍の電子ファイル化を行わせていると評価し得る程度に，利用者がＹによる複製行為を管理・支配しているとの関係が認められないことは明らかであり，Yは利用者の「補助者」又は「手足」とはいえない，よって著作権法30条１項の「その使用する者」による複製とは評価できないとした。

また，Yの抗弁②についても，著作権法30条１項が複製行為の主体について「その使用する者が複製する」との限定を付した趣旨・目的は，「個人的又は家庭内のような閉鎖的な私的領域における零細な複製のみを許容し，私的複製の過程に外部の者が介入することを排除し，私的複製の量を抑制する」ことにあるとし，「独立した複製代行業者として本件サービスを営むYが著作物である書籍の電子ファイル化という複製をすることは，私的複製の過程に外部の者が介入することにほかならず，複製の量が増大し，私的複製の量を抑制するとの同条項の趣旨・目的が損なわれ，著作権者が実質的な不利益を被るおそれがあるから，『その使用する者が複製する』との要件を充足しない」として，同条項の適用を認めなかった。

Q 13 引用が許される場合

引用が許されるのはどのような場合ですか。

▱実務上のポイント▱

☑適法な引用の要件は，著作権法32条１項条文上以下のとおりです。
(i) 引用される著作物が公表されていること
(ii) 公正な慣行に合致すること
(iii) 報道，批評，研究，その他の引用の目的上正当な範囲で行われること

☑「引用」該当性については，過去の裁判例においては，①明瞭区別性，②主従関係，③引用の目的・必要性，④出所の明示といった考慮要素を総合して判断されています。

▶解　説

Ⅰ 総　　論

著作権法32条１項は「公表された著作物は，引用して利用することができる。この場合において，その引用は，公正な慣行に合致するものであり，かつ，報道・批評・研究その他の引用の目的上正当な範囲で行なわれるものでなければならない。」と規定している。

すなわち，条文上の適法な引用の要件は，以下のとおりである。

(i) 引用される著作物が公表されていること
(ii) 公正な慣行に合致すること
(iii) 報道，批評，研究，その他の引用の目的上正当な範囲で行われること

上記の(ii)(iii)の要件については，客観的に明確な判断基準があるわけではなく，過去の裁判例においても，①明瞭区別性，②主従関係，③引用の目的・必要性，④出所の明示といった考慮要素を総合して該当性が判断されている。

Ⅱ 各　論

① 明瞭区別性

明瞭区別性とは，引用する側と引用される側が明瞭に区別されていることをいう。明瞭区別性を欠く場合には，単なる複製等に該当して著作権侵害に該当するか，あるいは引用された著作物が引用する著作物のなかに一体として融合しており著作権侵害に該当しない場合がある。後者が問題となる典型例として「パロディ」の事例があるが，これについては基礎編Q16で後述する。

明瞭区別の方法としては，言語の著作物であれば，引用部分をカギ括弧で囲むことが一般的であると思われるが，その他にも，前後を一行あける，引用する文章を一段下げる，活字を少し小さくする，フォントを変更するなどの方法も考えられる。図表，イラスト，写真であれば，引用される著作物を独立した枠や余白で囲む方法が考えられる。

② 主従関係

主従関係とは，引用する側が主，引用される側が従の関係にあることをいう。単に引用されるものと引用するものとの分量の比較だけで決定できるものではなく，様々な実質的な要素を考慮する必要がある。

引用される側の著作物の態様（特に，大きさ，分量，独立鑑賞性等）が重要な判断要素となり，引用される側の著作物自体を単に紹介したり，鑑賞させたりするようなものについては，主従関係が否定される傾向にある。

引用の当否が争われた裁判例においては，この「主従関係」の有無が問題になる場合が圧倒的に多い。

③ 引用の目的・必要性

引用の目的・必要性については，引用される側の著作物自体を単に紹介したり，鑑賞させたりするような目的のものについては，引用の必要性がないものと判断される傾向にある（後述のとおり，主従関係の判断の一要素と位置づけることもできる）。

④ 出所の明示

出所の明示は，条文上は引用の要件として明文化されているものではなく，出所明示義務（著作48条）という独立の条文として位置づけられている（同義務に違反することは，出所明示義務違反罪〔著作122条〕を構成する）。もっとも，出所の明示を行っているかどうかは，「公正な慣行」に合致しているかを判断するための要素であると解される。

Ⅲ 参考裁判例

① 〔パロディ事件第１次上告審〕最高裁判決に依拠した裁判例

旧法下の判例であるが，〔パロディ事件第１次上告審〕最高裁判決☆1は，適法な引用の基準として，「明瞭区別性」（引用する側と引用される側が明瞭に区別されていること）と「主従関係」（引用する側が主，引用される側が従の関係にあること）が必要であると判示していたことを受けて，現行法の下でも，以下に挙げるような従来の裁判例は，直接上記の条文の文言への当てはめを行うのではなく，「明瞭区別性」及び「主従関係」の２要件に基づいて適法な引用と認められるか否かを判断してきた（例えば，③引用の目的・必要性についても，主従関係の一考慮要素として位置づけることができる）。

「明瞭区別性」及び「主従関係」は著作権法32条１項には直接規定されていないため，これらの２要件が条文の文言とどのような関係に立つのかについては，様々な見方がある★1が，これらの２要件は従来の裁判例において長らく適法な引用に当たるか否かの判断基準とされており，「明瞭区別性」及び「主従関係」の要件は，❶の条文の(ii)公正な慣行に合致すること及び(iii)報道，批評，研究，その他の引用の目的上正当な範囲で行われることの具体的な判断要素として，現在も引き続き実務上の重要性を維持しているといえる。

〔パロディ事件第１次上告審〕最高裁判決に依拠した裁判例の主従関係に関する判断基準は以下のとおりである。

(1) 〔レオナール・フジタ事件〕東京高裁判決☆2

「主従関係」の内容について具体的に示したリーディングケースである。同事件では，「近代洋画の展開」と題する書籍のなかで絵画を複製のうえ掲載した行為について，適法な引用に当たるのかが争われた。東京高裁は，「主従関係」の有無について，引用された絵画が掲載されている部分の紙質，掲載場所，頁全体に占める大きさの割合及びカラー印刷の態様を認定したうえで，当該絵画が，美術性に優れ，読者の鑑賞の対象となり得るものであること，当該絵画は，論文に対する理解を補捉し，参考資料になっているとはいえ，論文と同じ頁に掲載されている絵画は一部にとどまることなどから，引用された絵画は，読者がその助けを借りて論文を理解するためだけのものとはいえないなどとして，主従関係を否定した。

⑵ 〔バーンズコレクション事件〕東京地裁判決☆3

同事件では，被告新聞社が開催に関与した絵画の展覧会に関し，新聞紙上に出品作品の複製物をカラー印刷で記事とともに掲載した行為について，適法な引用に当たるのかが争われた。東京地裁は，「主従関係」について，引用著作物の創作性の程度，引用の必要性，引用の分量（紙面上の大きさ），読者の受ける印象等を考慮して判断している。具体的には，引用された絵画に関する部分は，新たな創造という要素は僅少であり，内容的にも絵画の複製を引用する必要性は微小で，外形的にも，記事と絵画の紙面上の大きさはわずかに記事の方が大きいものの，絵画はカラー印刷で読者の受ける印象はむしろ絵画の方が大きいなどとして，主従関係を否定した。

⑶ 〔中田英寿詩引用事件〕1審判決☆4

同事件では，中田英寿氏が中学生の時に創作した自筆の詩の全文を書籍の1頁に掲載した行為が適法な引用に当たるかが争われた。裁判所は，「主従関係」の有無について，中田氏の詩が頁の中央部に原文のまま複写掲載されていること，同頁には「中学の文集で中田が書いた詩。強い信念を感じさせる。」という記述のみがあること，他の部分にも当該詩に言及した記述が一切ないことなどから，当該書籍の読者は当該詩を独立した著作物として鑑賞することができ，また，被告らが当該書籍中に当該詩を利用したことについて，創作活動をするうえで当該詩を引用しなければならなかったからではなく，当該詩を紹介すること自体に目的があったと認定し，主従関係を否定した。

「明瞭区別性」と「主従関係」の2要件に依った判断は近時の裁判例でもなされている☆5。

② 条文の文言に即して判断する近時の裁判例

他方，近時は，以下の裁判例のように，「明瞭区別性」及び「主従関係」に直接言及せず，各種事情を総合考慮して，直接❶の条文の文言への当てはめを行う裁判例も現れている。これらの裁判例は，いずれも，「明瞭区別性」及び「主従関係」の2要件に言及していないとはいえ，従来の裁判例において「主従関係」の有無を判断するにあたり考慮されていた事情である引用される側の著作物の態様（特に，大きさ，分量，独立鑑賞性等）及び引用の目的・必要性を総合考慮しているのであり，実質的な判断要素は従来の裁判例からおおむね変更されていないということができる。もっとも，近時の裁判例の基準は，「明瞭区別性」及び「主従関係」の2要件にとらわれないということで，より柔軟に「引用」を認めやすいという傾向にあるものと考えられる。

(1) 〔絶対音感事件〕1審判決☆6

同事件では，外国の演劇台本の翻訳の一部をノンフィクション書籍に採録した行為が適法な引用に当たるかが争われた。東京地裁は，当該書籍が数多くの取材に基づき「絶対音感」に関する様々な実話や古今東西の音楽家等のエピソード等を紹介しながら，同テーマを多角的に考察したノンフィクション作品であること，当該書籍はプロローグ，第1章ないし第8章及びエピローグ等からなり，全体が319頁であること，当該翻訳部分が使用された第7章は，当該書籍の239頁から261頁にかけて「言葉にならない言葉」「音が動き，心が動く」等の小見出しに，相互に関連はあるものの，それぞれが独立した話題が紹介されていること，当該翻訳部分は，第7章の「言葉にならない言葉」のなかで複製して掲載されていることなどを認定した。そして，①当該書籍の目的，主題，構成，性質，②引用された翻訳部分の内容，性質，位置づけ，③利用の態様，翻訳部分の本件書籍に占める分量等を総合的に考慮すると，著作者の許諾を得ないで翻訳部分を複製して掲載することが公正な慣行に合致しているといえず，引用の目的上正当な範囲内で行われたということもできないとした★2。

(2) 〔絵画鑑定書事件〕控訴審判決☆7（詳細は実務編Q13を参照）

同事件では，美術鑑定会社が，ある画家の作品である絵画が真作であるとの鑑定証書を作製するにあたり，当該鑑定証書の裏面に，当該絵画を縮小してカラーコピーしたものを貼り合わせることが適法な引用に当たるかが争われた。

知財高裁は，「他人の著作物を利用する側の利用の目的のほか，その方法や態様，利用される著作物の種類や性質，当該著作物の著作権者に及ぼす影響の有無・程度など」が総合考慮されるべきと判示した。

具体的には，①コピーを鑑定証書に添付する目的は鑑賞対象である絵画を特定し，かつ，当該鑑定証書の偽造を防ぐためであり引用の必要性・有用性が認められること，②コピーが鑑定証書に添付されている態様からして，コピー部分のみが分離して利用に供されることは考え難いことや，当該鑑定証書は著作物本体と別に流通することが考え難いこと，③著作権者等が絵画の複製権を利用して経済的利益を得る機会が失われるなどということも考え難いことなどを総合考慮して，当該引用は，公正な慣行に合致したものということができ，かつ，その引用の目的上正当な範囲内のものであると判示した。

もっとも，上記裁判例は，いずれも，2要件に言及していないとはいえ，従来の裁判例において「主従関係」の有無を判断するにあたり考慮されていた事情である引用される側の著作物の態様（特に，大きさ，分量，独立鑑賞性等）及び引用の目的・必要性を総合考慮し，「主従関係」の有無を判断しているのであり，実質的な判断要素は従来の裁判例からおおむね変更されていないということができるように思われる。もっとも，これらの基準においては，2要件にとらわれないということで，より柔軟に「引用」を認めやすいという傾向にある。

いずれにしても，引用が適法か否かについては，類似事案に関する裁判例の判断を参考にして，ケースバイスケースで判断する必要がある（裁判例で問題になった事案については，実務編Q12ないしQ14も参照されたい）。

◆田中　浩之＝桑原　秀明

▶▶判　例

☆1　最判昭55・3・28民集34巻3号244頁・判タ415号100頁・判時967号45頁〔パロディ事件第1次上告審〕。

☆2　東京高判昭60・10・17無体17巻3号462頁・判タ569号38頁・判時1176号33頁〔レオナール・フジタ事件〕。

☆3　東京地判平10・2・20知財集30巻1号33頁・判タ974号204頁・判時1643号176頁〔バーンズコレクション事件〕。

☆4　東京地判平12・2・29判タ1028号232頁・判時1715号76頁〔中田英寿詩引用事件〕

（第１審）。

☆５　東京地判平21・11・26（平成20年（ワ）第31480号）裁判所ホームページ〔オークション出品カタログ事件〕，東京地判平22・５・28（平成21年（ワ）第12854号）裁判所ホームページ〔がん闘病記転載事件〕等。

☆６　東京地判平13・６・13判タ1077号276頁・判時1757号138頁〔絶対音感事件〕（第１審）。

☆７　知財高判平22・10・13判タ1340号257頁・判時2092号135頁〔絵画鑑定書事件〕。

▶▶注　記

★１　例えば，「明瞭区別性」及び「主従関係」について，著作物の利用行為が「引用」に当たるための要件と解する見解として島並良ほか『著作権法入門』（有斐閣，2009）168頁，高林龍『標準著作権法』（有斐閣，2010）169頁等，「公正な慣行」の考慮要素と解する見解として鈴木基宏『Q&A著作権法―実務に基づく重要事例108』（青林書院，2011）222頁等，「引用の目的上正当な範囲」の考慮要素と解する見解として亀田雅子「教養講座　著作権法⒄著作権の制限⑸引用」みんけん586号（2006）82頁等がある。

★２　なお，同事件の控訴審である東京高判平14・４・11（平成13年（ネ）第3677号）裁判所ホームページでは，裁判所は，当該翻訳部分を原著作物から複製したことも，翻訳者が原告であることも明示しなかったことは，公正な慣行に合致しないと判示している。他方，当該書籍の著者は，当該書籍の最終的なテーマと密接に関連し，当該テーマについての記述の説得力を増すための資料として，著名な指揮者・作曲家の見解を紹介，引用したものであり，かつ引用した範囲も当該書籍全体と比較してことさらに多いとはいえないから，当該翻訳部分の引用は，引用の目的上正当な範囲内で行われたものと評価できると判示した。

Q 14 転載が許される場合

転載とは何ですか。転載が許されるのはどのような場合ですか。

実務上のポイント

☑著作権法上，国や地方公共団体等の広報資料等の転載と，時事問題に関する論説の転載が規定されています。

☑国や地方公共団体等が，一般に周知させることを目的として作成した，国等の著作の名義の下に公表する，広報資料，調査統計資料，報告書その他これらに類する著作物のうち，転載を禁ずる旨の表示のないものは，説明の材料として，新聞紙，雑誌その他の刊行物に転載することができます。

☑新聞紙又は雑誌に掲載して発行された，政治上，経済上又は社会上の時事問題に関する論説のうち，学術的な性質を有するものではなく，転載を禁ずる旨の表示のないものは，他の新聞紙又は雑誌に転載することができます。

▶解　説

Ⅰ　はじめに

著作権法上，国や地方公共団体等の広報資料等の転載と，時事問題に関する論説の転載が規定されている。

国や地方公共団体等の広報資料等の転載は，著作権法32条２項が「国若しくは地方公共団体の機関，独立行政法人又は地方独立行政法人が一般に周知させることを目的として作成し，その著作の名義の下に公表する広報資料，調査統計資料，報告書その他これらに類する著作物は，説明の材料として新聞紙，雑誌その他の刊行物に転載することができる。ただし，これを禁止する旨の表示がある場合は，この限りでない。」と規定している。

時事問題に関する論説の転載は，著作権法39条1項が「新聞紙又は雑誌に掲載して発行された政治上，経済上又は社会上の時事問題に関する論説（学術的な性質を有するものを除く。）は，他の新聞紙若しくは雑誌に転載……を行うことができる。ただし，これらの利用を禁止する旨の表示がある場合は，この限りでない。」と規定している。

以下，転載が可能となる著作物の要件，及び，転載の方法として許される態様について具体的に解説する。

Ⅱ　国や地方公共団体等の広報資料等の転載

①　転載が可能となる著作物の要件

著作権法32条2項の客体は，

①　国や地方公共団体等が，

②　一般に周知させることを目的として作成した，

③　①の著作の名義の下に公表する，

④　広報資料，調査統計資料，報告書その他これらに類する著作物のうち，

⑤　転載を禁ずる旨の表示のないもの

とされている。

本項は，官公PR資料等の転載を認める規定であり，政府が発行している白書のたぐい，例えば文部科学白書とか経済財政白書とかいうようなものの転載を自由とすることに大きな意味があるとされている★1。

本項では，国等の著作の名義の下に「公表」するものであり（①），一般に周知されることを目的として作成されたこと（②）が要件となっているため，未公表資料であったり，行政機関の内部資料，内部の報告書などは対象外である。

また，一般の学術文献と同性格の資料については，「広報資料，調査統計資料，報告書その他これらに類する著作物」の要件（④）を満たさないと解される★2。

さらに，本項の客体は，転載を禁ずる旨の表示のないものである必要がある（⑤）。

② 転載の方法として許される態様

上記①の要件を満たした著作物は，①説明の材料として，②新聞紙，雑誌その他の刊行物に③転載することができる。転載の際には，出所の明示が義務づけられている（著作48条1項1号）。

「説明の材料として」（①）というのは，例えば，本文で，当該著作物の発表の時期及び内容等に関する説明を加えたうえで，その説明の付属資料として掲載するような場合をいう。本の巻末に参考資料として掲載する行為も認められると解されるが，何らの説明も付けずに，単に全文を複製してそのまま単独で出版する行為は許されない★3。

また，ホームページへのアップロードが「新聞紙，雑誌その他の刊行物」（②）への転載に当たるか否かが問題になるが，「刊行物」とは紙媒体等の出版物を意味すると解されるため，当たらないとの見解が有力である★4。なお，著作権法32条2項に該当しなくても，同条1項の「引用」の要件を具備する場合には，ホームページへのアップロードは可能である（Q13参照）。

さらに，「転載」（③）とは，著作物の全部あるいは一部をそのまま掲載することを指す。著作権法32条2項に定める適法な引用の要件である主従関係（Q13参照）は要求されない。したがって，説明の方が転載される資料よりも分量が多くなければならないということはない★5。

Ⅲ 時事問題に関する論説の転載

① 転載が可能となる著作物の要件

著作権法39条1項の客体は，

① 新聞紙又は雑誌に掲載して発行された，

② 政治上，経済上又は社会上の時事問題に関する論説のうち，

③ 学術的な性質を有するものではなく，

④ 転載を禁ずる旨の表示のないもの

である。

「時事問題に関する論説」（②）の要件については，政治，外交，経済，財

政，社会，教育，文化等にわたる時事問題がほぼ全部その範囲に含まれると解される★6。具体的には，新聞の社説や雑誌の巻頭言等が例として挙げられるが，時事問題以外の論説（例えば歴史上の人物の評価や芸術論など）や時事問題に関する単なる解説であって報道機関としての主張を示していないものはこれに該当しないとされている★7。

執筆者の学問上の見地から，時事問題に関する各種の分析や批評を加えているものは，「学術的な性質」を有するものとして（③），本項の客体から除かれる。

「転載を禁ずる旨の表示」のないもの（⑤）の要件については，単に禁転載と表示があるものに加え，執筆者の署名入りの新聞記事は，一般に，社会的慣行として転載を禁止する旨の表示があるものと解される可能性があるので，注意が必要である。

(2) 転載の方法として許される態様

上記①の要件を満たした著作物は，他の新聞紙又は雑誌に転載したり，あるいは放送もしくは有線放送をしたり，又は入力型自動公衆送信による放送の同時再送信を行ったりすることができる。

転載の際には，出所の明示が義務づけられている（著作48条1項2号）。出所の明示方法については，Q15を参照されたい。

◆田中　浩之＝桑原　秀明

▶▶注　記

★1　加戸守行『著作権法逐条講義〔6訂新版〕』（著作権情報センター，2013）268頁。
★2　加戸・前掲（★1）268頁。
★3　中山信弘『著作権法〔第2版〕』（有斐閣，2014）330頁。
★4　小倉秀夫＝金井重彦『著作権法コンメンタール』（レクシス・ネクシス・ジャパン，2013）630頁。
★5　加戸・前掲（★1）269頁。
★6　加戸・前掲（★1）311頁。
★7　加戸・前掲（★1）311頁。

Q 15 出所の明示方法

他人の著作物を引用する際の出所の明示方法を教えてください。

実務上のポイント

- ☑引用する場合には，原則として，引用の態様に応じ，合理的と認められる方法及び程度により，出所を明示する必要があります。
- ☑出所明示の方法及び程度には明確な基準はありませんが，著作物のタイトルと著作者名の表示は最低限必要です。また，出所明示の位置としては，引用した文章の近くに脚注で表示したり，本文中に括弧書で表示したりするなどの方法が適切と考えられます。

▶解　説

Ⅰ 出所明示義務

引用する場合には，引用の態様に応じ，合理的と認められる方法及び程度により，出所を明示しなければならない（著作48条1項1号）。なお，複製以外の方法で引用する場合には，出所表示の慣行があるときにだけ表示すれば足りる（同項3号）。

また，転載の際にも出所の明示が義務づけられている（著作48条1項2号）。

出所の明示にあたっては，当該著作物に表示されている著作者名を明示するのが原則である（ただし，出所の明示に伴い著作者名が明らかになる場合及び当該著作物が無名のものである場合は著作者名の明示は不要である〔著作48条2項〕）。

一般に，出所明示義務は引用や転載自体の要件ではなく，明示しなくても引用や転載自体を否定されて著作権侵害となるものではないと解されているが（ただし，出所明示義務違反罪〔著作122条，50万円以下の罰金〕が成立することに加え，故意又は過失により出所の明示を怠った場合には，不法行為〔民709条〕が成立し得る），明示のない引用は「公正な慣行」（著作32条1項）に反し違法であるとした裁判例☆1もあり，注意が必要である。

Ⅱ 出所の明示方法

出所の明示方法としては，著作権法は，「合理的と認められる方法及び程度」と定めるのみであり，その具体的内容として何が求められるかについては，著作物の種類及び利用の程度によりケースバイケースに判断されるが，基本的には，利用される著作物が特定され，読者等が当該著作物がどのように利用されているかを容易に認識できるような方法でなければならないと解される★1。

(1) 明示すべき項目

具体的に何を明示するかについては，一般に著作物のタイトル（題号）の表示は，著作物の特定のため最低限必要と考えられるほか，上記のとおり，著作者名の表示（出所の明示に伴い著作者名が明らかになる場合及び当該著作物が無名のものである場合以外）は，明文上要求されている。

そのほかに，出版物からの利用の場合には，出版社名，掲載雑誌名，著作物が収録されている版（第○版），巻号（第○巻第○号）等の表示，論文の一部分の利用の場合にはこれらに加えて，頁数の表示も，最低限要求されると解される★2。また，ウェブサイトからの利用の場合には，URLの明記をしておくべきと解される。

(2) 明示の位置等

出所明示の位置等についても明文の定めはないが，引用した文章の近くに脚注で表示したり，本文中に括弧書で表示するなどの方法が適切と考えられる。単に巻頭や巻末に参考文献として著作物のタイトルを列挙するにとどめたり，「○○の著作物から引用した部分がある」という表示をするにとどめたりする場合があるが，かかる方法では出所を明示したといえない場合が多いとの見解もある★3。

もっとも，水戸地裁竜ヶ崎支部判決☆2は，引用著作側の著作物が，一部を除き引用部分の末尾等に原著作物名及び該当箇所を引用のつど逐一指摘して掲記していないという事案であったが，裁判所は，(a)(i)引用著作物は，本文の構成及び内容を５章に分け，さらに各章を６ないし12の項目に分けて，各章項において原著作物に述べられた事項を一つ一つ取り上げていること，(ii)巻末の参考文献欄において，原著作物の表題，出版社名，発行年を列挙していることを併せると，引用部分がどの原著作物のどの箇所に該当するのかは容易に特定することが可能といえ，かつ，(b)日本文芸家協会においては出所明示は単行本の場合やむを得ない場合には巻末でも可としていて現にそのような単行本が多数出版されているという公知の事実を考慮すると，著作物の出所を，その利用の態様に応じて合理的と認められる方法及び程度により明示していると判示した。

同裁判例は個別事案に基づく判断であり，これにより書籍巻末による出所明示がすべからく適法とされたものではないことに注意する必要があるが，少なくとも，引用部分がどの原著作物のどの箇所に対応しているのかが読者にわかる方法で出所明示を行う必要があることは同裁判例においても示唆されており，留意が必要である。

◆田中　浩之＝桑原　秀明

▶▶判　例

☆１　東京高判平14・４・11（平成13年（ネ）第3677号・平成13年（ネ）第5920号）裁判所ホームページ〔絶対音感事件〕（控訴審）。

☆２　水戸地竜ヶ崎支判平11・５・17判タ1031号235頁〔飛鳥昭雄の大真実事件〕。

▶▶注　記

★１　茶園成樹「著作権の制限における出所明示義務」半田正夫先生古稀記念論集『著作権法と民法の現代的課題』（法学書院，2003）346頁。

★２　加戸守行『著作権法逐条講義〔６訂新版〕』（著作権情報センター，2013）380頁。

★３　半田正夫『著作権法案内』（勁草書房，2014）187頁，茶園・前掲（★１）346頁。

Q 16 パロディ

パロディとは何ですか。パロディであれば他人の著作物を利用してもよいのでしょうか。

実務上のポイント

☑パロディとは，例えば，他人の著作物を何らかの形で模して，新たな作品を生み出す行為を指し，典型的には，その作品の内容を揶揄したり，社会風刺等をしたりするようなものを指します。もっとも，これらに限られるものではなく，統一的な定義があるわけではありません。

☑日本においては，著作権法上，パロディを許容する明文規定やパロディに適用可能なフェアユースのような権利制限の一般規定はありません。そこで，既存の著作権法上の個別の権利制限規定に該当するかを検討する必要があり，①「翻案」の要件を充足せず，翻案権侵害が不成立であるか又は引用（著作32条）等の権利制限規定により適法な利用と認められること，及び②同一性保持権（著作20条1項）侵害が不成立であるか，又は「やむを得ないと認められる」「改変」（著作20条2項1号）に当たるといえること等が原則として必要になります。

▶解　説

Ⅰ パロディの意義

パロディとは，例えば，他人の著作物を何らかの形で模して，新たな作品を生み出す行為を指し，典型的には，その作品の内容を揶揄したり，社会風刺等をしたりするようなものを指す。もっとも，これらに限られるものではなく，統一的な定義があるわけではない★1。

パロディには「ターゲット型（原作品に対する批判・論評)」「ウェポン型（原作品と別の対象に対する批評)，「ユーモア型（笑い・ユーモア)」，「オマージュ型（原作品や原作者に対するリスペクト)」,「二次創作型（原作品に対する愛情）」の５類型があるとの見解★2もある。

例えば，ターゲット型であれば，原作品を使う必要性が高いが，ウェポン型では原作品を使う必要性が低いため，ターゲット型の方がウェポン型よりもパロディによる著作物の利用を許容する必要性が高いのではないかという形で議論されることがある。

Ⅱ　パロディに関する規定の導入に関する議論の状況

例えば，フランスでは，パロディに関する明文の個別の権利制限規定が置かれている★3。また，米国においては，パロディの一部はフェアユースとして適法な著作物の利用であると認められている★4。

このような外国の例もふまえたうえで，日本においては，文化審議会著作権分科会法制問題小委員会パロディワーキングチームが，「パロディワーキングチーム 報告書」(2013〔平成25〕年３月）において，日本におけるパロディに関する立法的解決の必要性について検討した。

その結論は，「社会において著作物の利用形態が急速に変化している中で，著作物としてのパロディの在り方や，その権利意識について権利者・利用者ともに急速な変動が見られることも併せ考慮すると，少なくとも現時点では，立法による課題の解決よりも，既存の権利制限規定の拡張解釈ないし類推適用や，著作権者による明示の許諾がなくても著作物の利用の実態からみて一定の合理的な範囲で黙示の許諾を広く認めるなど，現行著作権法による解釈ないし運用により，より弾力的で柔軟な対応を図る方策を促進することが求められているものと評価することができる。」★5というものであり，パロディに関する個別の権利制限規定を設けることやフェアユースのような一般的な権利制限規定の導入によりパロディに対処するということは見送られた。

Ⅲ パロディに関する判断枠組

① 総　　論

以上のとおり，日本においては，著作権法上，パロディを許容する権利制限規定やパロディに適用可能なフェアユースのような権利制限の一般規定は存在しない。そこで，既存の著作権法上の個別の権利制限規定に該当するかを検討する必要がある。具体的には，①「翻案」の要件を充足せず，翻案権侵害が不成立であるか，又は引用（著作32条）等の権利制限規定により適法な利用と認められること，及び②同一性保持権（著作20条1項）侵害が不成立であるか又は「やむを得ないと認められる」「改変」（同条2項1号）に当たるといえること等が必要になる。また，③原作品の出所表示についても注意が必要である。

一定の場合には，著作権者による黙示の利用許諾が認定される可能性や著作権の行使が権利濫用★6になる可能性もあり得るが，これらがいかなる場合に認められるか明らかでないため，実務上は，あくまで，現行著作権法の明文を前提とした検討をしておくべきであろう。

なお，権利者が準拠しているライセンス（例えば，クリエイティブ・コモンズ・ライセンスやピアプロ・キャラクター・ライセンス等）で許諾されている範囲内であれば，パロディの作成は可能である。

② 「翻案」の解釈

「翻案」（著作27条）とは，「既存の著作物に依拠し，かつ，その表現上の本質的な特徴の同一性を維持しつつ，具体的表現に修正，増減，変更等を加えて，新たに思想又は感情を創作的に表現することにより，これに接する者が既存の著作物の表現上の本質的な特徴を直接感得することのできる別の著作物を創作する行為をいう。」「既存の著作物に依拠して創作された著作物が，思想，感情若しくはアイデア，事実若しくは事件など表現それ自体でない部分又は表現上の創作性がない部分において，既存の著作物と同一性を有するにすぎない場合には，翻案には当たらない」とされる（〔江差追分事件〕☆1）。

したがって，パロディにおいて単なるアイディアなどの表現それ自体でない部分又は表現上の創作性のない部分を利用する限りは，翻案権侵害とならない。

例えば，〔「ときめきメモリアル」パロディビデオ事件〕☆2及び〔「チーズはどこへ消えた？」事件〕☆3では翻案権侵害が肯定され，〔「自殺マニュアル」事件〕☆4では翻案権侵害が否定された。

⑴　前掲（☆3）〔「チーズはどこへ消えた？」事件〕

「チーズはどこへ消えた？」(本件著作物) のパロディ本である「バターはどこへ溶けた？」(債務者書籍) の発行等の差止めが認容された事例である。「翻案が認められる表現部分の中には，表現が全く同一のものや登場人物の名前ないしチーズかバターかが違うだけでその他の表現が同じ部分が少なからず存在すること」などを根拠として，翻案権侵害を肯定した。また，「債務者書籍は本件著作物を前提にして，その説くところを批判し，風刺するものであって，債務者らの主張するとおりパロディーであると認められるが……債務者書籍は，本件著作物とテーマを共通にし，あるいはそのアンチテーゼとしてのテーマを有するという点を超えて債権者……の本件著作物についての具体的な記述をそのままあるいはささいな変更を加えて引き写した記述を少なからず含むものであって，表現として許される限界を超えるものである。」とした。

⑵　前掲（☆4）〔「完全自殺マニュアル」事件〕

「完全自殺マニュアル」の表紙のパロディと容易に認識できるように作成された「完全自殺マニア」の表紙について翻案権侵害の成否等が問題となった事例である。本決定は，「一般的には書籍カバーにおける文字や絵柄の配置及び構図の選択の幅は狭」いということを前提にしつつ，両カバーが同一性を有する点は「アイディアなどの表現それ自体でない部分又は表現上の創作性がない部分」であり，「両カバーの共通点と相違点及びそれらの創作性の有無又は程度に鑑みると，全体的・総合的な観察においても，両カバーに接する者がそれぞれのカバーの全体から受ける印象は相当に異なる」として，翻案権侵害を否定した。本件では，パロディであることによる実質的な違法性阻却も主張されたが，この点については判断は示されなかった。

③　「引用」要件

パロディが「引用」(著作32条) で許容されないかが問題になる。旧法下の事件であるが，パロディに関する唯一の最高裁判決である〔パロディ事件第１次上告審〕最高裁判決☆5において，パロディと「引用」の関係について判断が示された。基礎編Q13記載のとおり，同判例は，「引用」の要件として，明瞭区別性及び主従関係を要求した。これらの２要件と著作権法32条の条文との関係については定見はないものの，依然として，明瞭区別性及び主従関係は「引用」該当性の判断にあたり，重要なファクターであると理解されている。

パロディにおいては，原作品をパロディ作品に取り込んで作成するものが多く，明瞭区別性の要件が障害になり，「引用」が認められなくなるケースが多いと思われる。現に，〔パロディ事件第１次上告審〕でも「引用」該当性は否定された。

もっとも，基礎編Q13記載のとおり，近時，例えば，〔絵画鑑定書事件〕知財高裁判決☆6のように，「引用」の判断にあたり，明瞭区別性及び主従関係を判断基準としない裁判例が現われてきており，これらの流れに沿って解釈すれば，パロディが「引用」と認められる可能性があるとの指摘がある★7。

④　同一性保持権

⑴　総　　論

パロディにおいては，原作品を改変して利用することが多いので，同一性保持権（著作20条）に留意する必要がある。

同一性保持権侵害は，「他人の著作物における表現形式上の本質的な特徴を維持しつつその外面的な表現形式に改変を加える」場合に成立し，「他人の著作物を素材として利用しても，その表現形式上の本質的な特徴を感得させないような態様においてこれを利用する行為は，原著作物の同一性保持権を侵害しない」と解されている☆7。前掲（☆５）〔パロディ事件第１次上告審〕最高裁判決及び前掲（☆２）〔「ときめきメモリアル」パロディビデオ事件〕東京地裁判決では，同一性保持権侵害が認められた。

「やむを得ないと認められる」「改変」（著作20条２項１号）については，厳格に解するのが伝統的通説である。著作権法50条は，著作権法30条以下の権利制限の規定は「著作者人格権に影響を及ぼすものと解釈してはならない」と定めている。この規定の存在により，著作権法32条の「引用」に該当すると認められたとしても，必ずしも，「やむを得ないと認められる」「改変」に当たるとは限らないことには注意が必要である。もっとも，近時は，パロディの場合には，「やむを得ないと認められる」「改変」（著作20条２項１号）であると柔軟に認めるべきとの見解★8が有力であり，上記の「引用」要件の柔軟な解釈により，「引用」該当性が認められるような場合には，「やむを得ないと認められる」「改変」と認められる可能性がある。

⑵　裁判例―前掲（☆５）〔パロディ事件第１次上告審〕最高裁判決

雪の斜面をシュプールを描いて滑降する６名のスキーヤーを俯瞰するような位置で撮影した画像で構成されたカラー写真（「本件写真」）の一部を切除し，シュプールの起点に当たる雪の斜面上縁に巨大なスノータイヤを配置し，これを白黒の写真に複写して作成した合成写真（「本件モンタージュ写真」）について，同一性保持権侵害等が問題となった事例である。最高裁は，「本件モンタージユ写真は，これを一瞥しただけで本件写真部分にスノータイヤの写真を付加することにより作成されたものであることを看取しうるものであるから，……シユプールを右タイヤの痕跡に見立て，シユプールの起点にあたる部分に巨大なスノータイヤ一個を配することによって本件写真部分とタイヤとが相合して非現実的な世界を表現し，現実的な世界を表現する本件写真とは別個の思想，感情を表現するに至っているものであると見るとしても，なお本件モンタージユ写真から本件写真における本質的な特徴自体を直接感得することは十分できるものである。」として，同一性保持権侵害を肯定した。

⑤　名誉・声望を害する行為（著作113条６項）

「著作者の名誉又は声望を害する方法によりその著作物を利用する行為」は，その著作者人格権を侵害する行為とみなされる（著作113条６項）。

「著作者の名誉又は声望を害する」の判断基準には争いがあり★9，パロディの態様次第では，名誉・声望を害する行為に該当する例もあり得る。

⑥　原作品の出所表示について

氏名表示権（著作19条１項）及び出所明示義務（著作48条１項１号）との関係で，原作品の出所表示にも留意が必要である。この点，パロディの場合，出所表示をしていない例が多いと思われ，特に原作品が想起できる場合等の「一定の場合に言及を不要とする仕組みが必要」であるとの指摘★10がある。

◆田中　浩之

▶▶判　例

☆１　最判平13・６・28民集55巻４号837頁・判タ1066号220頁・判時1754号144頁〔江差追分事件〕。

☆２　東京地判平11・８・30判タ1013号231頁・判時1696号145頁〔「ときめきメモリアル」パロディビデオ事件〕。「ときめきメモリアル」の主要登場人物の図柄を用いてアニメーションビデオを作成した事例で，翻案権侵害と同一性保持権侵害が肯定された。

☆３　東京地決平13・12・19（平成13年（ヨ）第22103号）裁判所ホームページ〔「チーズはどこへ消えた？」事件〕。

☆４　東京地決平24・11・８（平成24年（ヨ）第22037号）判例集未登載〔「完全自殺マニュアル」事件〕。小泉直樹「〈知財判例速報〉書籍カバーのパロディ」ジュリ1452号６頁参照。

☆５　最判昭55・３・28民集34巻３号244頁・判タ415号100頁・判時967号45頁〔パロディ事件第１次上告審〕。

☆６　知財高判平22・10・13判タ1340号257頁・判時2092号135頁〔絵画鑑定書事件〕。

☆７　最判平10・７・17集民189号267頁・判タ984号83頁・判時1651号56頁〔雑誌「諸君！」事件〕。

▶▶注　記

★１　文化審議会著作権分科会法制問題小委員会パロディワーキングチーム「パロディワーキングチーム 報告書」（2013年３月）の３頁も，パロディには，統一的な定義がないものとして，「厳密にはパロディを定義せず，既存の著作物を何らかの形で自己の著作物において利用しているものを『パロディ』と広く捉え，検討を行うこととした。」としている。

★２　福井健策＝中山隆太郎「ビジネスにおけるパロディ利用の現在地―企業によるパロディと著作権・商標権・不正競争・パブリシティ権」知財管理64巻８号1169頁。

★３　知的所有権法典第122条の５第４項。

★４　米国の判例としては，例えば，**Q17**（フェアユース）の★２ *Campbell v. Acuff-Rose Music, Inc.*, 510 U.S. 569 (1994) がある。

★５　文化審議会著作権分科会法制問題小委員会パロディワーキングチーム・前掲（☆１）29頁。

★６　中山信弘『著作権法〔第２版〕』（有斐閣，2014）409頁参照。

★７　文化審議会著作権分科会法制問題小委員会パロディワーキングチーム・前掲（☆１）29頁脚注89等参照。

★８　福井＝中山・前掲（☆２）1174頁，中山・前掲（★６）408頁，横山久芳「著作権法―『パロディ』から考える著作権法入門」法教380号34頁等。

★9　多くの裁判例では，単に著作者の主観的な名誉感情を害した場合や著作者の意に反しているというだけでは足りず，客観的にみて，社会的名誉・声望が害されるような行為を指すものと解されている。他方で，主観説に立つと思われる裁判例（東京地判平14・11・21（平成12年（ワ）第27873号）WLJ）もある。

★10　青木大也「著作権法におけるパロディの取扱い」ジュリ1449号61頁。なお，パロディと出所表示については，福井健策「著作権法の将来像―パロディ及びアプロプリエーション」知財年報2005〔別冊NBL106号〕252～253頁も参照。

Q 17 フェアユース

フェアユースとは何ですか。日本では認められていますか。

実務上のポイント

- ☑フェアユースは，米国著作権法で認められている権利制限の一般規定です。米国著作権法においては，個別の権利制限規定も設けられていますが，個別の権利制限規定に該当するか否かを問わず，フェアユースに該当すれば，著作物の利用は適法であるとされます。フェアユースを認めた最近の米国の裁判例として，〔Google Books事件〕があります。
- ☑日本においては，著作権法上，米国同様のフェアユース規定の導入が議論されましたが，その導入は見送られ，著作権法の改正は，個別の権利制限規定の追加という形にとどまりました。また，判例上も，フェアユースの法理は認められておらず，あくまで，個別の権利制限規定，解釈による解決を行うことになります。
- ☑したがって，日本においては，フェアユースの法理に依拠するのではなく，支分権の定義に関する条文や個別の権利制限規定の文言解釈を通じて，著作権侵害に当たらないことを根拠づける必要があります。

▶解　説

Ⅰ 米国著作権法上のフェアユース

① 条文の要件

米国著作権法★1の107条には，フェアユースの規定が置かれている。米国著作権法上は，108条以下に個別的権利制限規定が存在しているが，107条のフェアユースの要件を充足すれば，個別の権利制限規定の要件を充足するか否かにかかわらず，適法な利用となる。

米国著作権法107条は,「106条及び106A条の規定にかかわらず,批評,論評,ニュース報道,教育(教室での利用のために複数の複写物を作成する行為を含む。),学問,又は研究等の目的での著作物のフェアユース(複写物又はレコードへの複製その他106条及び106A条に定める方法による利用を含む。)は,著作権の侵害とならない。」と定めている。

また,米国著作権法107条は,個別の事案におけるフェアユースの成否に関する考慮要素には,以下の4つが含まれるものと定めている。

① 利用の目的・性質(利用が商業的性質を有するか又は非営利の教育目的によるものかを含む)
② 著作物の性質
③ 著作物全体との関係における利用部分の量及び実質
④ 著作物の利用行為が,著作物の潜在的市場又は価値に与える影響

(2) 米国判例における各考慮要素に関する判断のポイント

上記の①ないし④の考慮要素は例示的なものであるが,判例上もこれらの考慮要素が最も重要であるとされているため,以下で各要素について説明する。

①については,営利目的よりも,非営利目的・教育目的等の方がフェアユースが認められやすくなるとされるが,営利目的でもフェアユースが認められる事例は多々ある。また,著作物をそのまま利用するのではなく,変形的な利用(“transformative use”)をする場合の方が,著作権者に与える影響が小さいこと等により,フェアユースが認められやすくなるとされる。著名なケースとして,例えば,最高裁が,映画Pretty Womanの主題歌である“Oh! Pretty Woman”のパロディソングを発売したことについて,風刺目的でのtransformative useであることを重視してフェアユースを肯定した事例がある★2★3。しかし,そのまま利用する場合でもフェアユースが認められる場合がある★4。

②については,事実に基づく報道や機能的な著作物の方がフィクションの小説,絵画,芸術作品等高度の創作性を有する著作物よりも,フェアユースが認められやすくなるとされるが,高度の創作性を有する著作物でもフェアユースが認められることは多々ある★5。

また,未公開の作品については公開作品に比してフェアユースが認められにくいとされるが,107条の明文上,未公開であることのみをもって,フェアユ

ースが直ちに否定されるものでないとされている。

③については，利用する著作物の量が多いほどフェアユースが認められにくくなるとされるが，全体を利用した場合でもフェアユースが認められる場合がある★6。

④については，著作物の利用行為が著作権者の経済的利益を減少させることにつながる場合には，フェアユースが認められにくくなるとされ，判例上も重視されている考慮要素である★7。

上記の判断要素を踏襲し，フェアユースを認めた最近の米国の裁判例として，〔Google Books事件〕★8がある。同裁判例は，Google Library Project（Projectに参加した図書館の蔵書をスキャンし，当該図書館にそのデジタルコピーをダウンロードさせるとともに，スキャンした書籍について，インターネット上で，ユーザによるテキスト全文検索を可能とし，1回の検索で，当該書籍の1頁を8等分したスニペット3つを表示させるというもの）について，以下の理由によりフェアユースを肯定した。

①については，スニペットは，当該書籍が当該ユーザの関心の範囲内のものかを評価するために十分な限りで表示されており，変形的な利用に当たるとして，フェアユースを肯定する方向に働くとした。また，Googleの営利目的もフェアユース成立の妨げにはならないとした。②については，当該訴訟で対象となっていた作品はたまたまノンフィクションであったが，フィクションかノンフィクションかで帰結が決まるわけではないとした。③については，Googleは確かに，書籍全体のデジタルコピーを作成しているが，Googleは，その書籍全体のデジタルコピーを公衆に提供しているわけではないとした。また，Googleの提供しているスニペットは，その性質上，書籍からバラバラに表示されるもので，書籍の内容を連続的に表示させるものではなく，スニペットが書籍購入に代替してしまわないように設計されており，フェアユース成立の妨げにはならないとした。④については，上記のスニペットの性質からすれば，スニペットの表示により，著作権法上保護される利益が侵害されることは稀であるとした。

(3) 英国著作権法上のフェアディーリングとの違い

英国著作権法上は，フェアディーリング（fair dealing）と呼ばれる権利制限規定があるが，利用目的が法定されたものに限定されており，フェアユースほどには広範には適用できないような規定振りになっているという違いがある。

Ⅱ 日本法におけるフェアユース

① 日本におけるフェアユース導入の議論

⑴ フェアユース導入の議論の経過

日本においても,「著作物をとりまく様々な環境の急激な変化に適切かつ迅速に対応し,利用の円滑化を図るためには,個別権利制限規定の創設や改正ではもはや限界がある」ことなどを理由に,フェアユースのような「権利制限の一般規定」を導入すべきとの社会的要請がある★9とされ,かかる社会的要請を受けて,知的財産推進計画2009★10は,「著作権法における権利者の利益を不当に害しない一定の範囲内で公正な利用を包括的に許容し得る権利制限の一般規定（日本版フェアユース規定）の導入に向け,ベルヌ条約等の規定を踏まえ,規定振り等について検討を行い,2009年度中に結論を得て,早急に措置を講ずる。」とした。

これをうけて,文化庁の文化審議会著作権分科会は,2009年３月に法制問題小委員会を設置してフェアユースの導入について議論を進め,2010〔平成22〕年４月に,「権利制限の一般規定に関する中間まとめ」を,2011〔平成23〕年１月に「文化審議会著作権分科会報告書」（以下「本報告書」という）を公表した。

本報告書においては,以下の３類型について,「一定要件の下,権利制限の一般規定による権利制限の対象とすることが適当である」とされた★11。

A　その著作物の利用を主たる目的としない他の行為に伴い付随的に生ずる当該著作物の利用であり,かつ,その利用が質的又は量的に社会通念上軽微であると評価できるもの

B　適法な著作物の利用を達成しようとする過程において合理的に必要と認められる当該著作物の利用であり,かつ,その利用が質的又は量的に社会通念上軽微であると評価できるもの

C　著作物の種類及び用途並びにその利用の目的及び態様に照らして,当該著作物の表現を知覚することを通じてこれを享受するための利用とは評価されない利用

⑵ 著作権法改正の内容

本報告書を受けて，2012〔平成24〕年に著作権法が改正されたが，権利制限の一般規定としてではなく，それぞれが，個別的権利制限規定として規定されるにとどまった。

具体的には，上記のA類型が，著作権法30条の2（付随対象著作物の利用）に，B類型が，30条の3（検討の過程における利用）に，C類型の一部が30条の4（技術の開発又は実用化のための試験の用に供するための利用）及び47条の9（情報通信技術を利用した情報提供の準備に必要な情報処理のための利用）にそれぞれ対応している。

以上のとおり，日本においては，フェアユースのような「権利制限の一般規定」の導入が検討されたが，導入はいったん見送られている。

しかし，その後も，新しい産業の創出環境の形成等のためには，フェアユースのような柔軟な権利制限規定の導入が必要であるとの議論が，知的財産戦略本部等において続いている。「知的財産推進計画2016」においては「デジタル・ネットワーク時代の著作物の利用への対応の必要性に鑑み，新たなイノベーションへの柔軟な対応と日本発の魅力的なコンテンツの継続的創出に資する観点から，柔軟性のある権利制限規定について，次期通常国会への法案提出を視野に，その効果と影響を含め具体的に検討し，必要な措置を講ずる。また，柔軟性のある権利制限規定に関連して，予見可能性の向上等の観点から，対象とする行為等に関するガイドラインの策定等を含め，法の適切な運用を図るための方策について検討を行う。」とされており★12，近い将来に「柔軟性のある権利制限規定」が導入される可能性もある状況となっている。

② フェアユースに関する判例

日本法上，個別の権利制限規定によらない法理として，フェアユースが認められるかについては，裁判例上，一般に否定的に解されている。例えば，フェアユースの法理を否定した裁判例として，以下の〔ウォールストリートジャーナル事件〕☆1がある。

同事件は，英字新聞「THE WALL STREET JOURNAL」の記事の抄訳を分類して配列した文書を作成，頒布した行為につき，編集著作権の翻案権侵害を認めた事件であるが，東京高裁は，フェアユースの法理について，以下のとおり判示して否定した。

著作権法１条は，「著作権法の目的につき，『これらの文化的所産の公正な利用に留意しつつ，著作権者等の権利の保護を図り，もって文化の発展に寄与することを目的とする。』と定め」，同法30条以下には，「それぞれの立法趣旨に基づく，著作権の制限に関する規定が設けられているところ，これらの規定から直ちに，わが国においても，一般的に公正利用（フェアユース）の法理が認められるとするのは相当でなく，著作権に対する公正利用の制限は，著作権者の利益と公共の必要性という，対立する利害の調整の上に成立するものであるから，これが適用されるためには，その要件が明確に規定されていることが必要であると解するのが相当であって，かかる規定の存しないわが国の法制下においては，一般的な公正利用の法理を認めることはできない。」

また，上記裁判例は，傍論ながら，仮に，米国著作権法107条が挙げるような考慮要素に照らして判断しても，フェアユースには該当しないとも判断した★13。

なお，例えば，基礎編Q13で取り上げる〔絵画鑑定書事件〕知財高裁判決☆2については，著作権法32条（引用）の規定の解釈を柔軟にすることにより，実質的にはフェアユースを認めたに近いとする評価もあるが★13，あくまで，著作権法32条の文言解釈の形式がとられている★14。

③ 日本における実務上の対応指針

以上のとおり，日本においては，フェアユースの条文はなく，判例上も，フェアユースの法理は認められておらず，あくまで，個別の条文の文言解釈による解決を行うことになる。

したがって，日本においては，利用者は，フェアユースの法理に依拠するのではなく，支分権の定義に関する条文や個別の権利制限規定の文言解釈を通じて，著作権侵害に当たらないことを根拠づける必要がある。

◆田中　浩之

▶▶判　例

☆１　東京高判平６・10・27知財集26巻３号1151頁・判時1524号118頁〔ウォールストリートジャーナル事件〕。

☆２　知財高判平22・10・13判タ1340号257頁・判時2092号135頁〔絵画鑑定書事件〕。

▶▶注　記

★1　U.S. Code: Title 17.

★2　*Campbell v. Acuff-Rose Music, Inc.*, 510 U.S. 569 (1994).

★3　なお，パロディーとフェアユースの関係については，**Q16**の102頁も参照。

★4　例えば，*Sony Corp. of America v. Universal City Studios, Inc.*, 464 U.S. 417 (1984) において，Sonyのベータマックス（ビデオ録画機）の販売がテレビ放送される映画等の作品の著作権の寄与侵害に当たるかという文脈でフェアユースの成否が問題となり，最高裁で，フェアユースが肯定された。ビデオ録画機の購入者は，高度の芸術性のある作品全体をそのまま複製することになるが，本判例は，各人が元々無料でテレビで視聴できる作品を後で見ることができるようになるにすぎず，著作物の潜在的市場又は価値に与える影響が立証されていないことを重視して，フェアユースを肯定した。米国法上は日本の著作権法30条のような私的複製規定がなく，フェアユースによる解決が必要だった。例えば，上記の2つの最高裁判例は高度の芸術性を有する映画や音楽を対象としていたが，フェアユースが認められている。

★5　例えば，上記の2つの最高裁判例は高度の芸術性を有する映画や音楽を対象としていたが，フェアユースが認められている。この判断要素は，例えば，機能的著作物であるソフトウエアのリバースエンジニアリングについてフェアユースを肯定した*Sega Enterprises Ltd. v. Accolade, Inc.*, 977 F.2d 1510 (9th Cir. 1992) のような事例でフェアユースを肯定する方向で意味をもつことになる。

★6　前掲（★4）のSonyのベータマックス事件参照。

★7　同上。

★8　*Authors Guild v. Google, Inc.*, 804 F.3d 202 (2nd Cir. 2015). なお，2016年4月18日，連邦最高裁は，原告らによる裁量上訴の申立てを受理しない決定を下したため，同控訴審判決が確定した。

★9　文化審議会著作権分科会法制問題小委員会「権利制限の一般規定に関する中間まとめ」(2010〔平成22〕年4月) 1頁。

★10　2009年6月24日知的財産戦略本部決定。

★11　「文化審議会著作権分科会報告書」44頁以下。

★12　知的財産戦略本部「知的財産推進計画2016」(2016年5月) 11頁参照。

★13　中山信弘『著作権法〔第2版〕』(有斐閣，2014) 395頁。

★14　なお，引用の「正当な範囲内」の要件は，フェアユースを許諾する法意であるとして，フェアユースを肯定した裁判例として，東京高判昭51・5・19無体8巻1号200頁・判タ336号194頁・判時815号20頁〔パロディ事件〕(控訴審) があるが最判昭55・3・28民集34巻3号244頁で否定されている。

第７節　著作物性のない情報と不法行為

Q 18　著作物性のない情報と不法行為の成否

著作物性が否定され，著作権の対象とはならない情報を利用することが違法となる場合はありますか。

🗁実務上のポイント🗁

☑著作物性が否定され，著作権の対象とはならない情報であっても，法的に保護された利益を侵害する場合には一般不法行為が成立する余地があります。
☑一般不法行為が成立した場合，損害賠償請求は認められますが，著作権侵害の場合とは異なり，通常，差止請求は認められません。

▶解　説

Ⅰ　総　　論

著作物性が否定され，著作権の対象とはならない情報であっても，一般不法行為（民709条）が成立する余地がある。すなわち，民法709条は，故意又は過失により「他人の権利又は法律上保護される利益」を侵害した場合に不法行為が成立する旨を定めており，著作権という「権利」を侵害する場合だけではなく，「法律上保護される利益」を侵害する場合にも不法行為が成立し得るといえる。

著作物性が否定され，著作権の対象とはならない情報のなかには，単なる情報の羅列ではなく，当該情報を獲得するために相応の費用や労力が投下されており，独立した取引の対象となるなど財産的価値を有する情報も存在する。そのような場合には，当該情報の無断利用が，「法律上保護される利益」を侵害するといえる余地がある。

Ⅱ 一般不法行為の成立が認められる要件

では，具体的にいかなる場合に「法律上保護される利益」を侵害するといえるのか。過去の裁判例では，著作物性が否定され，著作権の対象とはならない情報の利用に関して，一般論としては一般不法行為の成立の余地は認めるものの，多くの事案においては，結論としては一般不法行為の成立が否定されている。その中で，わずかに，化粧紙の図案☆1，データベース☆2，ソフトウェア☆3，ニュース記事の見出し☆4，実用書籍☆5などについて，具体的な事案の下で，実際に一般不法行為の成立を認めた裁判例が存在していた（なお，化粧紙の図案が問題となった裁判例☆6は，商品の図案〔模様〕のデッドコピーが問題となったものである。これは，平成5年の不正競争防止法の改正により，商品の模様を含む商品形態の模倣行為が不正競争行為として規制される前の事案であり，当該規定の導入後は商品形態の模倣行為として規制され得る事案であったことから，平成5年の不正競争防止法の改正後であれば，一般不法行為は成立していなかった可能性がある）。

上記の一般不法行為の成立を認めた事案のうち，例えば，ソフトウェアが問題となった事案では，プログラムの表現として創作性を有する部分を除去し，誰が作成しても同一の表現とならざるを得ない帳票のみを抜き出してこれを複製し，もとのソフトウェアとは構造，機能，表現において同一性のないソフトウェアを製作した行為に関して，裁判所は著作権侵害の主張を認めなかったものの，「〔複製をした〕帳票部分も，高知県の制定書式により近い形式のワークシートを作るため，作成者がフォントやセル数についての試行錯誤を重ね，相当の労力及び費用をかけて作成したものであ〔る〕」としたうえで，「そのようにして作られた帳票部分をコピーして，作成者の販売地域と競合する地域で無償頒布する行為は，他人の労力及び資本投下により作成された商品の価値を低下させ，投下資本等の回収を困難ならしめるものであり，著しく不公正な手段を用いて他人の法的保護に値する営業活動上の利益を侵害するものとして，不法行為を構成する」として一般不法行為の成立を認めた☆3。また，例えば，ニュース記事の見出しが問題となった事案では，ウェブサイトに掲載された新聞社作成のニュース記事の見出しと同じ語句のリンク見出しを自社のウェブサイトに設置して，当該リンクの見出しをクリックすること等により新聞社作成のニュース記事を閲覧できるサービスを展開した行為に対して，「社会的に許容される限度を越えたものであって，Xの法的保護に値する利益を違法に侵害したものとして不法行為を構成する」として一般不法行為の成立を認めた☆4。

これらの一般不法行為の成立を認めた事案では，対象となる情報の作成のために多大な費用や労力を要することや被告の販売活動等により原告の営業活動が侵害されていることなどがその要件として挙げられているが，各裁判例において一般不法行為が成立するための要件は必ずしも明確となっているわけではなかった。

その後，著作権法６条各号所定の著作物に該当しない著作物（要するに日本の著作権法で保護を受けることができない著作物）の利用行為に関して一般不法行為の成否が問題となった〔北朝鮮映画事件〕最高裁判決において，最高裁は，「〔著作権〕法が規律の対象とする著作物の利用による利益とは異なる法的に保護された利益を侵害するなどの特段の事情がない限り，不法行為を構成するものではない」と述べて，本件で一般不法行為の成立を認めた知財高裁の判決を破棄して原告の請求を棄却した☆7。これは，著作権法の規律対象とする利益については，それを保護する，保護しないを含めて著作権法の制定により決定されており，同利益については，著作権法で保護されないとすれば，原則として別途一般不法行為が成立するものではないことを示している。この著作権法が規律の対象とする利益とは異なる利益としては，例えば，上記〔北朝鮮映画事件〕最高裁判決でも言及されている，営業妨害により営業上の利益が侵害される場合などが考えられる★1。

上記〔北朝鮮映画事件〕最高裁判決後に，著作物性のない情報に関して一般不法行為が認められるか否かが問題となった事案では，同判決の基準に基づき判断している裁判例もある。例えば，ウェブサイトから各画面の画像データやソースコードをそのままダウンロードし，それを利用して別途ウェブサイトを開設したという事案において，各画面の画像データやソースコードの著作物性が否定される場合でも，各画面やソースコードは多大な時間や労力を費やして作成したものであるから，各画面やソースコードの利用について法的保護に値する利益を有しているとして，被告の行為は当該利益を侵害し一般不法行為を構成するという原告の主張に対して，東京地裁は，このような利益は著作権法が規律の対象とする独占的な利用の利益をいうものにほかならないなどとして一般不法行為の成立を否定した☆8。

上記〔北朝鮮映画事件〕最高裁判決の基準に従えば，一般不法行為の成立を認めた事案（前掲（☆3））における相当の労力及び費用をかけて帳票部分を作成した点に関しては，著作権法が規律の対象とする独占的な利用の利益であるとして一般不法行為を構成する要素とはなりにくく，作成者の販売地域と競合する地域で無償頒布した点が不当廉売により営業上の利益を侵害するものといえるか否かが問題になると考えられる。このように，上記〔北朝鮮映画事件〕最高裁判決の基準に照らすと，一般不法行為が成立するのは極めて限られた場合であると考えられる。

Ⅲ　一般不法行為が成立した場合の効果

一般不法行為が成立した場合，民法709条に従い，損害賠償請求を行うことができる。著作権侵害の場合には，損害賠償請求のほかに差止請求を行うことが可能ではあるが，一般不法行為の効果として，通常は差止請求を行うことはできない。

◆佐々木　奏

▶▶判　例

☆1　東京高判平3・12・17知財集23巻3号808頁・判時1418号120頁〔木目化粧紙原画事件〕。

天然木の木目化粧紙の図案をデッドコピーしたものを製作し，これを競合する販売地域において廉価で販売をした行為に関して，裁判所は，木目化粧紙の図案の著作物性を否定し，著作権侵害の主張は認めなかったものの，上記行為は，「原告製品の販売価格の維持を困難ならしめる行為をしたものであって，控訴人の右行為は，取引における公正かつ自由な競争として許される範囲を甚だしく逸脱し，法的保護に値する控訴人の営業活動を侵害するものとして不法行為を構成する」として一般不法行為の成立を認め，損害賠償請求を認容した。

☆2　東京地判平13・5・25判タ1081号267頁・判時1774号132頁〔自動車データベース事件〕事案及び判旨は，実務編Q26参照。

☆3　大阪地判平14・7・25（平成12年（ワ）第2452号）裁判所ホームページ。

☆4　知財高判平17・10・6（平成17年（ネ）第10049号）裁判所ホームページ〔読売へ

ッドライン事件〕事案及び判旨は，実務編Q38参照。

☆5　知財高判平18・3・15（平成17年（ネ）第10095号）裁判所ホームページ〔通勤大学法学コース事件〕。

☆6　前掲（☆1）東京高判平3・12・17。

☆7　最判平23・12・8民集65巻9号3275頁・判タ1366号93頁・判時2142号79頁〔北朝鮮映画事件〕。

日本のテレビ局が，日本の著作権法で保護されない北朝鮮の国民の著作物の一部を無断で放送した行為につき，最高裁は，「〔著作権〕法が規律の対象とする著作物の利用による利益とは異なる法的に保護された利益を侵害するなどの特段の事情がない限り，不法行為を構成するものではない」としたうえで，「本件放送は，テレビニュース番組において，北朝鮮の国家の現状等を紹介することを目的とする約6分間の企画の中で，同目的上正当な範囲内で，2時間を超える長さの本件映画のうちの合計2分8秒間分を放送したものにすぎず，これらの事情を考慮すれば，本件放送が，自由競争の範囲を逸脱し，1審原告X_1の営業を妨害するものであるとは到底いえない」として一般不法行為の成立を否定した。

☆8　東京地判平24・12・27（平成22年（ワ）第47569号）裁判所ホームページ。

▶▶注　記

★1　前掲（☆7）〔北朝鮮映画事件〕最高裁判決の調査官解説は，著作権法の規律対象とする利益ではない利益として考えられるものとして，営業の自由のほかに，「著作者が公立図書館において著作物が閲覧に供されることにより取得する，思想の自由，表現の自由を脅かすおそれのある行為から守られる人格的利益」や名誉を挙げている（山田真紀・最判解民平成23年度734頁）。なお，「著作者が公立図書館において著作物が閲覧に供されることにより取得する，思想の自由，表現の自由を脅かすおそれのある行為から守られる人格的利益」に関しては，公立図書館の職員が図書の廃棄につき不公正な取扱いを行ったことが著作者の人格的利益を侵害するか否かが問題となった事案（最判平17・7・14民集59巻6号1569頁・判タ1191号220頁・判時1910号94頁）において，最高裁は，上記の人格的利益が，著作物に対する名誉等の著作者人格権とは異なり，公立図書館において著作物が閲覧に供されることにより取得されるもので前記の著作権法とは異なる分野の利益であるとしている。

第8節 リンク

Q19 リンクを張る行為における注意点

他人のウェブサイトにリンクを張る場合の注意点を教えてください。

▱実務上のポイント▱

☑リンクを張る行為自体は，原則として著作権侵害の問題は生じません。
☑ただし，その態様によっては著作者人格権や商標権を侵害することになったり，不正競争防止法に違反したりする可能性がありますので，注意が必要です。

▶解　説

Ⅰ リンクの態様について

「リンクを張る」とは，あるウェブページから他のウェブページへジャンプさせるための関連づけをする行為をいう。このリンクを張る行為にもいくつかの態様があるため，検討の前提としてリンクの態様にどのようなものがあるかを説明する。

① サーフェスリンク

サーフェスリンクとは，リンク元のウェブページにあるリンクボタン（他のウェブサイトのトップページを表示するURL）をクリックする等の行為を行うことにより，リンク先のウェブページを表示させる態様のリンクをいう（▢図1－19－1　サーフェスリンクとディープリンク参照）。

② ディープリンク

ディープリンクとは，リンク先として，他のウェブサイトのトップページではなく，その下の階層のウェブページにリンクするようにリンクボタンを設定して，リンク先のウェブページを表示させる態様のリンクをいう（図１－19－１参照）。

図１－19－１　サーフェスリンクとディープリンク

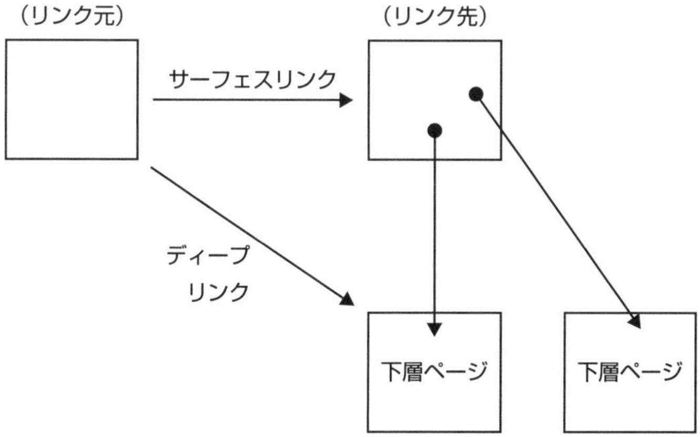

この場合，リンク先として，トップページを経由することなく，下層ページに直接アクセスすることができる。そのため，例えば，ウェブサイトの開設者がトップページには広告を掲載し，下層ページに重要な情報を掲載するなどの構成をとっていた場合には，広告が掲載されたトップページのクリック数が減少して広告収入が減る可能性がある。

③ フレームリンク

フレームリンクとは，ウェブサイトの画面をいくつかのフレームに分割し，フレームごとに当該フレームと対応づけられたリンク先のウェブページを表示させる態様のリンクをいう（図１－19－２　フレームリンク参照）。

▢図1－19－2　フレームリンク

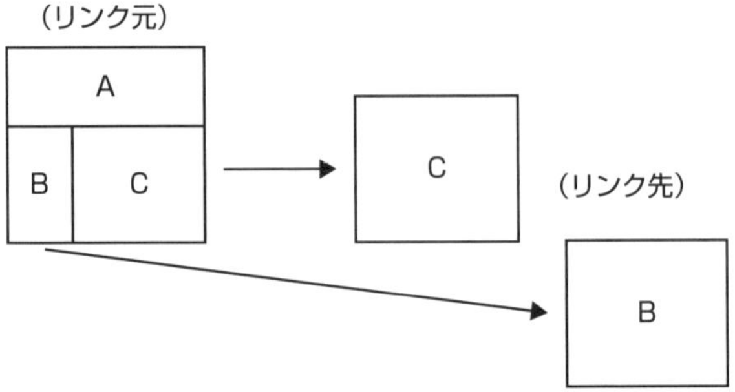

④ IMGリンク

IMGリンクとは，リンク元のウェブページの一部にリンク先のウェブサイトの画像等を表示するものであるが，フレームリンクとは異なり，リンク元のウェブサイトをダウンロードすると，ユーザの行為（リンクボタンのクリック）等を要せずに，自動的にリンク先の画像等が表示される態様のリンクをいう。

Ⅱ 著作権侵害の成否

上記いずれのリンクの態様であっても，ユーザがリンクボタンをクリックする等の操作を行うことにより（IMGリンクにおいてはリンクボタンをクリックする等を必要とせずに），リンク先のウェブページを閲覧することができる。この場合，リンク先のウェブページのデジタルデータは当該リンク先のウェブページのサーバからユーザに直接送信されるのであり，リンク元のウェブページから送信されるわけでもなく，リンク元のウェブページに蓄積されるわけでもない。それゆえ，リンクを張る行為自体により，公衆送信（著作23条1項）や複製（著作21条）が行われるわけではないことから，リンクを張る行為自体が著作権を侵害することはないと考えられる。裁判例でも，動画共有サイトにアップロードされた動画へのリンクを張った行為が送信可能化には該当しないとされた裁判例が存在する☆1。

もっとも，リンク先のウェブページで著作権侵害行為が行われていることを知りながら，あえてリンクを張る行為を行った場合などにはリンク先の情報発信者の著作権侵害行為を幇助したとして責任を問われる可能性は存在する（この点に関する詳細は実務編Q37参照）。

Ⅲ その他の権利侵害の成否

上記のとおり著作権を侵害しないとして，リンクを張る行為はその他の権利も侵害しないといえるのか。上記リンクの態様のうち，サーフェスリンクやディープリンクは，リンク先のウェブページをそのまま表示することになるため，同一性保持権や氏名表示権などの著作者人格権を侵害しないと考えられる。

これに対し，フレームリンクやIMGリンクの場合には，その態様によっては，著作者人格権を侵害する可能性がある。すなわち，フレームリンクやIMGリンクの場合には，リンク元のウェブページの一部にリンク先のウェブページのデータが表示されることになるため，態様によっては，ユーザから見た場合にリンク先のウェブページでは表示されていた著作者名が表示されないこともあり，その場合には氏名表示権（著作19条1項）を侵害する可能性がある。また，同様に，その態様によっては，ユーザから見た場合に，リンク先のウェブページの一部情報が表示されないことがウェブページを改変したと評価され，同一性保持権（著作20条1項）が問題となる可能性もある。さらには，そのようなリンクの態様によって著作者の名誉声望が害されるような場合には著作者人格権を侵害する行為とみなされる可能性も否定できない（著作113条6項）。

その他，フレームリンクやIMGリンクの場合には，ユーザから見た場合，リンク元のウェブページの作成者がリンク先の商標を使用し，当該商標が出所表示機能を果たしている場合には商標権侵害が問題となり得るし，リンク先の商品等表示をリンク元の営業とリンク先の営業とを誤認混同させるように使用したといえる場合には不正競争防止法違反も問題となり得る。

以上のように，リンクの態様によっては，著作者人格権，商標権，不正競争防止法違反も問題となる可能性がある。ただし，これらの点に関しては，現時点では参考となるべき裁判例は存在しない★1。

◆佐々木　奏

▶▶判　例

☆1　大阪地判平25・6・20判時2218号112頁〔ロケットニュース24事件〕。

Xが「ニコニコ生放送」にて配信をしていた動画の一部（以下「本件動画」という）を第三者が録画したうえで動画共有サイト「ニコニコ動画」にアップロードしたところ，Yが自社の運営するウェブサイト「ロケットニュース24」（以下「本件サイト」という）において，記事を掲載するとともに，記事の上部にある動画再生ボタンをクリックすると，本件サイト上で本件動画を視聴できる状態にしたという事案である。この事案において，XはYに対し，Yが本件サイト上で本件動画を視聴できる状態にしたことは送信可能化（著作2条1項9号の5）に当たり，Xの公衆送信権（著作23条1項）を侵害すると主張したのに対し，Yは，「ニコニコ動画」にアップロードされていた本件動画の引用タグ又はURLを本件ウェブサイトの編集画面に入力することで，本件動画へのリンクを張って本件動画の所在を示したにすぎず，本件動画を「公衆送信」しておらず，リンクを張ったことは「送信可能化」にも該当しないと反論した（なお，本件の争点は多岐に渡るが，本設問に関連する部分に限ることとする）。

大阪地裁は，Yの行為はリンクを張ったにとどまり，「本件動画のデータは，本件ウェブサイトのサーバに保存されたわけではなく，本件ウェブサイトの閲覧者が，本件記事の上部にある動画再生ボタンをクリックした場合も，本件ウェブサイトのサーバを経ずに，『ニコニコ動画』のサーバから，直接閲覧者へ送信されたものといえる。すなわち，閲覧者の端末上では，リンク元である本件ウェブサイト上で本件動画を視聴できる状態に置かれていたとはいえ，本件動画のデータを端末に送信する主体はあくまで『ニコニコ動画』の管理者であり，被告がこれを送信していたわけではない。したがって，本件ウェブサイトを運営管理する被告が，本件動画を『自動公衆送信』をした（法2条1項9号の4），あるいはその準備段階の行為である『送信可能化』（法2条1項9号の5）をしたとは認められない。」と判断した。

▶▶注　記

★1　前掲判例（☆1）大阪地判平25・6・20では，Xから公表権・氏名表示権の侵害が主張された。もっとも，裁判所は，本件動画の元となる動画を公表したのはX自身であることを理由として公表権侵害を否定し，また，Yは本件動画にリンクを張ったに留まり，公衆送信の主体ではないことなどを理由として氏名表示権侵害も否定している。

第９節　裁定制度

Q 20　著作物の利用に関する裁定制度

許諾を受けて著作物を利用したいのですが，著作権者不明の場合はどうすればよいでしょうか。著作物の利用に関する裁定制度について教えてください。

🗁実務上のポイント🗁

☑著作権者が不明であっても，それだけでは，許諾を得ずに著作物を利用する理由になりません。

☑著作権者が不明である場合には，裁定制度を利用することができます。

▶解　説

Ⅰ　裁定制度の概要

他人の著作物，実演，レコード，放送又は有線放送を利用する場合には，原則として，著作権者又は著作隣接権者の許諾を得ることが必要である。

しかし，許諾を得ようとしても，「権利者が誰だかわからない」，「(権利者が誰かわかったとしても）権利者がどこにいるのかわからない」，「亡くなった権利者の相続人が誰でどこにいるのかわからない」等の理由で許諾を得ることができない場合がある。

このような場合に，権利者の許諾を得る代わりに文化庁長官の裁定を受け，通常の使用料額に相当する補償金を供託することにより，適法に利用することができる制度が著作権法上設けられている。これが裁定制度である。

本制度の適用を受ける対象は，公表された著作物等又は相当期間にわたり公衆に提供され，もしくは提示されている事実が明らかな著作物等に限られている（著作67条１項・103条）。これは，著作者には著作者人格権として公表権が認められているところから，著作者の公表に係る人格的利益が害されることのないように配慮したものである。

Ⅱ 裁定の申請を行うための前提

裁定制度は，権利者が不明である場合に，許諾を得ずに利用することができる制度であるため，権利者が不明であるという事実を担保するに足りる程度の「相当な努力」を行うことが前提になっている（著作67条１項・103条）。「相当な努力」とはどの程度の努力をすればよいかということについては，従来，個別の解釈に委ねられていた。しかし，利用者に求められる調査の方法を明確化し，予測可能性を確保するとの観点から，平成21年の著作権法改正によって，「相当な努力」を払っても権利者と連絡を取ることができないとして裁定の利用が可能な場合とはどのようなものかは，政令で指定されるようになっている（著作令７条の７）。

そのような場合とは，①権利者の住所氏名等の著作権者と連絡するために必要な情報（＝「権利者情報」）を取得するための所定の措置をとり，かつ，②①により取得した権利者情報及び保有するすべての権利者情報に基づき権利者と連絡するための措置をとったにもかかわらず，権利者と連絡することができなかった場合とされている。

①の所定の措置とは，以下の(i)ないし(iii)のすべての措置とされている。

(i) 広く権利者情報を掲載していると認められるものとして文化庁長官が定める刊行物その他の資料を閲覧すること。

(ii) 著作権等管理事業者その他の広く権利者情報を保有していると認められる者として文化庁長官が定める者に対し照会すること。

(iii) 時事に関する事項を掲載する日刊新聞紙への掲載その他これに準ずるものとして文化庁長官が定める方法により，公衆に対し広く権利者情報の提供を求めること。

過去に裁定を受けた著作物等について裁定申請をする場合は，「相当な努力」が緩和される。過去に裁定を受けた著作物等については，文化庁のウェブサイトに掲載されているデータベースで確認することができる。

Ⅲ 裁定の決定前における利用（申請中利用制度）

文化庁に裁定申請を行うと，裁定の決定前であっても，文化庁長官の定める担保金を供託すれば，著作者が著作物の利用を廃絶しようとしていることが明らかな場合を除いて，裁定の決定前であっても，著作物等の利用を開始することができる（著作67条の２・103条）

ただし，法定の要件を満たさなかった等の理由で裁定を受けられなかった場合（「裁定をしない処分」を受けた場合）には，その時点で著作物等の利用を中止しなければならない。

この申請中利用制度を利用すれば，裁定の決定を待って利用を開始する場合に比べて，早期に著作物等の利用を開始することができる。

この制度に基づいて作成した著作物等の複製物には，この制度の規定の適用を受けて作成された複製物である旨及び裁定の申請をした年月日を表示しなければならない。

Ⅳ 制度の利用方法

裁定制度は，文化庁長官に裁定の申請をして進めるものであるため，文化庁において制度利用のための詳細な手引き（文化庁のウェブサイトから入手可）を用意している。以下の解説も，平成28年２月版の手引きに基づいてまとめたものである。

裁定申請を希望する場合には，裁定手続を円滑に進めるために，手引きに目を通したうえで，裁定申請をする前（申請のための権利者捜索を開始する前）に，文化庁担当者に相談することが推奨されている★1。

① 裁定制度の全体的な流れ

裁定制度の全体的な流れは，🗀表１－20－１　裁定手続の全体的な流れのとおりである。

表1－20－1　裁定手続の全体的な流れ

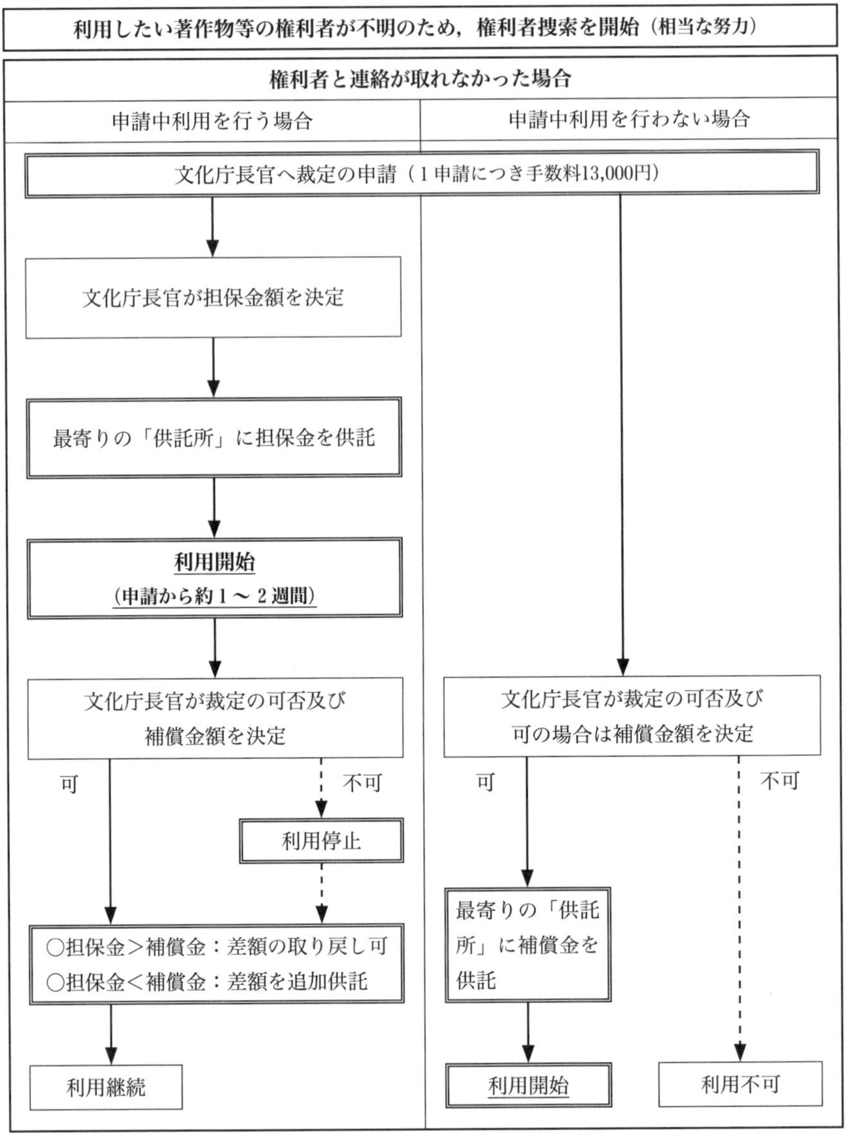

出典：『裁定の手引き』2頁の図を基に作成。
注：原図から手引きの参照頁を省いている。

② 申請中に権利者と連絡が取れた場合

申請中に権利者と連絡が取れた場合には，文化庁長官は，裁定をしない処分を行うことになる。そのため，権利者と連絡が取れた場合には，利用を停止し，速やかに文化庁担当者に連絡しなければならない。その場合に，申請中利用を行っているときは，利用の開始から権利者と連絡をすることができるに至った時までの補償金の額を，申請者と権利者との協議によって決定し，支払う必要がある。

③ 裁定の処分と裁定に基づく著作物等の利用

法定の要件を満たす場合には，文化庁長官は，裁定の処分を行うが，次の事由に該当する場合には，文化庁長官は，裁定をしない処分を行うこととされている。

① 裁定の可否が決まる前に権利者と連絡することができたとき。

② 著作者が，著作物の利用を廃絶しようとしているのが明らかなとき。

③ 申請の形式や内容が法令に定められた要件に適合しないとき。

④ 申請中利用者から申請を取り下げる旨の申出があったとき。

申請者が申請書等を文化庁に提出してから裁定の可否の決定を受けるまでの標準処理期間は，約2か月が想定されている。

文化庁長官は，裁定の処分を行う場合には，文化審議会に諮問して補償金の額を決定し，裁定の可否を通知する書面において併せて通知する。補償金の額は，通常の使用料の額に相当する額とされており（著作67条1項・103条），著作物等の種類や利用方法，利用期間等によって異なる。このため，文化庁長官は，申請のあった著作物等を利用する場合の一般的な利用料金等を参考に補償金額を決定することになる。

裁定を受けた場合，申請者は，文化庁長官が定めた補償金の額を，供託所に供託しなければならない。

申請中利用を行っていた場合には，供託した補償金の額と，通知された補償金の額を比較し，両者が同額の場合には，特段の手続は必要ないが，補償金の額の方が上回る場合には，その差額を追加して供託しなければならない。補償金の額の方が下回る場合には，その差額を取り戻すことができる。

供託が完了したことをもって，著作物等を利用することができる。

裁定に基づいて作成した著作物等の複製物には，裁定に係る複製物である旨及び裁定のあった年月日を表示しなければならない（著作67条3項）。

◆齋藤　浩貴

▶▶注　記

★1　裁定に関する問い合わせ先は，次のとおりである。
文化庁長官官房著作権課 著作物流通推進室 管理係
〒100－8959
東京都千代田区霞が関３－２－２
TEL（03）5253－4111（内線：2847）
FAX（03）6734－3813
http://www.bunka.go.jp

第10節　オープン・ライセンス

Q 21　クリエイティブ・コモンズ・ライセンス

クリエイティブ・コモンズ・ライセンス（CCライセンス）とは何ですか。

実務上のポイント

☑クリエイティブ・コモンズは，クリエイティブ・コモンズ・ライセンス（CCライセンス）を提供している国際的非営利組織とそのプロジェクトの総称です。
☑CCライセンスは，作品を公開する作者が「この条件を守れば私の作品を自由に使って構いません」という意思表示をするためのツールです。
☑CCライセンスが付されて公開されている著作物は，CCライセンスの条件の範囲で利用することができます。
☑利用するにあたっては，CCライセンスが真の権利者によって付されたものであるか等について，注意する必要があります。

▶解　説

Ⅰ　CCライセンスの概要

①　CCライセンスとは

著作権によって保護されている著作物は，著作権法によって認められている権利制限規定により利用が許容される場合でない限り，著作権者の許諾を得なければ，複製等の利用をすることはできない（基礎編Q 5 参照）。

しかし，個人から大企業までが，デジタル機器，ネットワーク機器を用いて大量の情報を複製し，流通させることが日常化している今日においては，すべての利用についてそのつど許諾を受けるということが極めて困難になっている。また，「一億総クリエイター時代」という言葉もあるとおり，一般の人々が日々各種の著作物を生み出し，SNSやブログでこれを公開している今日では，そうした著作物を創作したすべての人々が，利用の禁止を原則とする著作権による強力な保護を求めているというわけではない。

このように，著作権法のルールが必ずしも現在のインターネット社会に合致していないという事態を解決するための，著作権法を補足する手段として提唱され，運用されているのがCCライセンスである。

CCライセンスは，作品を公開する作者が「この条件を守れば私の作品を自由に使って構いません」という意思表示をするためのツールである。CCライセンスを利用することで，著作物の権利者は著作権を保持したまま作品を自由に流通させることができ，受け手はライセンス条件の範囲内で再配布やリミックスなどができるようにすることを目的としている。

CCライセンスは，国際的非営利組織であるクリエイティブ・コモンズによって運用されている。日本では，特定非営利活動法人コモンスフィアが「クリエイティブ・コモンズ・ジャパン」事務局を設けて活動を行っている。そのウェブサイト★1から，CCライセンスに関する詳しい情報を入手することができる。

② CCライセンスの普及状況

CCライセンスは，権利者が，著作物の公開時において，一定の条件の下に自由利用を認めることを表明するオープン・ライセンスの一種であり，現在世界で最も普及しているオープン・ライセンスである。2015年の時点で，全世界で約11億の作品がCCライセンス付で公開されている★2。

CCライセンス付で公開されているものとして，例えば，Wikipediaでは，テキストには，CCライセンスの「表示－継承」（BY-SA）が自動的に付与される仕組みになっている。また，音楽合成ソフトVOCALOIDの人気キャラクターである「初音ミク」も，その公式イラストにCCライセンスを採用している。

2013年３月27日に開催された文化庁の第８回コンテンツ流通促進シンポジウム「著作物の公開利用ルールの未来」において，文化庁は，CCライセンスの普及を支援することを表明している。

Ⅱ CCライセンスの仕組み

まず，著作物の権利者がCCライセンスを付して作品を公開する。権利者が，クリエイティブ・コモンズ・ジャパンのウェブサイトにある「CCライセンス付与」というメニュー上で，いくつかの質問に答え，フォームに作品情報を入力することで，ライセンスの「コード」が表示される。これをコピーして作品に貼り付けることにより，CCライセンスを付与していることが表示される。

CCライセンスは，次の４つの条件の組み合わせによって構成される。

図１－21－１　CCライセンスを構成する条件

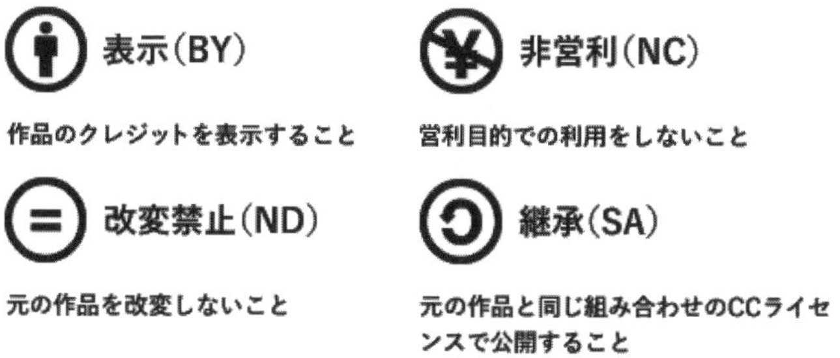
表示(BY)
作品のクレジットを表示すること
非営利(NC)
営利目的での利用をしないこと
改変禁止(ND)
元の作品を改変しないこと
継承(SA)
元の作品と同じ組み合わせのCCライセンスで公開すること

これらの条件を組み合わせて選択できるライセンスは，次の６種類である。これらのマークが表示されていることが，著作物にCCライセンスが付けられていることを示す目印となっている。

図１－21－２　CCライセンスの種類

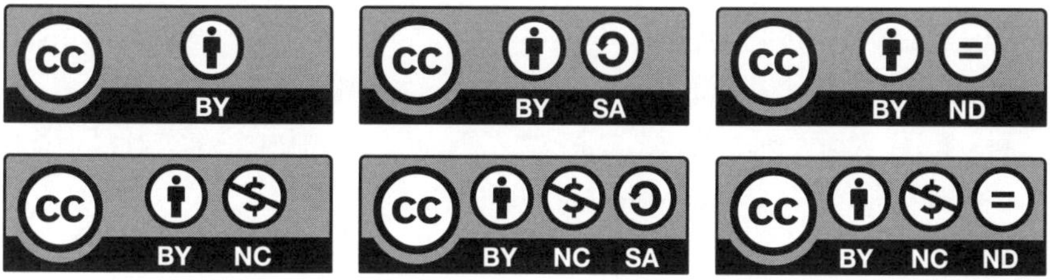
BY
BY SA
BY ND
BY NC
BY NC SA
BY NC ND

① 表示（BY）

原作者のクレジット（氏名，作品タイトルなど）を表示することを主な条件とし，改変はもちろん，営利目的での二次利用も許可される最も自由度の高いCCライセンス。

② 表示－継承（BY-SA）

原作者のクレジットを表示し，改変した場合には元の作品と同じCCライセンスで公開することを主な条件に，営利目的での二次利用も許可されるCCライセンス。

③ 表示－改変禁止（BY-ND）

原作者のクレジットを表示し，かつ元の作品を改変しないことを主な条件に，営利目的での利用（転載，コピー，共有）が行えるCCライセンス。

④ 表示－非営利（BY-NC）

原作者のクレジットを表示し，かつ非営利目的であることを主な条件に，改変したり再配布したりすることができるCCライセンス。

⑤ 表示－非営利－継承（BY-NC-SA）

原作者のクレジットを表示し，かつ非営利目的に限り，また改変を行った際には元の作品と同じ組み合わせのCCライセンスで公開することを主な条件に，改変したり再配布したりすることができるCCライセンス。

⑥ 表示－非営利－改変禁止（BY-NC-ND）

原作者のクレジットを表示し，かつ非営利目的であり，そして元の作品を改変しないことを主な条件に，作品を自由に再配布できるCCライセンス。

CCライセンスでは，CCライセンスのマークをクリックするとコモンズ証が表示され，法律の専門家ではない大多数のインターネットユーザでもライセンスの主な内容をはっきりと理解することができるようにしている。その法的実効力は，さらに「利用許諾」文によって記述されている。

また，CCライセンスには，「メタデータ」（検索エンジンが利用するための，作品そのものに付随する説明的な情報）が付与される。これによりCCライセンスが付された作品が正しく検索されやすくなるようにしている。

利用者は，表示されたマークによって示された条件に従いさえすれば，権利者に個別に連絡しなくても，作品を利用することができるようになっている。

Ⅲ CCライセンスに基づく利用の注意点

① 真の権利者によるライセンスであることが保証されるわけではない

CCライセンスは，作品とともにライセンス条件が流通する仕組みとなっているため，ライセンスに関する表示さえ確認すれば，条件に従って利用をすることができるという利点がある。しかし，作品にCCライセンスを付した者が真の権利者であるかどうかについては，確認する仕組みがない。したがって，権利者でない者がCCライセンスを付して作品を公開してしまっているというリスクがある。権利者でない者がCCライセンスを付している場合，CCライセンスに従って利用しても，それは権利者の許諾のない利用となり，著作権侵害になってしまう。CCライセンス表示が付されていることを信頼したということを主張しても，著作権者による差止請求の対象となることは避けられないし，そのように信頼したことに過失があるとされれば，損害賠償責任を負う可能性もある。したがって，CCライセンスを真の権利者が付したものであることが疑われるような場合には，CCライセンスに基づく利用を行うことには慎重になるべきであろう。また，差止めがされると事業に支障が生じるようなものにCCライセンスが付された作品を利用する場合には，当該CCライセンスが真正な権利者により付されたものであることを，より一層慎重に確認すべきであると考えられる。

② CCライセンスを付した者の著作権以外の権利は処理されていない

CCライセンスによる利用許諾は，あくまでも作品にCCライセンスを付した，当該作品の作者の権利についてのみ及ぶものである。したがって，当該作品の利用にあたって，他の者の権利を侵害する可能性までも排除するものではない。例えば，CCライセンスが付されている写真に人物が写っている場合，CCライセンスにより許諾が得られるのは，あくまでも当該写真の著作権についてであり，被写体となっている人物のパブリシティの権利又は肖像権については，侵害となってしまう可能性のあることに注意が必要である。

◆齋藤　浩貴

▶▶注　記

★1　クリエイティブ・コモンズ・ジャパン ウェブサイト（https://creativecommons.jp）。

★2　「State of Commons」（https://stateof.creativecommons.org/）。

第2章

実務編

第1節　社内における情報・コンテンツの利用

Q1　社内検討用資料における著作物の利用

1　ライバル企業の①新商品発売のプレスリリース，②ウェブサイトの商品紹介ページ，③新聞サイトの商品紹介記事を，当社内での検討会議のためにプリントアウトして配布することには問題はあるでしょうか。

2　ライバル企業が米国企業である場合に，社内で翻訳したものを添付することはどうでしょうか。

回　答

1　①新商品発売のプレスリリース，②ウェブサイトの商品紹介ページ，又は③新聞サイトの商品紹介記事について，許諾なく，全体をプリントアウトして独立した資料として社内で配布することは，著作権侵害に当たります。また，これらについて翻訳したものを添付する行為も著作権侵害に当たります。ただし，①については，資料の公開態様や目的から判断して，黙示の許諾があるとする考え方もあり得ます。

2　他方，検討会議のために必要な部分に限り，当該検討会議のために作成する会議資料に掲載するという使い方であれば，引用として許される可能性があります。この場合は，翻訳したものを添付することも許されます。

▶解　説

Ⅰ　他社のプレスリリース等の社内における利用

1　社内における著作物の複製，翻訳

一般的な①新商品発売のプレスリリース，②ウェブサイトの商品紹介ページ，及び③新聞サイトの商品紹介記事は，通常，著作物と考えられるから，許諾を受けずにその全体又は一定のまとまりのある一部をプリントアウトすれば，複製権（著作21条）の侵害に当たる（なお，①〜③が，事実しか述べておらず表現ではない，又は表現であっても創作性がないといった理由で著作物に当たらないという場合は，著作権侵害は問題にならない。基礎編Q11参照）。

企業内部のみで少人数に配布する場合，私的使用目的の複製（著作30条1項）として許されるのではないかと思う方もいるかもしれないが，企業内部において少人数で使用するためであっても，業務上使用するために著作物を複製することは，私的使用目的の複製とはいえないとした裁判例が存在する（基礎編Q12裁判例☆1参照）。

また，著作権者の許諾を得ずに著作物を翻訳することは翻訳権（著作27条）の侵害に当たり，さらに，著作者の同意がないならば同一性保持権（著作20条1項）の侵害にも当たる可能性がある。なお，米国企業の著作物であっても，複製や翻訳が行われるのが日本国内であるならば，適用されるのは日本の著作権法である。

よって，各著作物の全部又は一定のまとまりのある一部を複製して単独で配布する態様で利用するのであれば，①及び②については，これらの著作権者であると思われるライバル他社から，③については，当該新聞サイトを運営している新聞社から，複製の許諾を受ける必要がある。

2　黙示的許諾

一般公開されている①プレスリリースや②ウェブサイトにおける商品紹介ページは，広く多くの人に見てもらいたい，という趣旨で公開されている。よって，会議の参加者各自が，①を入手して閲覧したり，②をインターネット上で

閲覧したりすることは自由である。そこで，社内でまとめてプリントアウトして配布することも，閲覧するための手段の一つにすぎないのであって，著作権者の黙示的な許諾の範囲内であるとして許される，という考え方もあり得る。

特に①プレスリリースは，まとまりのある単体の文書として用意されており，プレスリリースという態様自体が，できる限り広く世間に見てもらいたいという意思の表れであるから，プレスリリースという態様で公開される文書は，その公開態様自体が，当該文書をそのまま複製することの許諾を含んでいると解釈することも十分可能であろう。そのような黙示的な許諾は，ライバル企業における検討のためであるからといって，直ちに許諾の範囲外となることはないといってよいように思われる。この点について判例があるわけではないが，上記の見解を背景に複製しても問題ないといってよいであろう。

②のウェブサイトにおける商品紹介ページも，広く商品についてのお知らせをすることを目的とするものではあるが，商品紹介ページに掲載されている情報は様々であり，そのすべてについて，プレスリリースのように，端末による閲覧を離れて，プリントアウトによる配布まで黙示的に許諾しているということは困難であると思われる。ただし，ページ自体にプリントボタンがある場合など，単にウェブページに公開されているということを超えて，黙示の許諾があるといい得る事情があれば，黙示の許諾の理論に依拠することも不可能ではないと考えられる。

また，③新聞サイトの商品紹介記事は，（無料サイトであれば）一般に公開されてはいるが，単に多くの人に当該情報を知ってほしいというより，当該新聞サイトへのアクセス数を増やすことを意図して掲載されていることが多いと思われる。こうしたサイトには広告が掲載されていることがほとんどであることからも，そのことは裏づけられる。当該記事をプリントアウトして配布すれば，参加者が各自当該サイトにアクセスする可能性を減らしてしまうから，プリントアウトが必ずしも黙示的許諾により許されるとはいえない。さらに，有料サイトであれば，利用料を支払ったユーザにしか当該記事を見せないというのが著作権者の意思だろうから，やはり，明示的な許諾なくプリントアウトして配布することが許されるとはいえない。

ただし，当該商品紹介記事が，複製をしようとする会社の商品に関するものであり，会社が取材に応じた結果に基づいて作成された記事であるような場合には，当該記事が掲載されたことを会社内で周知させるためにコピーする程度のことは，黙示的許諾の範囲として許される可能性もある。

黙示的許諾の存在，範囲は曖昧であり，このような曖昧さの残る法理に則った運用を行うことには，リスクがあることを理解する必要がある。会社のコンプライアンス遵守を考慮すれば，①プレスリリースの場合のように，明確な根拠をもって黙示的許諾を主張できる可能性が高いと合理的にいえる場合を除き，黙示的許諾を根拠に社内で著作物を利用することには慎重になる必要がある。インターネット上の情報については，各自の端末で閲覧すれば著作権侵害とはならないので，そのような方法によるのが，著作権侵害となることを避ける最も確実な方法である。

Ⅱ　引用規定による利用

Ⅰは，各著作物の全部又は一定のまとまりのある一部をプリントアウトして単独で使用する場合を想定していたが，これとは異なり，検討に必要な範囲のみを会議資料の一部として掲載するという使い方であれば，引用（著作32条１項）として適法になる余地がある。なお，検討のために各著作物の全部が真に必要なのであれば，全体を掲載しても適法となることもある。

適法な引用の要件について，詳細は基礎編Q13を参照されたい。特に，引用する側である会議資料本体の記載と，引用される側であるウェブページ等の資料が明瞭に区別されているか（「明瞭区別性」），及び会議資料本体の記載が主で，引用される資料は従であるか（「主従関係」）という点に注意が必要である。

さらに，引用の成立要件ではないものの，引用により著作物を複製する場合，及び複製以外の方法で利用する場合であって，その出所を明示する慣行があるときは，「利用の態様に応じ合理的と認められる方法及び程度により」著作物の出所を明示する義務が課せられている（著作48条１項１号・３号）。よって，引用したウェブページ等の出所も明示する必要がある。

適法な引用が成立する場合には，翻訳して利用することも許されるので（著作43条２号），社内で翻訳したものを添付することも許される。この場合の翻訳については，「やむを得ないと認められる改変」（著作20条２項４号）として，同一性保持権侵害は成立しないと考えられる。

◆齋藤　浩貴＝呂　佳叡

Q2 自社に関するニュース記事のデータ化

当社のことを取り上げたニュース記事をPDF化して当社のサーバで管理・保管したいと思います。何か問題があるでしょうか。

🗁回 答🗁

貴社に関するニュース記事であっても，貴社が著作権者の許諾を得ることなくPDF化する行為は，複製権の侵害に当たります。

また，当該PDFを貴社のサーバで管理・保管する行為については，サーバへのアップロードが複製権の侵害となることに加えて，当該サーバが送信の対象とするネットワークの範囲が同一構内にとどまらず，支店等外部とつながっている場合には，アップロードした時点で公衆送信権（送信可能化権）の侵害にも当たります。当該サーバ・ネットワークの範囲が同一構内にとどまる場合には，公衆送信権の侵害には当たりませんが，従業員が閲覧することにより，上映権の侵害が成立します。

したがって，適法に，ご質問のとおりニュース記事を利用するためには，記事の著作権者から，複製及び上記のとおり管理・保管する行為に対する許諾を得る必要があります。

▶解 説

I ニュース記事のPDF化

本設問のように，会社として自社のニュース記事をPDF化する行為は，著作物の複製（著作２条１項15号）に当たり，記事の著作権者から許諾を得ずに行えば，複製権（著作21条）の侵害に該当する。この場合，私的使用目的の複製（著作30条１項）に該当しないことは明らかである。

他方，本設問とは異なり，会社の従業員が，自社のニュース記事やその他参考になりそうな著作物を，自分だけが使用するためにPDF化する場合はどうか。この場合，許諾がなくとも，私的使用目的の複製として著作権法30条１項により複製が許されないか，問題となる（私的使用目的の複製については，基礎編Q12も参照されたい）。

著作権法30条１項が，非営利目的を要件としていないこと，及び「家庭内」のみならず「個人的」な使用についても私的使用目的として規定していることからして，（間接的にであれ）業務に役立てることを目的としていることをもって，一律に私的使用目的の複製ではないとすることは，社会的実態に合致しているといえず，妥当ではないとの考え方が強くなってきている。

もっとも，会社の事業に関連して，従業員が自己の使用の目的で複製する場合に，私的使用目的といえるか否かの区別は困難である。基準ないし要素として考えられるものとして，①複数名で利用するのか，複製する本人のみで利用するのか（前者の場合に，私的使用目的と評価されることはないと考えられる），②具体的な業務のためか，それとも将来の業務の参考とするためか（後者の場合の方が，私的使用目的と評価されやすくなる），③複製する量や複製する箇所の，著作物全体に占める割合（少ないほど，私的使用目的と評価されやすくなる）などが考えられるが，定説はなく，この点に関する判例もないため，これ以上の判断を示すことは困難な状況にある。

Ⅱ 社内サーバでの管理・保管

1 複製権とそれ以外の権利

社内サーバにPDFデータをアップロードする場合について，サーバにアップロードすると，サーバの記憶装置にPDFファイルが複製されることになるから，PDFの作成時とは別途，この時点でもさらに複製権が働くことになる。それだけでなく，著作権者の許諾なくサーバにアップロードして，会社内の端末からアクセスすることができるようにすると，著作権のうちの以下のような権利（支分権）の侵害にもなってしまう。

2 サーバ・ネットワークの範囲が同一構内にとどまらない場合

PDFデータをアップロードするサーバの送信の対象となるネットワークの範

囲が同一構内にとどまらない場合，すなわち，支店等外部にもネットワークがつながっている場合には，当該アップロードは，送信可能化（著作２条１項９号の５）に当たり，アップロードした時点で公衆送信権（著作23条１項）の侵害に該当することになる。

実際に，LANシステム中の電子掲示版システムへの雑誌記事のアップロードについて公衆送信権侵害が認められた裁判例として，〔社保庁LAN電子掲示版事件〕東京地裁判決☆1が存在する。

3 サーバ・ネットワークの範囲が同一構内にとどまる場合

PDFデータをアップロードするサーバの送信の対象となるネットワークの範囲が同一構内にとどまる場合は，そのような送信は公衆送信の範囲から除外されている（著作２条１項７号の２）ので，公衆送信権の侵害は問題とならない。

しかし，アップロードされたPDFデータは，他の従業員が各自の端末で閲覧することが予想されるから，上映権（著作22条の２）の侵害が問題となる★1。

上映とは，「著作物……を映写幕その他の物に映写すること」（著作２条１項17号）をいい，映写幕（スクリーン等）への映写に限らず，利用者に各自の端末で閲覧させることも含んでいる。よって，他の従業員が各自の端末で閲覧することにより，上映が行われたことになる。さらに，上映権の侵害の要件として，「公に」，すなわち公衆に対して上映されることが必要である。著作権法上の「公衆」とは，不特定の者，及び特定かつ多数の者をいう（著作２条５項。著作権法上の「公衆」概念については，実務編Q16 **I** も参照されたい）。当該会社の従業員が２，３名にとどまるなど，極めて少数で，かつ人的関係が密接である場合には，従業員らは特定かつ少数である（すなわち，公衆に当たらない）と評価される可能性もあるが，そうでなければ，公衆に対する上映に当たり，上映権の侵害が成立すると考えられる。

本設問のような場合，従業員がPDFを閲覧したいときに，従業員が端末を操作してPDFを閲覧しているから，上映の主体は従業員ではないか，したがって公衆に対して上映していることにならないのではないか，との疑問もあり得るところである。しかし，同一構内での送信を行っていつでも閲覧できるようにする上映のための枢要な行為しているのは会社であるし，端末も会社が用意していることが多いと思われるため，判例（複製権に関するものであるが，実務編Q35

判例☆1参照）の考え方によれば，上映の主体が会社であると解釈される可能性が高いと考えられる。

4　複製権に加えて公衆送信権，上演権が働くとすることの意味

設問のように，サーバへのファイルのアップロード（複製）を行うのであれば，送信の範囲が同一構内に限られる場合にせよ，これを超える場合にせよ，サーバにアップロードした時点で複製権が働くから，複製権の許諾を得なければならないため，それに加えて公衆送信権又は上映権が働くということにあまり意味がないように思われるかもしれない。

これが特に意味をもつのは，複製自体が適法に行われている複製物を，サーバからの送信に使用する場合である。例えば，CD－ROMに収録されて販売されている電子書籍やデータベースをCD－ROMのままサーバーに接続されたCD－ROMチェンジャーに登載し，ネットワークを通じて端末から閲覧することができるようにすることが考えられる。

このような場合には，利用者は新たな複製は行っていないから，複製権は働かない。しかし，上述のとおり，ネットワークが同一構内にとどまらない場合には公衆送信権が，同一構内の範囲にとどまる場合には上映権が，それぞれ働くことになる。したがって，これらの権利が働くとされていることにより，サーバからの送信が，適法に作成された複製物を直接使用して行われる場合であっても，やはり著作権者からの許諾がないと行えない，ということになるのである。

Ⅲ　許諾の取得

上記Ⅰ及びⅡのとおり，本設問におけるニュース記事の利用は，著作権侵害に当たる可能性が高いため，適法に利用するためには許諾を得るべきである。

紙媒体への複製であれば，一定の権利者の著作物については，公益社団法人日本複製権センター★2を通じて許諾を受けることができるが，同センターは，記事のスキャン（記事のデジタルデータ化）及び記事のデジタルデータを電子的手段を使って送信することについては管理委託を受けていないので，本設問における利用を行うためには，個々の権利者から許諾を受ける必要がある。

多くの新聞社及び出版社では，ウェブサイト等を通じて，記事利用サービスの提供や，利用許諾の申込受付を行っている。

例えば，日本経済新聞社では，記事利用・リプリントサービスと称して，記事利用に関するサービスを提供している★3。朝日新聞社では，企業・官公庁などでのクリッピングについて，許諾申込みを受け付けている★4。また，読売新聞社でも，記事・紙面の利用申込みを受け付けている★5。

◆齋藤　浩貴＝呂　佳叡

▶▶判　例

☆1　東京地決平20・2・26（平成19年（ワ）第15231号）裁判所ホームページ〔社保庁LAN電子掲示板事件〕。

Y（国）の機関である社会保険庁の職員が，ジャーナリストであるXの著作物である雑誌記事1ないし4（以下「本件著作物1」などといい，まとめて「本件著作物」という）を，社会保険庁LANシステム（以下「本件LANシステム」という）中の電子掲示板システムの中にある新聞報道等掲示板（以下「本件掲示板」という）にそのまま掲載し，Xの複製権又は公衆送信権を侵害したとして，Xが，Yに対し，上記複製権又は公衆送信権侵害を選択的請求原因として，同掲載記事の削除及びXのすべての著作物についての掲載の予防的差止め並びに損害賠償の支払を求めた事案である。

東京地裁は，以下のとおり判示して，公衆送信権侵害の成立を認めた。

「本件LANシステムは，社会保険庁内部部局，施設等機関，地方社会保険事務局及び社会保険事務所をネットワークで接続するネットワークシステムであり……，その一つの部分の設置の場所が，他の部分の設置の場所と同一の構内に限定されていない電気通信設備に該当する。したがって，社会保険庁職員が，……社会保険庁職員が利用する電気通信回線に接続している本件LANシステムの本件掲示板用の記録媒体に，本件著作物1ないし4を順次記録した行為（本件記録行為）は，本件著作物を，公衆からの求めに応じ自動的に送信を行うことを可能化したもので，原告が専有する本件著作物の公衆送信（自動公衆送信の場合における送信可能化を含む。）を行う権利を侵害するものである。」

なお，Xは，本件記録行為は，行政の目的のために内部資料として必要と認められる複製（著作42条1項）により作成された複製物を公衆に提示したものであるから，公衆送信権を害さないなどと反論したが，東京地裁は，同条項は公衆送信を行う権利の侵害行為について適用されないことは明らかであるなどとして，Xの反論を認めなかった。

▶▶注　記

★1　厳密には，端末にダウンロードしていったん保管してから閲覧する場合には（端末での複製の際に働く）複製権が問題となり，端末にダウンロードされることなく閲覧するような場合には上映権が問題となるとするのが正確であると考えられるが，説明が煩雑になるため，ここでは上映権について解説している。前者の場合に事業者が複製の主体となり，複製権侵害とされるという基本的考え方は上映の場合と同様である。

★２ https://www.jrrc.or.jp/

★３ http://reprint.nikkei.co.jp/

★４ http://www.asahi.com/shimbun/chizai/kiji 2 .html

★５ http://www.yomiuri.co.jp/policy/application/20130711-OYT 8 T00805.html

Q 3 入社試験への評論の登載

当社の入社試験問題に，経済誌に掲載された評論を登載したいと思います。何か問題があるでしょうか。

回　答

公表された著作物については，入学試験その他人の学識技能に関する試験又は検定の目的上必要と認められる限度において，複製又は公衆送信を行うことができるという規定が著作権法にありますので，この規定に基づいて，出題に必要な範囲で入社試験問題に登載することが許されます。

ただし，営利を目的として行う場合には，通常の使用料の額に相当する額の補償金を著作権者に支払わなければならないとされています。入社試験については，一般的に，営利行為ではなく補償金の支払は不要と解されています。

▶解　説

I　著作権法36条による利用

評論を入社試験に登載することは，複製に当たるため，著作権者に許諾を取るべきだということになりそうに思われる。しかし，入学試験や入社試験等の試験や技能検定においては，実施前は問題を秘密にしておく必要があることが多く，事前に著作権者の許諾を取ることは困難である。また，試験等の問題として利用することによって，利用される著作物の一般の市場が浸食されるとは考えにくい。

これらの理由から，著作権法36条１項では，入学試験その他人の学識技能に関する試験又は検定を目的とする場合に，必要な範囲で，著作権者の許諾なく複製又は公衆送信を行うことを認めている。ただし，営利を目的として行う場合には，通常の使用料の額に相当する額の補償金を著作権者に支払わなければならない（著作36条２項）。

Ⅱ 各要件・許される利用態様

1 「公表された著作物」であること

著作権法36条１項に基づく利用ができるのは，公表された著作物とされており，未公表の著作物は対象外である。

なお，未公表の著作物を登載すると，別途著作者人格権（公表権〔著作18条〕）侵害の問題が生じることにも注意が必要である。

2 「入学試験その他人の学識技能に関する試験又は検定」であること

著作権法36条１項に基づく複製等ができるのは，「入学試験その他人の学識技能に関する試験又は検定」の問題として利用する場合とされている。入社試験は，一般に，このような「試験又は検定」に該当し，本要件を充足すると考えられている。

他方，学校における学力テスト等，実施前に秘密にしておく必要がない試験が「試験又は検定」に該当するか否かは問題となる。

著作権法36条１項の趣旨として，試験問題として利用しても一般の市場が浸食されるとは考えにくい，ということを重視すると，学力テスト等も，この要件を満たすと考えるべきようにも思われる。しかし，著作権法が入試問題等に関して特に個別的な権利制限規定を置いていることからすれば，実施前に問題を秘密にしておく必要性の方が，同項の趣旨として重要であると考えられる。したがって，学力テスト等の，秘密にする必要のない試験については，「試験又は検定」には含まれないということになるであろう。

裁判例においても，小学校用国語教科書に掲載された文芸作品を，教科書準拠の国語テストに掲載する際の複製が問題になった事件において，裁判所は，当該国語テストには秘密性がないことを理由として，「試験又は検定」に該当しないと判示し，著作権法36条１項の適用を認めなかった☆1。

社内で行われる到達度試験，昇進試験などは，秘密にしておく必要性がない場合も多いと思われ，その場合は「試験又は検定」に当たらないことになる。

３ 「目的上必要と認められる限度において」

著作権法36条１項による複製等は，「試験又は検定」の「目的上必要と認められる限度において」認められる。問題と無関係な箇所まで広く複製等を行うことは許されない。

本設問で挙げられているような評論であれば，一部分を用いれば足りる場合が多いと思われ，その場合，複製等が許されるのは必要な部分に限られる。他方，写真，図表，グラフなどについては，著作物全体を用いる必要がある場合も多いと思われ，その場合は，著作物全体を用いることも許されるであろう。

４ 「試験又は検定の問題として」

著作権法36条１項に基づく複製等が認められるのは，「当該試験又は検定の問題として」行う場合であるので，例えば，試験の問題集を出版する場合は該当しない。

５ 利用の態様

著作権法36条１項に基づく利用が認められるのは，複製と公衆送信（放送又は有線放送を除き，自動公衆送信の場合には送信可能化を含む）に限られる。

公衆送信する場合にも適用されるから，インターネット経由で，在宅による入社試験を行う場合にも，この例外規定が適用されることになる。

ただし，公衆送信を行う場合については，印刷して利用（複製）する場合と比べて情報拡散が容易で，著作権者の利益を害するおそれが高いため，「当該著作物の種類及び用途並びに当該公衆送信の態様に照らし著作権者の利益を不当に害することとなる」ような利用は許されないとされている。

例えば，入社試験をインターネット上で行う場合に，ID・パスワード等で限定をかけずに，誰もが閲覧できるような形で著作物を利用した試験問題を配信するのは，「著作権者の利益を不当に害することとなる」ような利用に当たり，許されないと考えられる。

6 出所の明示

著作権法36条1項により複製等を行う場合，その出所を明示する慣行があるときは，利用の態様に応じ合理的と認められる方法及び程度により明示しなければならないとされている（著作48条1項3号）。

入社試験に関してではないものの，公益社団法人日本文藝家協会は，各学校等に対し，入試問題に文芸作品を利用する際に出典（著作者名・翻訳者名・作品名等）を明示することを求めている★1。

入試問題に限らず，近年，著作権に関する権利意識が一般的に高まっていることに鑑みて，入社試験において評論等を複製等する場合には，その出所を明示する慣行があると考えるべきであろう。

7 利用に際しての翻訳・翻案，改変の可否

著作権法36条1項に基づき複製等を行う場合，翻訳することも許されている（著作43条2号）。

他方，翻訳，編曲，変形又は翻案をすることができる場合を定めた著作権法43条1号には同法36条1項は含まれていないため，条文上は，同項に基づく利用の際には翻案等は行えない。

また，改変を行うと，著作者人格権（同一性保持権〔著作20条1項〕）侵害も問題となり得る。

しかし，著作物を試験問題に利用する際，抜粋したり，一部を空欄にして穴埋め問題を作成したりすることは通常予想されるところである。したがって，試験問題を作成するために必要最低限の改変は，著作権法20条2項4号の「やむを得ないと認められる改変」として許されると考えられる。

8 営利目的での試験

営利を目的として著作権法36条1項の複製等を行う場合には，通常の使用料の額に相当する額の補償金を著作権者に支払わなければならない（著作36条2項）。

補償金の支払義務者は，試験の実施者ではなく，当該複製等を行った者，すなわち試験問題の作成者である。典型的には，受験予備校等の試験問題作成業

者が試験の作成にあたって複製等を行う場合に，当該試験問題作成業者が補償金の支払義務を負うと考えられている。なお，この場合，（無償で著作物を使用するために）引用規定（著作32条１項）により登載できるかという点も問題になり得るが，試験問題として登載する以上，通常は，登載する著作物自体を鑑賞・分析することを目的としているであろうから，引用と認めることは困難だと考えられる。

他方，本設問のように，会社が，自社の社員採用のために入社試験を行うことは，販売や宣伝といった企業の営利活動に直結するものではないから，著作権法36条２項にいう営利目的での試験には当たらず，補償金の支払は不要とする見解が一般的である。ただし，この点について判例はなく，社員の採用も広く企業活動の一環であることからして，補償金の支払を要するという見解も存在する。実務としては，補償金の支払は不要であるという一般的見解に従っておくことでよいと考えられる。

◆齋藤　浩貴＝呂　佳叡

▶▶判　例

☆１　東京高決平12・９・11（平成12年（ラ）第134号）裁判所ホームページ〔国語テスト事件〕。

小学校用国語教科書に掲載された各著作物（以下「本件各著作物」という）の著作権者であるXらは，教科書に準拠した国語テスト（以下「本件国語テスト」という）を制作，販売するYらに対し，Y国語テストの問題として本件各著作物を採録していることが，Xらの著作権（複製権）を侵害するものであるとして，本件国語テストの頒布等の差止め等を求める仮処分の申立てを行った。

本件では，①本件国語テストへの本件各著作物の採録が著作権法32条１項の引用に当たるか，②本件国語テストへの本件各著作物の複製が著作権法36条１項の試験等の問題としての複製に当たるか等が争点となったが，東京高裁は，いずれの権利制限規定の適用も認めなかった。②（著作権法36条１項の適用について）に関する判示を引用する。

「公表された著作物は，入学試験その他人の学識技能に関する試験又は検定の目的上必要と認められる限度において，当該試験又は検定の問題として複製することができるとされ（著作権法36条１項），また，営利を目的として，該複製を行うものは，通常の使用料の額に相当する額の補償金を著作権者に支払わなければならない（同条２項）とされているところ，これらの規定は，入学試験等の人の学識技能に関する試験又は検定にあっては，それを公正に実施するために，問題の内容等の事前の漏洩を防ぐ必要性があり，その問題として著作物を利用する場合には，具体的な設問のみならず，いかなる著作物を利用するかということについても漏洩を避ける必要があることが通常であるから，試験，検定の問題としての著作物の複製について，予め著作権者の許諾を受けることは困難であり，社会的実情にも沿わないこと，及び著作物を右のような試験，検定の問題として利用したとしても，一般にその利用は著作物の通常の利用と競合しないと考えられるから，その限度で著作権を制限しても不当ではないと認められることにより，試験，検定の目的上必要と認められる限度で，著作物を試験，検定の問題として複製するについては，一律に著作権者の許諾を要しないとするとともに，その複製が，これを行う者の営利の目的による場合には，著作権者に対する補償を要するものとして，利益の均衡を図ることにした趣旨であると解される。

そして，そうであれば，同条１項によって，著作権者の許諾を要せずに，問題として著作物の複製をすることができる試験又は検定とは，公正な実施のために，試験，検定の問題として利用する著作物が何であるかということ自体を秘密にする必要性があり，その故に，該著作物の複製につき，予め著作権者の許諾を受けることが困難であるような試験，検定をいうものであって，そのような困難性のないものについては，複製につき著作権者の許諾を不要とする根拠を欠くものであり（……試験等の問題として利用することが，著作物の通常の利用と競合しないという点は，同条１項の規定との関係では，試験問題の漏洩防止等，著作物の複製につき著作権者の許諾を不要としなければならない積極的な理由が存する場合に，著作権者側の利益状況から見ても，そのような著作権の制限をすることが一般的に不当であるとは言えないとの消極的な根拠となるにすぎないものであり，そのことのみで，著作物の複製に著作権者の許諾を不要とするための根拠となり得るものではない。），同条１項にいう『試験又は検定』に当たらないものと解するのが相当である。」

「学級によって，本件国語テストを用いるテストの実施日，時間が異なることがむしろ通例であることに鑑みると，本件国語テストの問題の内容等の事前の漏洩を防ぐことには，全く意が払われていないと言わざるを得ず，また，教科書に掲載されている本件著作物が本件国語テストに利用されることは，当然のこととして予測されるものであるから，本件国語テストにつき，いかなる著作物を利用するかということについての秘密性も全く存在しない。

そうすると，そのような秘密性の故に，著作物の複製につき，予め著作権者の許諾を受けることが困難であるような事情が存在すると言うことはできない。

したがって，相手方らが，本件各著作物を本件国語テストに複製することが，著作権法36条１項所定の試験又は検定の問題としての複製に当たるとすることはできない。」

▶▶注　記

★１　「入試問題に関する要望書」（http://www.bungeika.or.jp/pdf/20150902.pdf）など。

第2節　企画・検討過程・試験段階における利用

Q4　プレゼン，応募資料における著作物の利用

1　当社は広告代理店ですが，イベント企画を顧客にプレゼンするため，イベントに使用することを提案するキャラクターと楽曲（歌付き）が収録されているプレゼン資料を作り，プレゼン会議で映写説明するとともに，資料としてコピー（楽曲含む）を配布する予定です。何か問題があるでしょうか。

2　当社は，ロゴデザインのコンペに応募しようとしていますが，ロゴデザインの使用例として，個人のサイトからダウンロードした空港や街角の写真に当社作成のロゴデザインをはめ込んだ資料を応募資料に利用する予定です。応募資料は，コンペの審査のみに使用され，一般には公開されないことになっていますが何か問題があるでしょうか。

回　答

1　著作権者の許諾を得てイベント本番で利用することを検討するため，という目的の範囲内であれば，検討の過程における利用の規定（著作30条の3）により，必要と認められる範囲で，著作権者の許諾を得ずに，ご質問のような著作物の利用をすることができます。

2　ご質問においては，当該写真を応募資料に利用するだけであって，その後に当該写真を利用することを検討するために利用するわけではないので，検討過程における利用に関する権利制限規定（著作30条の3）による利用はできません。引用（著作32条1項）も成立しませんので，ご質問のような利用をするためには，著作権者から許諾を得る必要があります。

▶解　説

Ⅰ　設問1について

1　キャラクターに関する著作権

例えば，ドラえもんを例にとると，「青い猫型ロボット」といった抽象的なキャラクター設定自体は，アイディアであり著作権法上は保護されないが（基礎編Q6参照），キャラクターが具体的に描かれたイラスト，漫画等は表現であるから，著作物として保護される。

したがって，仮に，検討の過程における利用に関する権利制限規定（著作30条の3）がなかったならば，①キャラクターのイラスト等をプレゼン資料に掲載することには複製権（著作21条），②キャラクターのイラスト等を顧客向けに映写することには上映権（著作22条の2），③キャラクターのイラスト等が掲載されたプレゼン資料を配布することには譲渡権（著作26条の2）がそれぞれ及ぶことになる。

2　楽曲に関する著作権等

楽曲については，作詞家・作曲家の著作権で保護されているので，仮に，著作権法30条の3がなかったならば，①楽曲をプレゼン資料にコピーすることには複製権（著作21条），②楽曲をプレゼン会議で流すことには演奏権（著作22条），③楽曲が含まれたプレゼン資料を配布することには譲渡権（著作26条の2）がそれぞれ及ぶことになる。

また，当該楽曲に歌を付けている歌手は実演家に当たり，実演家の権利を有している。実演家の権利についても，著作権法102条1項で同法30条の3が準用されているが，仮に，この定めがなかったならば，①楽曲をプレゼン資料にコピーすることには，実演家の録音権（著作91条1項），②楽曲が含まれたプレゼン資料を配布することは，実演家の譲渡権（著作95条の2）がそれぞれ及ぶことになる。

さらに，楽曲の音源については，音源を製作したレコード製作者も著作隣接権を有している。レコード製作者の権利についても，著作権法102条1項で同法30条の３が準用されているが，仮に，この定めがなかったならば，①楽曲をプレゼン資料にコピーすることには，レコード製作者の複製権（著作96条），②楽曲が含まれたプレゼン資料を配布することには，レコード製作者の譲渡権（著作97条の２第１項）がそれぞれ及ぶことになる。

3 検討の過程における利用（著作30条の３）

⑴ 概　　要

著作権法30条の３は，平成24年著作権法改正で新設された規定であり，「著作権者の許諾を得て，又は……裁定を受けて著作物を利用しようとする者は，これらの利用についての検討の過程（当該許諾を得，又は当該裁定を受ける過程を含む。）における利用に供することを目的とする場合には，その必要と認められる限度において，当該著作物を利用することができる。ただし，当該著作物の種類及び用途並びに当該利用の態様に照らし著作権者の利益を不当に害することとなる場合は，この限りではない。」として，他人の著作物を，許諾を得て又は裁定を受けて適法に利用しようとする者が，その利用についての検討の過程において，必要な限度において利用できることを定めている。同条は，著作権法102条１項により，実演家の権利及びレコード製作者の権利についても準用されている。

⑵ 対象となる著作物

著作権法30条の３の対象となる著作物には特に制限はない。ただし，利用を検討している著作物，すなわち，利用の可能性が多少なりともある著作物でなければならない。未公表著作物も含まれるが，本規定によって著作者人格権は制限されないので，検討の過程における利用といえども，著作者の同意を得ずに多数又は不特定の者（公衆）に対して提示又は提供すると，著作者人格権のうちの公表権（著作18条）の侵害となることに注意が必要である。

⑶ 対象となる主体

著作権法30条の３の例外規定が適用されるのは，「著作権者の許諾を得て著作物を利用しようとする者」（及び裁定制度により著作物を利用しようとする者）についてである。

他の権利制限規定により著作物を利用しようとする者については，本条による権利制限の対象となっていないが，これは，個別権利制限規定に基づく利用の過程における合理的な範囲内での利用が権利制限の対象となるか否かは，各個別権利制限規定の解釈に委ねれば足りると整理したからであるとされている。したがって，他の権利制限規定の解釈において，合理的と認められる準備や検討過程における利用を許容しているとされる場合も当然あり得るということである。

ところで，著作権法30条の3が同法102条1項で準用される場合には，その適用が受けられる主体は，「著作隣接権者の許諾を得て実演，レコードを利用しようとする者」ということになる。本設問において，実際のイベントで楽曲を使用する際に，いったん他のメディアに複製してから使用することを予定している場合には，実演家の権利及びレコード製作者の権利のうち，録音権又は複製権が働くから，許諾を得て利用しようとしていることになる。

しかし，実際のイベントで，購入したCD等をそのまま再生する予定であるならば，著作権については演奏権が働くものの，実演家及びレコード製作者には，再生演奏に及ぶ権利が認められていないので，実際のイベントでは無許諾で利用できることになる。このように無許諾で利用できる行為をしようとする者については，明文上は著作権法102条1項が準用する同法30条の3の対象となっていないから，これらの規定に基づき検討の過程における録音，複製等を行うことはできないのではないか，とも考えられる。この点については，30条の3の趣旨からして，著作隣接権者からの許諾なしに著作物を利用できる行為のための検討の過程における利用についても，検討の過程において必要な範囲であれば適法となる，という解釈もあり得ると考えられるが，断定は困難である。

⑷ 目　　的

⒜ 利用の検討の過程における利用

著作権法30条の3の権利制限規定が適用されるためには，著作物の利用についての検討の過程における利用に供することを目的としていなければならない。これは，利用するか否か，及び利用する場合の利用態様等を検討する場合における利用を意味し，本設問のような，イベントで利用する候補となっているキャラクターや楽曲をプレゼンで利用することは，まさに「利用についての検討の過程」における利用に該当する。

社内利用に限定するなどといった範囲の限定もないので，本設問のように，外部の顧客にプレゼンする場合における利用も，本条により許される。

(b) 「検討の過程」の範囲

著作権法30条の３の「検討の過程」には，括弧書により，「当該許諾を得，又は当該裁定を受ける過程を含む。」とされている。本設問とは異なり，当該著作物を利用すること自体は既に決定しており，著作権者に許諾の申込みを行う際の企画書等に著作物を利用する場合には，既に「利用についての検討の過程」は終了しているが，この「（当該許諾を得，又は当該裁定を受ける過程を含む。）」という括弧書が設けられているため，かかる「利用についての検討の過程」が終了した後における利用も，本条に基づき許容される。

(5) 許容される利用

許容される利用の態様に特に制限はなく，本設問のような複製，上映・演奏，譲渡による利用ももちろん許容される。

(6) 「その必要と認められる限度において」

著作権法30条の３により許されるのは，「これらの利用についての検討の過程（当該許諾を得，又は当該裁定を受ける過程を含む。）における利用に供する」という目的に照らして「必要と認められる限度」における利用に限られる。

どこまでが「必要と認められる限度」かは，著作物の種類や利用態様等といった具体的事情に照らして判断されることになるが，本設問においていえば，当該イベントと無関係な自社の社員や顧客に当該プレゼン資料を配布する行為は，「必要と認められる限度」を超えていると考えられる。

(7) ただし書（「ただし，当該著作物の種類及び用途並びに当該利用の態様に照らし著作権者の利益を不当に害することとなる場合は，この限りでない。」）

著作権法30条の３の本文の要件を満たす利用であっても，対象となる著作物の種類及び用途並びに利用態様によっては，著作権者の利益を不当に害することとなるおそれがあるため，安全弁としてこのただし書が置かれている。

本ただし書が適用される場合とは，本設問においていえば，プレゼン資料を配布する顧客の担当者が数百名にのぼるなどあまりに大人数になる場合が考えられる。

Ⅱ 設問２について

1 設問２の利用にあたって働く権利

写真は通常，著作権で保護されているから，設問のようにサイトからダウンロードして応募資料に利用しようとすれば，具体的な利用態様に応じて，複製権（著作21条），翻案権（著作27条）等の権利が働く。

したがって，検討の過程における利用（著作30条の３），引用（著作32条１項）といった権利制限規定が適用されないのであれば，著作権者から許諾を得なければ，利用することはできない。

2 検討の過程における利用（著作30条の３）

著作権法30条の３の例外規定が適用されるのは，「著作権者の許諾を得て著作物を利用しようとする者」（及び裁定制度により著作物を利用しようとする者）についてである。

設問２の場合には，本設問の写真をコンペの審査のみに利用することを予定しており，著作権者の許諾を得て利用しようとする者（及び裁定制度により著作物を利用しようとする者）ではないことになる。したがって，同条に基づいて当該写真を利用することはできない。

3 引用による利用（著作32条１項）

引用（著作32条１項）の要件は，基礎編Q13記載のとおり，

① 引用される著作物が公表されていること

② 公正な慣行に合致すること

③ 報道，批評，研究，その他の引用の目的上正当な範囲で行われること

である。上記②③の判断にあたっては，従来の裁判例では，引用される部分が引用する部分と明瞭に区別されているか（明瞭区別性）及び引用される部分が引用する部分に対し従たる関係にあるといえるか（主従関係）が考慮されている。

本設問の写真は，インターネット上のサイトに掲載されているので，公表されているといえる（上記①）。

しかし，本設問の写真に貴社作成のロゴデザインをはめ込んで応募資料を作成すると，引用される本設問の写真と，引用するロゴデザインとが明瞭に区別できなくなってしまうと考えられる（明瞭区別性）。

また，本設問の写真にロゴデザインをはめ込むのであるから，ロゴデザインが当該写真に取り込まれて当該写真の一部となる形になることが予想される。よって，応募資料全体に占める当該写真の分量は相当程度多くなり，引用される部分が引用する部分に対し従たる関係にあるとはいえない（主従関係）。

したがって，本設問のような利用は，引用としても許されない。

◆齋藤　浩貴＝呂　佳叡

Q5 企画書における著作物の利用

取引先に対して企画書を提出することになっていますが，企画イメージの補強のため，一般的な食品を撮影した写真を，個人のサイトからダウンロードして使用しようと思っています。何か問題があるでしょうか。

回　答

一般的な食品を撮影した写真であっても，著作物として保護される可能性があり，その場合，著作権者の許諾なくダウンロードして企画書に利用することは，著作権侵害に当たります。

なお，引用の要件を満たしていれば例外的に許されますが，単に企画書の見栄えを良くするという目的で使用するということですと，要件を満たすことは難しいでしょう。

▶解　説

I 写真の著作物

写真の著作物は，著作権法10条１項８号において，著作物の例示の一つとして挙げられている。写真は，絵画等とは異なり，カメラによって対象物をそのまま写し取っているので，創作的表現を生じさせる要素が何かが問題になる。

〔西瓜の写真事件〕東京高裁判決☆1（基礎編Q11判例☆7）は，写真の著作物における創作性は，撮影時刻，露光，陰影の付け方，レンズの選択，シャッター速度の設定，現像の手法等において工夫を凝らしたことにより生じるとし，また，被写体の決定自体，すなわち，撮影の対象物の選択，組合せ，配置等において創作的な表現がなされ，それに著作権法上の保護に値する独自性が与えられる場合もあり得ると判示している。

例えば，絵画等を真正面から忠実に写し撮ったにすぎない写真は，上記の要素のいずれにおいても工夫が見られないため，創作性がなく，著作物に該当しない。写真に著作物性が認められないのはこのような例外的場合に限られる。〔版画写真事件〕東京地裁判決☆2では，版画をできるだけ忠実に再現するために正面から撮影した写真について，創作性がなく，著作物には当たらないと判断された。

Ⅱ 平凡な写真の創作性

本設問のように，一般的な食品を特に工夫なく撮影した平凡な写真であれば，創作性が認められないようにも思える。

しかし，〔ホームページ上の広告販売用商品写真の著作物性事件〕知財高裁判決☆3は，①固形据え置きタイプの商品を２個横に並べ，正面斜め上から撮影した写真，及び②商品を水平に寝かせた状態で横に２個並べ，画面の上下方向に対して若干斜めになるように配置して真上から撮影した写真の創作性の有無が問題となった事案であるが，裁判所は，いずれの写真も，被写体の組合せ・配置，構図・カメラアングル，光線・陰影，背景等にそれなりの独自性が表れているとして創作性を認め，著作物に当たると判示した。

同時に，これらの写真の創作性の程度は極めて低く，著作物性を肯定し得る限界事例に近いとしつつ，侵害の態様が，これらの写真をそのままコピーして利用するというもの（デッドコピー）であることを理由として，著作権（複製権）侵害を認めた。

したがって，一般的な食品を特に工夫なく撮影した平凡な写真であっても，創作性は（低いが）存在するため著作物であると判断される可能性は十分にあり，かかる場合に当該写真をデッドコピーすると，著作権（複製権）侵害と判断されるおそれがある。

Ⅲ 引　用

当該企画書において，文章や図等による説明が主体であり，ダウンロードして利用する写真が文章や図等による説明を補強するための従たる位置づけにとどまるのであれば，引用が成立することもあり得る。

ただし，公正な引用とされるためには，報道，批評，研究等のために引用するのでなければならないから，企画における商品の比較等の目的で用いるのであればともかく，単に見栄えを良くすることを目的している場合には，公正な引用と認められるのは難しいと考えられる。

なお，引用が成立するためには，そのほかにも，基礎編Q13記載の各要件を満たす必要がある。

◆齋藤　浩貴＝呂　佳叡

▶▶判　例

☆１　東京高判平13・６・21判タ1087号247頁・判時1765号96頁〔西瓜の写真事件〕。

Xが切ったすいかを組み合わせて配置し撮影した写真（以下「X写真」という）につき，Yが，これと類似した別の写真（以下「Y写真」という）を撮影しカタログに掲載した行為について，著作権侵害及び著作者人格権侵害が問題となった事案である。

東京高裁は，写真の著作物における創作的表現を生じさせる要素について，一般論として下記のとおり判示した（結論として，X写真とY写真の類似性を肯定し，著作者人格権〔同一性保持権〕侵害を認めた）。

「写真著作物において，例えば，景色，人物等，現在する物が被写体となっている場合の多くにおけるように，被写体自体に格別の独自性が認められないときは，創作的表現は，撮影や現像等における独自の工夫によってしか生じ得ないことになるから，写真著作物が類似するかどうかを検討するに当たっては，被写体に関する要素が共通するか否かはほとんどあるいは全く問題にならず，事実上，撮影時刻，露光，陰影の付け方，レンズの選択，シャッター速度の設定，現像の手法等において工夫を凝らしたことによる創造的な表現部分が共通するか否かのみを考慮して判断することになろう。

しかしながら，被写体の決定自体について，すなわち，撮影の対象物の選択，組合せ，配置等において創作的な表現がなされ，それに著作権法上の保護に値する独自性が与えられることは，十分あり得ることであり，その場合には，被写体の決定自体における，創作的な表現部分に共通するところがあるか否かをも考慮しなければならないことは，当然である。写真著作物における創作性は，最終的に当該写真として示されているものが何を有するかによって判断されるべきものであり，これを決めるのは，被写体とこれを撮影するに当たっての撮影時刻，露光，陰影の付け方，レンズの選択，シャッター速度の設定，現像の手法等における工夫の双方であり，その一方ではないことは，論ずるまでもないことだからである。」

☆２　東京地判平10・11・30知財集30巻４号956頁・判タ994号258頁・判時1679号153頁〔版画の写真事件〕。

Xらが，自身が撮影した版画の写真を掲載した版画事典を著作，出版したYらに対し，同事典の著作，出版がXらの著作権を侵害すると主張して，損害賠償を求めた事案である。

東京地裁は，以下のとおり判示して，当該写真の著作物性を否定した。

「本件写真（一）及び（二）は，原作品がどのようなものかを紹介するために版画をできるだけ忠実に再現することを目的として撮影された版画全体の写真であること，これらの対象となった版画は，おおむね平面的な作品であるが，番号……については凹凸の部分があること，版画をできるだけ忠実に再現した写真を撮影するためには，光線の照射方法の選択と調節，フィルムやカメラの選択，露光の決定等において，技術的な配慮をすることが必要であること，以上の事実が認められる。」

「ところで，本件写真（一）及び（二）のように原作品がどのようなものかを紹介するための写真において，撮影対象が平面的な作品である場合には，正面から撮影する以外に撮影位置を選択する余地がない上，右認定のような技術的な配慮も，原画をできるだけ忠実に再現するためにされるものであって，独自に何かを付け加えるというものではないから，そのような写真は，『思想又は感情を創作的に表現したもの』（著作権法２条１項１号）ということはできない。」

「また，右認定のとおり，本件写真（一）及び（二）の撮影対象には，完全に平面ではなく，凸凹があるものがあるが，……それらの凸凹はわずかなものであり，それがあることによって撮影位置を選択することができるとも認められないから，これらの完全に平面ではない作品を撮影した写真についても著作物性を認めることはできない。」

☆３　知財高判平18・３・29判タ1234号295頁〔ホームページ上の広告販売用商品写真の著作物性事件〕。

本件は，ホームページに掲載された商品の広告写真及び文章をＹらが無断で利用した行為について，著作権侵害が問題となった事案である。当該広告写真が著作物と認められるか否かが主な争点となった。

Ｙらは，当該広告写真には，他の類似写真と区別できる程度の個性ないし独自性がないとして，当該広告写真は著作物には該当しない旨主張した。

これに対し知財高裁は，以下のとおり，創作性の程度は極めて低いとしつつも，当該広告写真を著作物と認定し，著作権侵害を認めた（本判決については，実務編Q19も参照されたい）。

「本件各写真は，本件ホームページで商品を広告販売するために撮影されたものであり，その内容は，次のとおりである……

本件写真１は，固形据え置きタイプの商品を，大小サイズ１個ずつ横に並べ，ラベルが若干内向きとなるように配置して，正面斜め上から撮影したものである。光線は右斜め上から照射され，左下方向に短い影が形成されている。背景は，薄いブルーとなっている。

本件写真２は，霧吹きタイプの商品を，水平に寝かせた状態で横に２個並べ，画面の上下方向に対して若干斜めになるように配置して，真上から撮影したものである。光線は右側から照射され，左側に影が形成されている。背景は，オフホワイトとなっている。

以上から，本件各写真には，被写体の組合せ・配置，構図・カメラアングル，光線・陰影，背景等にそれなりの独自性が表れているということができる。」

「確かに，本件各写真は，ホームページで商品を紹介するための手段として撮影されたものであり，同じタイプの商品を撮影した他の写真と比べて，殊更に商品の高級感を醸し出す等の特異な印象を与えるものではなく，むしろ商品を紹介する写真として平凡な印象を与えるものであるとの見方もあり得る。しかし，本件各写真については，前記認定のとおり，被写体の組合せ・配置，構図・カメラアングル，光線・陰影，背景等にそれなりの独自性が表れているのであるから，創作性の存在を肯定することができ，著作物性はあるものというべきである。他方，上記判示から明らかなように，その創作性の程度は極めて低いものであって，著作物性を肯定し得る限界事例に近いものといわざるを得ない。」

「そこで，本件各写真の複製権の侵害の有無について考えるに，本件各写真の創作性は極めて低いものではあるが，被控訴人らによる侵害行為の態様は，本件各写真をそのままコピーして被控訴人ホームページに掲載したというものである……から，本件各写真について複製権の侵害があったものということができる。」

Q６ フリー素材の利用

取引先にプレゼンする企画書をパワーポイントで作成するのですが，企画書内で使用したい画像を掲載しているサイトに，「すべてフリー素材です！　ご自由にお使いください」と記載されている場合は，そのまま企画書に使用しても，著作権法上の問題は生じないでしょうか。

回　答

サイトでフリー素材と謳われている場合でも，適切に権利処理が行われていないことがあるので，信頼できないサイトを利用しないよう，注意する必要があります。利用者に故意や過失がなくとも，著作権を侵害するような利用をしている場合には，差止請求が認められてしまいます。怪しいサイトを利用した場合には，過失又は未必の故意が認定され損害賠償責任を負ってしまう可能性もあります。

また，フリー素材と謳っていても，商用利用は許されていないなど，使用範囲が限られていたり，利用に条件が付されていたりする場合も多いので，利用規約を確認する必要があります。

▶解　説

Ⅰ　サイトの信頼性

インターネット上には，「フリー素材」として，自由に利用できる旨謳われている画像が掲載されていることも多い。しかし，「フリー素材」を謳っていても，著作権者から許諾を取得するなどの適切な権利処理が行われていないサイトも少なくない。したがって，利用しようとするサイトが信頼できるサイトか，慎重に確認してから利用するべきである。

「フリー素材」という表記を信用して，掲載されている画像を使用し，実は権利処理が適切にされておらず，著作権侵害をしてしまったという場合，故意又は過失が認められなければ，民法上の不法行為（民709条）は成立しないから，損害賠償責任は負わないことになる。しかし，著作権法上の差止請求や廃棄請求（著作112条）が認められるためには，故意・過失は必要とされないので，著作権侵害が認められれば，故意・過失の有無にかかわらず差止請求や廃棄請求は認められることになる。

信用性があるとはいえないサイトからダウンロードした画像を使用して，著作権侵害をした場合，過失又は未必の故意が認められて損害賠償請求が認められる可能性もある。〔アマナイメージズ事件〕東京地裁判決☆1は，利用者が，フリーサイトからダウンロードした写真を使用したと主張した事案であるが（ただし，実際にどのようなサイトから写真をダウンロードしたかは明らかになっていない），裁判所は，ホームページ作成業務を行っていたなどの利用者の経歴等を勘案し，未必の故意を認定している。

Ⅱ　利用が許される範囲

「フリー素材」としてサイト等に画像等の素材を掲載している者が，当該素材について真に著作権を許諾することのできる者（著作権者又は著作権者から許諾を受けた者）であったとしても，当該素材について，いかなる利用に対しても著作権を行使しないものとしているとは限らない。そのようなサイトに掲載された素材については，その利用について，規約や注記等の形で，利用が許される範囲が限られていたり，利用について条件が付されたりしている場合がある。例えば，自由に利用してよいのは非営利の個人利用に限られていたり，利用に際して，当該サイトから取得した素材であることを明示しなければならないという条件を付したりすることがある。このような限度を超えた利用をしたり，条件を守らずに利用したりすると，著作権侵害となってしまうことになる。

したがって，「フリー素材」等として掲載され，自由利用が可能であるように見える著作物を利用する場合には，利用規約等を注意して読み，許諾されている利用の範囲内で，利用条件を遵守して利用するべきである。

◆齋藤　浩貴＝呂　佳叡

▶▶判　例

☆１　東京地判平27・４・15（平成26年（ワ）第24391号）裁判所ホームページ〔アマナイメージズ事件〕。

本件では，Yが，自身が運営するウェブサイトに，Xらが著作権を有し又は独占的利用権を有する各写真を掲載した行為につき，Xらが損害賠償請求等を行った。

Yは，第三者がX_1から各写真を購入し，又は何らかの方法で取得した後，フリー素材としてウェブサイト上に流出させ，Yの従業員Eがこれを「フリー素材である」と誤信して利用したため，Yに故意過失はないと主張した。

東京地裁は，以下のとおり判示して，Yの未必の故意を認め，Xらの損害賠償請求を認容した。

「Eがどのような手段により本件各写真にアクセスしたのかは明らかでないが，証拠……及び弁論の全趣旨によれば，Eは，ホームページを作成する会社に勤務してホームページ作成技術を学んだ後，平成20年に独立してホームページの作成を業務として行うようになり，平成21年にコンピューターシステムの設計，開発及び販売のほか，インターネットのホームページの作成，企画，立案及び運営などを目的とする株式会社オプティクリエイションを設立して，平成24年まで同社の事業としてホームページの作成業務を行っていたところ，同年10月からは，弁護士法人である被告の従業員として被告ウェブサイトの作成業務を担当していたことが認められるから，このようなEの経歴及び立場に照らせば，Eは，本件掲載行為によって著作権等の侵害を惹起する可能性があることを十分認識しながら，あえて本件各写真を複製し，これを送信可能化し，その際，著作者の氏名を表示しなかったものと推認するのが相当であって，本件各写真の著作権等の侵害につき，単なる過失にとどまらず，少なくとも未必の故意があったと認めるのが相当というべきである。」

「この点，Yは，フリーサイトから写真等を入手する際に，識別情報のない著作物についてまで権利関係の調査を要するとすれば，表現の自由（憲法21条）が害されるとし，警告を受けて削除すれば足りるかのような主張をする。

しかし，仮に，Eが本件写真をフリーサイトから入手したものだとしても，識別情報や権利関係の不明な著作物の利用を控えるべきことは，著作権等を侵害する可能性がある以上当然であるし，警告を受けて削除しただけで，直ちに責任を免れると解すべき理由もない。」

Q7 発注書における著作物の利用

当社は，オンラインゲームの開発をしていますが，当該開発中のゲームに使用する画像を外注する予定です。その際，イラストのイメージを外注先に伝えるため，文章による説明のほか，CDのジャケット写真，ファッション誌に掲載されている写真やイラスト，及びインターネット上で掲載されている画像等，服装，ポーズ，背景や作風などの参考になる写真，イラスト及び画像等を発注書に複製したいと考えています。何か問題があるでしょうか。

回　答

ご質問の写真，イラスト及び画像等は著作物であるため，著作権者の許諾なく発注書に複製すると，著作権（複製権）を侵害することになります。イラストのイメージを伝えるという目的からして，引用（著作32条1項）の規定によることも難しいと考えられます。

画像自体を発注書に複製するのではなく，画像が掲載されているウェブサイトのリンクを貼るのであれば，著作権の侵害にはならないので，この方法で代替することが考えられます。

▶解　説

Ⅰ　服装，ポーズ，背景，作風等と著作権

服装（著作物がプリントされているものや，キャラクターの着ぐるみのように通常の服装の範囲を超えるものを除く），ポーズ，背景（ごく単純な色彩及び模様の場合）及び作風等自体は，著作権法では保護されない。著作権法が保護する著作物とは，思想又は感情を創作的に表現したものであるところ（著作2条1項1号），服装，ポーズ，背景及び作風等には一般に創作性はないと考えられているからである。したがって，イラスト作成にあたって，これらを模倣して特徴を取り入れ

ても，著作権法上の問題は生じない。

しかし，服装，ポーズ，背景及び作風等の伝達に使用しようとしている写真，イラスト及び画像等は著作物として著作権で保護されているから，イメージを伝えるためとはいえ，これらを著作権者の許諾なく複製すると，次のⅡで説明するとおり，複製権（著作21条）の侵害が問題となる。

Ⅱ 引用による利用（著作32条1項）の該当性

写真，イラスト，画像等は著作物として保護されているから，これらを著作権者の許諾なく発注書に複製すれば，複製権（著作21条）の侵害が問題となる。

もっとも，本設問では，文章による説明を行ったうえで画像を掲載するので，引用（著作32条1項）として許容されないかについて検討する。

引用（著作32条1項）の要件は，基礎編Q13記載のとおり，

① 引用される著作物が公表されていること

② 公正な慣行に合致すること

③ 報道，批評，研究，その他の引用の目的上正当な範囲で行われること

である。上記②③の判断にあたっては，従来の裁判例では，引用される部分が引用する部分と明瞭に区別されているか（明瞭区別性）及び引用される部分が引用する部分に対し従たる関係にあるといえるか（主従関係）が考慮されている。

本設問の写真，イラスト，画像等は，いずれも一般に出回っているものであり，公表されているといえる（上記①）。

しかし，本設問の利用方法では，比較対照するためといった目的ではなく，当該写真，イラスト及び画像等自体により発注するイラストのイメージを伝えようとしているので，引用される部分（当該写真，イラスト及び画像等）が，引用する部分（説明）に対し従たる関係にあるということは困難であると考えられる（主従関係）。

したがって，具体的な利用態様によるものの，本設問のような利用は，引用として許容される可能性は低いと思われる。

よって，著作権者から許諾を得ることなく，本設問のような発注書における複製を行うことは，著作権の侵害となる可能性が高い。

イメージの伝達に使用しようとしている画像等が，インターネット上で公開

されているものであるならば，著作物そのものを複製するのではなく，これらが掲載されているウェブサイトのリンクを貼り付ける方法によれば，複製は行われず，著作権侵害の問題は生じないので，可能であればこの方法で代替するのがよいであろう。

このような方法による場合には，発注書をHTMLメールで作成し，当該メール中のIMGリンクで画像が直接表示されるようにしたとしても，発注書に画像等を複製するわけでも，発注者が画像等を送信するわけでもないので，著作権侵害となる可能性は低いと考えられる。ただし，このようなIMGリンクの方法による場合には，もとの画像等に付されていた著作者表示が欠落したりすることにより，著作者人格権侵害の問題が生じる可能性があるので，注意が必要である。この点については，基礎編Q19を参照されたい。

◆齋藤　浩貴＝呂　佳叡

Q8 著作権侵害の判定の準備のための利用

当社は，お客様からいただいた3Dデータを基に3Dプリンタで立体物を製作して提供するサービスを行おうとしています。著作権を侵害しないようにするため，著作権により保護されている著作物を集めたデータから特徴量を抽出し，これと持込み3Dデータを照合する技術を開発しようとしています。持込み3Dデータが特徴量にヒットし，著作権侵害の可能性があると判定された場合には，著作権者からの許諾を取得済みであることをお客様から証明いただかない限り，製作は行わない運用にする予定です。この特徴量の抽出のために著作物を複製することは，著作権法上問題があるのでしょうか。

回　答

特徴量の抽出の過程によっては，著作権法上の複製（著作2条1項15号）を行っていないといえる場合もあると考えられ，その場合には著作権侵害にはなりせん。複製を行う場合であっても，当該複製が著作権法47条の8（電子計算機における著作物の利用に伴う複製）に該当する複製である限りにおいては，やはり著作権侵害にはなりません。

同条の適用のない複製行為が行われる場合，著作権法47条の7（情報解析のための複製等），30条の3（検討の過程における利用），30条の4（技術の開発又は実用化のための試験の用に供するための利用）及び47条の9（情報通信技術を利用した情報提供の準備に必要な情報処理のための利用）を検討することになりますが，結論としてはこれらの規定の適用は難しく，利用するためには著作権者の許諾が必要と考えられます。

▶解　説

Ⅰ　特徴量の抽出が複製に該当するか

検討の前提として，本設問のように，著作物のデータから特徴量を抽出する場合に，どのような手順で行われているか，また，その手順中に著作権法上の複製（著作2条1項15号）に該当する行為が行われているかが問題となる。

1　原本から直接，特徴量の抽出を行う場合

著作物を一切コピーせず，適法に作成された既存の複製物自体から，特徴量の抽出を直接行う場合である。特徴量のデータは，これを基に元の著作物を復元することはできないようなデータであると推察され，そうであれば，当該著作物を「有形的に再製」（著作2条1項15号）したものとはいえず，かかる特徴量のデータを抽出することは，複製には当たらないと考えられる。

2　特徴量の抽出の工程でコピーデータの作成を行う場合

特徴量の抽出の過程において，機器が内部的に著作物のコピーデータの作成を行い，当該コピーデータから特徴量を抽出する場合，かかるコピーデータは，情報処理機器における処理のための一時的な複製ではあるが，概念上は複製に当たることになる。

情報処理機器内部での複製に関して，著作権法47条の8は，「電子計算機において，著作物を当該著作物の複製物を用いて利用する場合又は無線通信若しくは有線電気通信の送信がされる著作物を当該送信を受信して利用する場合（これらの利用又は当該複製物の使用が著作権を侵害しない場合に限る。）には，当該著作物は，これらの利用のための当該電子計算機による情報処理の過程において，当該情報処理を円滑かつ効率的に行うために必要と認められる限度で，当該電子計算機の記録媒体に記録することができる。」と定めている。

同条は，電子機器を用いて著作物の視聴等を行う場合に機器内部で技術的に生じる一時的蓄積行為について，著作権法上問題とならないことを明確にした規定であり，典型的には，携帯電話，パソコン（電子計算機）のブラウザを用いたウェブサイトの閲覧時のキャッシュメモリへの蓄積や，ハードディスクにイ

ンストールされているプログラムを使用する際のメモリへの蓄積等を想定している。

本設問では，特徴量を抽出するという，それ自体は著作物の利用行為に当たらず著作権を侵害しない行為（つまり，著作権法47条の８括弧書を満たす行為）のために，情報処理機器（電子計算機）において，著作物を当該著作物の複製物を用いて利用する場合（手元にある合法的な著作物の複製を用いる場合）又は無線通信もしくは有線電気通信の送信がされる著作物を当該送信を受信して利用する場合（インターネット上に公開されている著作物を読み込んで用いるような場合）のいずれかに当たることになる。したがって，作成されたコピーデータが，特徴量の抽出のために一時的・過渡的に蓄積されるだけであれば，「当該利用のための当該電子計算機による情報処理の過程において，当該情報処理を円滑かつ効率的に行うために必要な限度」で，対象の著作物を記録媒体に記録しているにすぎないことになるから，著作権法47条の８により適法にコピーデータの作成をすることができる。

しかし，作成されたコピーデータが，一時的・過渡的ではなく，長期間に渡って蓄積されるのであれば，「電子計算機による情報処理の過程において，当該情報処理を円滑かつ効率的に行うために必要な限度」を超えることになるため，本条は適用できず，他の権利制限規定が適用できるか，問題となる。

以下では，複製が行われており，かつ著作権法47条の８が適用されない（コピーデータが長期間にわたって蓄積される）場合について，他の権利制限規定により，コピーデータが長期間にわたって蓄積されるような複製が許容されると解することができないかを検討する。

Ⅱ　情報解析のための複製等（著作47条の７）

著作権法47条の７は，「著作物は，電子計算機による情報解析（多数の著作物その他の大量の情報から，当該情報を構成する言語，音，影像その他の要素に係る情報を抽出し，比較，分類その他の統計的な解析を行うことをいう。以下この条において同じ。）を行うことを目的とする場合には，必要と認められる限度において，記録媒体への記録又は翻案（これにより創作した二次的著作物の記録を含む。）を行うことができる。」と定め，電子計算機による情報解析を行うことを目的とする場合における著作物の記録媒体への記録及び翻案には，著作権は及ばないものとしている。

同条の「情報解析」とは「多数の著作物その他の大量の情報から，当該情報を構成する言語，音，影像その他の要素に係る情報を抽出し，比較，分類その他の統計的な解析を行うこと」をいうところ，本設問においては，持込み3Dデータと照合するために，個々の著作物の特徴量を抽出するだけであって，複数の著作物の「比較，分類その他の統計的な解析」は行わない。したがって，本設問においては，同条のいう「情報解析」を目的としているとはいえない。

よって，本設問における利用については，著作権法47条の7は適用されない。

Ⅲ 検討の過程における利用（著作30条の3）

著作権法30条の3は，「著作権者の許諾を得て，……著作物を利用しようとする者は，これらの利用についての検討の過程（当該許諾を得……る過程を含む。）における利用に供することを目的とする場合には，その必要と認められる限度において，当該著作物を利用することができる。ただし，当該著作物の種類及び用途並びに当該利用の態様に照らし著作権者の利益を不当に害することとなる場合は，この限りではない。」として，検討の過程における利用を認めている（同条については，実務編Q4も参照）。

しかし著作権法30条の3は，「著作権者の許諾を得て著作物を利用しようとする者」が利用する場合に関する規程であるため，利用の可能性が多少なりともある著作物でなければ，同条に基づく利用はできない。

本設問では，持込み3Dデータが，特徴量にヒットし，著作権侵害の可能性があると判定された場合には，原則として製作は行わない運用にする予定なので，利用の可能性があるといえない。

したがって，本設問における利用については，著作権法30条の3は適用されない。

Ⅳ 著作物の表現を享受しない利用についての権利制限規定

1 平成24年改正の背景，経緯

基礎編Q17Ⅱで詳述したとおり，文化庁の文化審議会著作権分科会は，知的財産推進計画2009において，権利制限の一般規定（日本版フェアユース規定）の導入の検討を行うとされたことを受け，権利制限の一般規定の導入及びその内容につき検討を行った。その結果，とりまとめられた「文化審議会著作権分科会報告書」（以下「平成23年報告書」という）においては，AないしCの３類型の利用態様について，「一定要件の下，権利制限の一般規定による権利制限の対象とすることが適当である」とされた。

そのうちのC類型，すなわち「著作物の種類及び用途並びにその利用の目的及び態様に照らして，当該著作物の表現を知覚することを通じてこれを享受するための利用とは評価されない利用」（著作物の表現を享受しない利用）をふまえた権利制限規定として，「技術の開発又は実用化のための試験の用に供するための利用」に関する著作権法30条の４と，「情報通信技術を利用した情報提供の準備に必要な情報処理のための利用」に関する著作権法47条の９が，平成24年改正において導入された。しかし，これらの具体的な権利制限規定は，もともとC類型として想定されていた利用態様からかなり限定された規定となっており，新しく開発されるサービスにおける著作物の利用のなかには，著作物の表現を知覚することを通じてこれを享受するための利用とは評価されない利用ではあるものの，これらの権利制限規定の対象にならないものもあると考えられる。

本設問における著作物の利用は，著作物の表現を知覚することを通じてこれを享受するための利用ではなく，もともとのC類型の範疇に含まれると考えられるので，上記の権利制限規定が適用できるか，検討する（以下でも，上記Ⅱ，Ⅲと同様，複製が行われており，かつ著作権法47条の７が適用されないことを前提として検討する）。

2 技術の開発又は実用化のための試験の用に供するための利用（著作30条の４）

著作権法30条の４は，「公表された著作物は，著作物の録音，録画その他の利用に係る技術の開発又は実用化のための試験の用に供する場合には，その必要と認められる限度において，利用することができる。」と定めている。

同条は，平成23年報告書における「例えば，映画や音楽の再生に関する技術の開発や，当該技術の検証のために必要な限度で映画や音楽の複製を行うといった場合，当該複製により作成された複製物が，あくまで技術開発・検証のための素材として利用されるにとどまり，表現の知覚が伴わないのであれば，この類型に該当するものと考えられる。」との記載をふまえて，これを明文化した規定である。

同条のいう「録音，録画」は例示であるため，著作物の利用に係る技術であれば，録音，録画に限らず広く同条の対象となり，本設問のサービスに係る技術も含まれると考えられる。

しかし，本設問における利用は，「技術の開発又は実用化のための試験の用に供する場合」に当たらないため，同条は適用できない。

3 情報通信技術を利用した情報提供の準備に必要な情報処理のための利用（著作47条の９）

著作権法47条の９は，「著作物は，情報通信の技術を利用する方法により情報を提供する場合であって，当該提供を円滑かつ効率的に行うための準備に必要な電子計算機による情報処理を行うときは，その必要と認められる限度において，記録媒体への記録又は翻案（これにより創作した二次的著作物の記録を含む。）を行うことができる。」と定めている。

同条は，平成23年報告書における「Cの類型に属する著作物の利用行為に関し，これを一定の包括的な考慮要件の下で，一般規定による権利制限の対象として位置付けることにより，研究開発の過程で複製等が不可欠な技術開発行為や，特にネットワーク上で複製等を不可避的に伴う情報ネットワーク産業におけるサービス開発・提供行為等に含まれる一定の著作物の利用行為が，著作権法上権利制限の対象とされ得ることとなり，現実に利用者側において著作物の利用に関し何らかの問題や法令遵守上の疑義が生じているとすれば，かかる問題の解消につながり，このような著作物の利用の円滑化にも一定程度資するものと考えられる。」との記載のうち，特に下線部分をふまえ，これを明文化したものである。

「情報通信の技術を利用する方法により情報を提供する場合」とは，典型的にはインターネットを利用して情報を提供する場合をいい，「当該提供を円滑かつ効率的に行うための準備に必要な電子計算機による情報処理」とは，典型的には，インターネットを用いた情報提供をスムーズに，スピーディに行うための，サーバ内の各種情報処理を想定している。

具体的には，動画共有サイトにおいてファイル形式を統一化するための複製や各種ファイルの圧縮，SNSにおいて投稿コンテンツを各種整理等するために行われる各種分散処理等，高速処理のための分散処理等が著作権法47条の９の対象となる。

本設問における利用は，「情報通信の技術を利用する方法により情報を提供する場合」に当たらず，また，「当該提供を円滑かつ効率的に行うための準備に必要な電子計算機による情報処理」にも当たらないので，同条は適用できない。

4 結　論

本設問における利用は，もともとのC類型の範疇に含まれると考えられる利用ではあるが，著作権法30条の４及び47条の９のいずれも適用することはできない。したがって，現行法の下では，著作権法47条の８で許容される限度で特徴量の抽出を実施するのであれば，著作権者の許諾を要しないが，これを超えて複製を行う場合には，許諾を得るべきである，ということになる。

◆齋藤　浩貴＝呂　佳叡

第3節　写り込み，写し込み

Q9　屋外にある著作物の利用行為

1　当社ホームページに本社ビルの写真をアップロードしたいと思いますが，本社の目の前の公園に，有名な彫刻家の彫刻があり，これがどうしても写り込んでしまいます。問題はないでしょうか。当該写真を当社案内パンフレット（無料）の表紙に使うことはどうでしょうか。

2　当社（テレビ局）が渋谷で女子高生に対する最近のファッション事情に関する街頭インタビューを収録し放送する際，屋外で流れている音楽（JASRAC等の当社が包括契約を締結している著作権等管理事業者の管理楽曲以外の楽曲）が入り込んでしまっても問題ないでしょうか。

回　答

1　設問1の行為については，当該彫刻の原作品（オリジナル）が屋外に恒常的に設置されている場合には，公開の美術の著作物等の利用（著作46条）に当たり，適法であると考えられます。また，原作品が屋外に恒常的に設置されていない場合でも，付随対象著作物の利用（著作30条の2）として適法となる可能性が高いです。

2　設問2の行為についても，付随対象著作物の利用（著作30条の2）として適法となる可能性が高いです。

▶解　説

I　公開の美術の著作物の利用（設問1について）

美術の著作物でその原作品が屋外の場所に恒常的に設置されているもの又は

建築の著作物については，以下の除外事由（(a)〜(d)）に該当する場合を除き，方法を問わず，利用することができる（著作46条）。

(a) 彫刻を増製し，又はその増製物の譲渡により公衆に提供する場合（同条1号）

(b) 建築の著作物を建築により複製し，又はその複製物の譲渡により公衆に提供する場合（同条2号）

(c) 屋外の場所に恒常的に設置するために複製する場合（同条3号）

(d) もっぱら美術の著作物の複製物の販売を目的として複製し，又はその複製物を販売する場合（同条4号）

「屋外」とは，「街路，公園その他一般大衆に開放されている屋外の場所又は建造物の外壁その他一般公衆の見やすい屋外の場所」をいう（著作45条2項）。

美術の著作物である彫刻について，その原作品が屋外に恒常的に設置されている場合に，当該彫刻が写り込んでいる写真を自社ホームページにアップロードすることは，著作権法46条が許容する公開の美術の著作物の利用として，適法であると考えられる。また，当該写真を自社案内のパンフレット（無料）の表紙に掲載することも，同条が定める除外事由である「専ら美術の著作物の複製物の販売を目的として複製」にも該当せず，適法であると考えられる。

ただし，同条の適用があるのは，美術の著作物の「原作品」が屋外に恒常的に設置されている場合に限られる。設置されているのが，原作品ではなく，複製品（レプリカ）である場合には，本条は適用されない。複製品であるかどうは設置されている彫刻自体からは判然としない場合もあるであろうが，同条に依拠して，自社ホームページへのアップロードや，パンフレットへの掲載をするのであれば，少なくとも公園の管理者に確認するなどして，当該彫刻が原作品であるかを調査する必要があると考えられる。

もっとも，著作権法30条の2第1項は，

(a) 写真の撮影，録音又は録画の方法によって著作物（「写真等著作物」）を創作する場合に，

(b) その本来の対象ではない別の著作物（「付随対象著作物」）が写り込んだり録り込まれたりする場合には，

(c) 「付随対象著作物」が「写真等著作物」の対象から「分離することが困難であ」り，

(d) 「付随対象著作物」が「写真等著作物」の軽微な構成部分となるものであれば，当該創作に伴って「付随対象著作物」を複製又は翻案することができると定めている。

設問1の行為は，当該彫刻は「本来の対象ではない別の著作物」(付随対象著作物) であると考えられ，これを「本来の対象」である本社ビルから「分離することが困難」であって，かつ当該彫刻が写真の軽微な構成部分にすぎないのであれば，当該彫刻が写った写真を自社ホームページにアップロードしたり，あるいは当該写真を自社案内のパンフレット (無料) の表紙に掲載する行為は，著作権法30条の2第1項の許容する付随対象著作物の利用として適法となる可能性が高い。ただし，こちらの規定による場合には，彫刻の写り込みが写真の軽微な構成部分となるよう，写真の撮影及び使用する写真の選択には注意が必要となる。

Ⅱ　音楽の著作物の録り込み（設問2について）

音楽の著作物の場合には，上記Ⅰで述べたような公開の美術の著作物の利用に相当する規定が著作権法上にはないため，設問2の行為は，著作物の複製に該当し，原則として，著作権者の承諾が必要になる (著作30条1項参照)。

もっとも，上述した著作権法30条の2第1項は，音楽の著作物が「本来の対象ではない別の著作物」(付随対象著作物) である場合も適用対象となっている。

設問2の行為についてみると，屋外で流れている音楽 (JASRAC等のテレビ局が包括契約を締結している著作権等管理事業者の管理楽曲以外の楽曲★1) は「本来の対象ではない別の著作物」(付随対象著作物) に当たると思われ，これを「本来の対象」である街頭インタビューにおけるインタビュー対象者の音声から「分離することが困難」であって，かつ当該音声が収録された音声付映像の軽微な構成部分にすぎない場合には，著作権法30条の2第1項の許容する付随対象著作物の利用として適法となる可能性が高いといえる。

◆上村　哲史＝桑原　秀明

▶▶注　記

★1　テレビ局は，JASRAC等の一部の著作権等管理事業者との間で包括契約を締結し，当該管理事業者の管理楽曲の放送番組への利用について包括的な許諾を得ている。そのため，設問２の屋外で流れている音楽が当該管理事業者の管理楽曲である場合には，そもそも，著作権法30条の２の適用を問題とする必要はない。

Q10 著作物の複製への該当性

当社の販売する照明器具の宣伝広告用カタログにおいて，和室で撮影した写真を掲載する予定です。その写真には，掛け軸として装丁された書が小さく写っていますが，当該写真を利用することは問題ないでしょうか。なお，写真からは，何の文字が書いてあるかは読み取れますが，細部についてはわからないようになっています。

回　答

このような行為については，当該写真における書の再現の度合いがそれほど大きくない場合には，著作物の複製には該当せず，適法となる可能性が高いです。

▶解　説

本設問の行為が著作物の「複製」に該当する場合には，原則として著作権者の許諾が必要となる。

まず，掛け軸として装丁された「書」が著作物といえるかが問題となる。著作物とは，思想又は感情を創作的に表現したものであり，文芸，学術，美術又は音楽の範囲に属するものをいう（基礎編Q16参照）。書については，「思想又は感情を創作的に表現したもの」といえ（創作性があり），美術の範囲に属するものといえるため，著作物に該当する場合が多い（後述の〔照明器具カタログ事件〕東京高裁判決も，掛け軸として装丁された「書」の著作物性を認めている）。このため，本事例の「書」も著作物に該当する可能性が高い★1。

次に，本設問の行為が「複製」に該当するかが問題となる。「複製」に該当すれば，著作権法30条１項により，著作権者の複製権が及ぶことになる。「複製」とは，「印刷，写真，複写，録音，録画その他の方法により有形的に再製することをいい」い（著作２条１項15号），本設問では，書を写真の方法により有形的に再製しているから，複製に該当するようにも思われる。

しかし，著作物として保護されるのは創作的な表現であるところ，写り込んでいる部分が小さく，写り込んだ著作物の創作的な表現の本質的な特徴が直接感得できるほどに再現されていなければ，当該写真の利用は，著作物の複製には該当しないものと考えられる。

この点，〔照明器具カタログ事件〕東京高裁判決☆1も，「書を写真により再製した場合に，その行為が美術の著作物としての書の複製に当たるといえるためには，一般人の通常の注意力を基準とした上，当該書の写真において，上記表現形式を通じ，単に字体や書体が再現されているにとどまらず，文字の形の独創性，線の美しさと微妙さ，文字群と余白の構成美，運筆の緩急と抑揚，墨色の冴えと変化，筆の勢いといった上記の美的要素を直接感得することができる程度に再現がされていることを要する」と判示している。

本設問は，照明器具の宣伝広告用カタログにおいて，和室で撮影した写真を掲載する際に，掛け軸として装丁された書が小さく写っているというものであり，また，写真からは，何の文字が書いてあるかは読み取れるが，細部についてはわからないとのことである。したがって，本設問では，「文字の形の独創性，線の美しさと微妙さ，文字群と余白の構成美，運筆の緩急と抑揚，墨色の冴えと変化，筆の勢いといった上記の美的要素を直接感得することができる程度に再現がされている」とまではいえない可能性が高い。

したがって，本設問の行為は，著作物の複製には該当しないものとして，適法となる可能性が高い。

◆上村　哲史＝桑原　秀明

▶▶判　例

☆1　東京高判平14・2・18判時1786号136頁〔照明器具カタログ事件〕。

本件は，書の著作者である訴外Aの相続人であるX（著作権者）が，Yに対し，Aの著作に係る書が写されている写真を照明器具の宣伝広告用カタログに掲載したYの行為が著作権（複製権又は翻案件）の侵害に当たると主張した事案である。東京高裁は，以下のとおり判示し，Yの行為が著作物の複製には該当しないと判断した。

「書は，一般に，文字及び書体の選択，文字の形，太細，方向，大きさ，全体の配置と構成，墨の濃淡と潤渇（にじみ，かすれを含む。以下，同じ。）などの表現形式を通じて，文字の形の独創性，線の美しさと微妙さ，文字群と余白の構成美，運筆の緩急と抑揚，墨色の冴えと変化，筆の勢い，ひいては作者の精神性までをも見る者に感得させる造形芸術であるとされている（《証拠省略》参照)。他方，書は，本来的には情報伝達という実用的機能を担うものとして特定人の独占が許されない文字を素材として成り立っているという性格上，文字の基本的な形（字体，書体）による表現上の制約を伴うことは否定することができず，書として表現されているとしても，その字体や書体そのものに著作物性を見いだすことは一般的には困難であるから，書の著作物としての本質的な特徴，すなわち思想，感情の創作的な表現部分は，字体や書体のほか，これに付け加えられた書に特有の上記の美的要素に求めざるを得ない。そして，著作物の複製とは，既存の著作物に依拠し，その内容及び形式を覚知させるに足りるものを再製することであって，写真は再製の一手段ではあるが（著作権法2条1項15号)，書を写真により再製した場合に，その行為が美術の著作物としての書の複製に当たるといえるためには，一般人の通常の注意力を基準とした上，当該書の写真において，上記表現形式を通じ，単に字体や書体が再現されているにとどまらず，文字の形の独創性，線の美しさと微妙さ，文字群と余白の構成美，運筆の緩急と抑揚，墨色の冴えと変化，筆の勢いといった上記の美的要素を直接感得することができる程度に再現がされていることを要するものというべきである。」

「このような観点から検討すると，本件各カタログ中の本件各作品部分は，上質紙に美麗な印刷でピントのぼけもなく比較的鮮明に写されているとはいえ，前記(1)ウ，エの紙面の大きさの対比から，本件各作品の現物のおおむね50分の1程度の大きさに縮小されていると推察されるものであって，『雪月花』，『吉祥』，『遊』の各文字は，縦が約5～8mm，横が約3～5mm程度の大きさで再現されているにすぎず，字体，書体や全体の構成は明確に認識することができるものの，墨の濃淡と潤渇等の表現形式までが再現されていると断定することは困難である。すなわち，この点については，本件各作品の現物が本件訴訟で証拠として提出されていないため，直接の厳密な比較は困難であるが，亡A自身が本件各作品を再現したという検甲1～4を参考に検討してみると，例えば，本件作品A（雪月花）を再現したという検甲4の『雪』の1画目のわずかににじんだ濃い墨色での表現，同3画目の横線が右側でわずかにかすれ，切り返し部でいったん筆が止まって，左側に大きく筆を流している柔らかな崩し字の表現，『月』の1画目の起筆部分の繊細な筆の入り方，同2画目の力強い縦線の濃く太い線とその右に沿って看取できるわずかなかすれによる表現，『花』の草冠の2本の縦線のうち右側の「ノ」とその下の「一」の間にある微細な空げきによる筆の流れを示す表現等が，墨色の濃淡と潤渇といった表現形式から感得することができるのに対し，本件各

図2－10－1〔照明器具カタログ事件〕のカタログ写真

カタログ中の本件各作品部分においても，また，検甲４を本件各カタログ中の本件各作品部分とほぼ同一の大きさに縮小したもの（甲19の比較図面）においても，こうした微妙な表現までは再現されていない。同様に，本件作品B（吉祥）を再現したという検甲３の『吉』の４画目に入る筆の勢い，『祥』の２本の縦線の肉太で直線的な筆の止め方の妙，本件作品C（遊）を再現したという検甲２及び本件作品D（遊）を再現したという検甲１の『遊』の字画中の『子』からしんにょうの起筆部分に至るまで一気に運筆して形成される流麗な崩し字の表現，かすれ痕を伴ったしんにょうの左から右に弧を描くような伸びやかな筆使いといった表現が，墨色の濃淡と潤渇等の表現形式から感得することができるのに対し，本件各カタログ中の本件各作品部分においても，また，検甲１～３を本件各カタログ中の本件各作品部分とほぼ同一の大きさに縮小したもの（甲19の比較図面）においても，こうした微妙な表現までが再現されているとはいえない。

そうすると，以上のような限定された範囲での再現しかされていない本件各カタログ中の本件各作品部分を一般人が通常の注意力をもって見た場合に，これを通じて，本件各作品が本来有していると考えられる線の美しさと微妙さ，運筆の緩急と抑揚，墨色の冴えと変化，筆の勢いといった美的要素を直接感得することは困難であるといわざるを得ない。なお，控訴人は，書に詳しくない控訴人が本件カタログ中に本件各作品が写されているのを偶然発見し，これが本件各作品であると認識した旨主張するが，ある書が特定の作者の特定の書であることを認識し得るかどうかということと，美術の著作物としての書の本質的な特徴を直接感得することができるかどうかということは，次元が異なるというべきであるから，上記の認定判断を左右するものではない。

したがって，本件各カタログ中の本件各作品部分において，本件各作品の書の著作物としての本質的な特徴，すなわち思想，感情の創作的な表現部分が再現されているということはできず，本件各カタログに本件各作品が写された写真を掲載した被控訴人らの行為が，本件各作品の複製に当たるとはいえないというべきである。」

▶▶注　記

★１　付随的著作物の利用に関する著作権法30条の２の規定によることはできないと考えられる。本設問では，意図的に書を飾って撮影しているため，「写真の撮影の対象とする事物又は音から分離することが困難である」（分離困難性）という要件を満たさないと考えられるからである。この点については，実務編Q11の設問１参照。

Q11　キャラクターTシャツの写り込み・写し込み

1　当社が発行する雑誌の表紙に子供タレントの写真を使う予定です。子供タレントに着せる衣装としてスタイリストが用意したTシャツには，有名キャラクターがプリントされており，撮影した写真には，当該キャラクターが，それほど大きくないのですがはっきりとわかる形で写り込んでいました。問題ないでしょうか。

2　当社の発行する育児雑誌に，読者から投稿された，遊園地で母親と子供が遊んでいるところを父親が撮影した写真を使用したいのですが，写真に写っている子供が着ているTシャツには，有名キャラクターがそれほど大きくないのですがはっきりとわかる形で写り込んでいました。問題ないでしょうか。

回　答

1　設問1の行為については，著作権法30条の2第1項の適用可能性が問題になりますが，「写真の撮影の対象とする事物又は音から分離することが困難である」（分離困難性）という要件を満たさず，著作権法30条の2第1項は適用されないと考えられ，したがって，違法な複製行為として，許されないと考えられます。

2　設問2の行為は，分離困難性要件を満たし，著作権法30条の2第2項の適用により，適法となる可能性が高いです。

▶解　説

I　付随対象著作物の複製等（設問1について）

Tシャツにプリントされた有名キャラクターは著作物と考えられ，キャラクターがはっきりとわかる形で写り込んだ写真を撮影する行為は当該著作物の複製に該当する。

もっとも，著作権法30条の２第１項によれば，

(a) 写真の撮影，録音又は録画の方法によって著作物（「写真等著作物」）を創作する場合に，

(b) その本来の対象ではない別の著作物（「付随対象著作物」）が写り込んだり録り込まれたりする場合には，

(c) 「付随対象著作物」が「写真等著作物」の対象から「分離することが困難であ」り，

(d) 「付随対象著作物」が「写真等著作物」の軽微な構成部分となるものであれば，

当該創作に伴って「付随対象著作物」を複製又は翻案することができるとされている。

同条項が適用される典型的な例としては，「写真を撮影する際にポスターや絵画が写り込むといった場合や，映像を撮影する際に音楽が録り込まれる」といった場合が挙げられている★1。

著作権法30条の２第１項を適用するためには，上述のとおり，「付随対象著作物」が「写真等著作物」の対象から「分離することが困難である」ことが必要である。ここで，「分離することが困難である」とは，写真等著作物を創作する際に，創作時の状況に照らして，付随対象著作物を除いて創作することが，社会通念上困難であると客観的に認められる場合をいい★2，技術的に分離が困難であることが必要というわけではない。

具体的には，付随対象著作物の分離が容易である場合に，写真の撮影者が演出目的など積極的な意図をもって敢えて撮影対象に含めたような場合には，社会通念上分離困難といえない場合が多いと考えられる★3。

例えば，雑誌の表紙に掲載するために，キャラクターの絵が描かれたTシャツを着たモデルの写真を撮影するような場合（設問１のようなケース）には，写真の撮影者が演出目的など積極的な意図をもって敢えて撮影対象に含めており，社会通念上分離困難とはいえない場合が多いと思われる。他方，親がキャラクターの描かれたTシャツを着て遊びに興じている子供を写真に撮るような場合（設問２のようなケース）には，社会通念上分離困難といえる余地がある★4。

したがって，設問１のようなケースでは，分離困難性が認められず，著作権法30条の２第１項が適用されない結果，当該行為は，違法な複製行為として，

許されないと考えられる。

Ⅱ　付随対象著作物の利用（設問2について）

Ⅰで述べたとおり，キャラクターがはっきりとわかる形で写り込んだ写真を撮影する行為は著作物の複製に該当する。

もっとも，著作権法30条の2第2項では，上記の著作権法30条の2第1項の要件を満たす，「付随対象著作物」が写り込んだ著作物（「写真等著作物」）の利用行為を許容しているところ，設問2のようなケースは，Ⅰで述べた分離困難性が認められる類型に該当する。

また，同条項を適用するためには，「付随対象著作物」が「写真等著作物」の軽微な構成部分となることも必要である。この点，「軽微な構成部分」であるか否かは，著作物の種類等に照らし，個別の事案に応じて判断されるものであり，あらかじめ定量的な割合が決まっているものではないと解されているが★5，設問2では，写真にはキャラクターがそれほど大きくなく写っているとのことであるから，当該要件を満たす可能性が高いと思われる。

したがって，本来の対象ではない別の著作物（付随対象著作物）であるキャラクターのTシャツが写真の軽微な構成部分にすぎない場合には，著作権法30条の2第2項が適用され，当該行為は適法となる可能性が高い。

◆上村　哲史＝桑原　秀明

▶▶注　記

★1　文化庁長官官房著作権課「解説 著作権法の一部を改正する法律（平成24年）について」コピライト618号22頁。

★2　文化庁長官官房著作権課・前掲（★1）22頁。

★3　上野達弘＝西口元編著『出版をめぐる法的問題―その理論と実務』（日本評論社，2015）159頁参照。

★4　田村善之ほか『ロジスティクス知的財産権Ⅱ著作権法』（信山社，2014）92頁参照。

★5　加戸守行『著作権法逐条講義〔6訂新版〕』（著作権情報センター，2013）246頁，池村聡＝壹貫田剛史『著作権法コンメンタール別冊 平成24年改正解説』（勁草書房，2013）103頁。

第4節　引　　用

Q 12　パロディ・フェアユース

当社は，レコード会社です。当社では，過去のヒットソングの歌詞を変更した替え歌を収録したCDを販売しようとしています。元歌の楽曲自体を利用することについては必要な権利処理はするつもりです。替え歌は，パロディやフェアユースに当たるため，元歌の作詞家・作曲家から歌詞を変更することについて許諾を得ることは不要と考えてもよいでしょうか。

回　答

少なくとも元歌の歌詞の著作権及び著作者人格権について許諾を受けておく必要があると考えられます。米国ではフェアユースとして救済される余地のある事例ですが，日本においては，パロディに関する特別規定やフェアユースに関する規定はなく，許諾を得ない場合には著作権及び著作者人格権侵害になる可能性が高いと考えられます。

▶解　説

Ⅰ　判断枠組

米国においては，映画Pretty Womanの主題歌である“Oh! Pretty Woman”のパロディーソング（替え歌）を発売したことについて，風刺目的でのtransformative useであることを重視してフェアユースを肯定した事例がある★1（基礎編Q17参照）。しかし，日本においては，著作権法上，パロディを許容する明文規定やパロディに適用可能なフェアユースのような権利制限の一般規定は存在しない。

そこで，既存の著作権法上の個別の権利制限規定に該当するかを検討することが必要である。具体的には，①「翻案」の要件を充足せず，翻案権侵害が不成立であるか又は引用（著作32条）等の権利制限規定により適法な利用と認められること，及び②同一性保持権（著作20条1項）侵害が不成立であるか又は「やむを得ないと認められる」「改変」（著作20条2項1号）に当たるといえること等が必要になる。

Ⅱ　著作権について

1　「翻案」の解釈

「翻案」（著作27条）とは，「既存の著作物に依拠し，かつ，その表現上の本質的な特徴の同一性を維持しつつ，具体的表現に修正，増減，変更等を加えて，新たに思想又は感情を創作的に表現することにより，これに接する者が既存の著作物の表現上の本質的な特徴を直接感得することのできる別の著作物を創作する行為をいう。」☆1。

上記判断基準によれば，替え歌の歌詞が，元歌の歌詞とまったく別物となっていれば，「既存の著作物の表現上の本質的な特徴を直接感得することのできる」とはいえないため，元歌の歌詞の「翻案」には該当しないことになる。もっとも，替え歌は，通常，元歌の歌詞の要素を残すことによって面白いものになるという性質を有しているため，「既存の著作物の表現上の本質的な特徴を直接感得することのできる」場合が多く，「翻案」に当たる場合が多いと思われる。

なお，歌詞を変えることが，元歌の作曲者の翻案権を侵害しないかも問題になり得る。一般的には，歌詞と楽曲により構成される歌は作曲者と作詞者の共同著作物ではなく，歌詞と楽曲という別個独立の著作物が結合している結合著作物であると考えられる場合がほとんどであると思われる。したがって，歌詞を変えるだけであれば，作曲者の許諾は不要な場合が多いと思われる（ただし，Ⅲの2で後述するとおり，著作権法113条6項との関係について留意が必要である）。

2 「引用」要件

替え歌が「引用」（著作32条）で許容されないかが問題になる。「引用」の要件として，明瞭区別性及び主従関係を要求する見解（基礎編Q13参照）に立った場合，替え歌については，元歌との明瞭区別性がない場合が通常であるから，「引用」は認められない場合がほとんどであろう。

基礎編Q13記載のとおり，近時，例えば，〔絵画鑑定書事件〕知財高裁判決☆2のように，「引用」の判断にあたり，明瞭区別性及び主従関係を判断基準としない裁判例が現われてきている。もっとも，替え歌における元歌の利用が，「引用」としての「公正な慣行に合致」し，かつ，「引用の目的上正当な範囲内」に当たり得るのかは定かではなく，現状においては，「引用」を根拠にして，替え歌について，許諾が不要であると考えることはリスクが高いといわざるを得ない。

なお，JASRACは翻案権及び著作者人格権を管理していないため，権利者との個別交渉により許諾の対価が決まることになる。

Ⅲ 著作者人格権について

1 同一性保持権

替え歌においては，元歌を改変して利用するので，同一性保持権（著作20条）にも留意する必要がある。

同一性保持権侵害は，「他人の著作物における表現形式上の本質的な特徴を維持しつつその外面的な表現形式に改変を加える」場合に成立し，「他人の著作物を素材として利用しても，その表現形式上の本質的な特徴を感得させないような態様においてこれを利用する行為は，原著作物の同一性保持権を侵害しない」と解されている☆3。

前記のとおり，多くの場合替え歌は，「翻案」に当たる以上，「改変」（著作20条）にも当たる場合がほとんどであると思われる。

「やむを得ないと認められる」「改変」（著作20条2項1号）については，厳格に解するのが伝統的通説であり，前記のとおり，「引用」にも当たらないような事例においては，「やむを得ないと認められる」「改変」とは認められない可能性が高い。

以上のとおり，無許諾による替え歌は，同一性保持権侵害の可能性が高いため，実務上は，作詞家の許諾を得ておくべきである。

2 名誉・声望を害する行為（著作113条6項）

「著作者の名誉又は声望を害する方法によりその著作物を利用する行為」は，その著作者人格権を侵害する行為とみなされる（著作113条6項）。

「著作者の名誉又は声望を害する」の判断基準には争いがある。

多くの裁判例では，単に著作者の主観的な名誉感情を害した場合や著作者の意に反しているというだけでは足りず，客観的にみて，社会的名誉・声望が害されるような行為を指すものと解されている☆4。他方で，CMにおいて，楽曲を商品のサウンドロゴと連続させて用いるというものである場合について，「当該楽曲はコマーシャルの対象とする商品等の特定のイメージと結びつくのみならず，本来の楽曲自体が改変されて使用されることになるから著作者がそのような使用を承諾していない限り，原則として」著作者人格権を侵害する行為とみなされるとした事例のように主観説に立つと評価できる裁判例もある☆5。

前者の考え方に立てば，替え歌は，作詞者との関係で，直ちに著作権法113条6項違反に該当するものではない。他方で，後者の考え方に立った場合には，作詞者との関係で，替え歌が著作権法113条6項に該当する可能性が高くなる。

上記のとおり，いずれにせよ，無許諾の場合には，同一保持性侵害の可能性が高いため，実務上は，作詞家の許諾を得ておくべきである。

また，前記のとおり，楽曲と歌詞とは別個の著作物であると解される場合が多いと思われるが，替え歌の歌詞とともに楽曲が利用されることについて，作曲家との関係でも，著作権法113条6項違反を構成する可能性があることにも留意が必要である。

◆田中　浩之

▶▶判　例

☆1　最判平13・6・28民集55巻4号837頁・判タ1066号220頁・判時1754号144頁〔江差追分事件〕。事案と判旨は基礎編Q11☆3参照。

☆2　知財高判平22・10・13判タ1340号257頁・判時2092号135頁〔絵画鑑定書事件〕。事案と判旨は基礎編Q13及び実務編Q13参照。

☆3　最判平10・7・17集民189号267頁・判タ984号83頁・判時1651号56頁〔雑誌「諸君！」事件〕。

☆4　東京高判平14・11・27判タ1141号261頁・判時1814号140頁〔伊庭貞剛新聞記事引用事件〕等参照。

☆5　東京地判平14・11・21（平成12年（ワ）第27873号）WLJ。

▶▶注　記

★1　*Campbell v. Acuff-Rose Music, Inc.*, 510 U.S. 569 (1994).

Q13 引用の限界――鑑定証書に絵画のコピーを添付することや，漫画において主人公がプレイするゲームに登場するキャラクターを描くことは適法か

1　美術鑑定会社である当社が，ある画家の作品である絵画が真作であるとの鑑定証書を作製するにあたり，当該鑑定証書の裏面に，当該絵画を縮小してカラーコピーしたものを貼り合わせることはできますか。

2　当社は，出版社です。当社が出版する漫画において，主人公がゲームをプレイするシーンがあり，コマの中のゲームのプレイ画面として，他社が著作権を有するゲームに登場するキャラクターが描かれ，実際のゲームのキャラクターのセリフも描かれています。このような場合，ゲームのキャラクターに関する著作物についての権利者からの許諾は不要と考えてもよいでしょうか。

回　答

1　設問１について，絵画をカラーコピーすることは，著作物の複製に該当し得るため，制作したカラーコピーを鑑定証書に添付するには原則として著作権者の許諾が必要です。しかし，かかる許諾がなくても，著作権法32条１項が定める適法な引用の要件を満たすものとして，適法となる余地があります。

2　設問２について，ゲームに登場するキャラクターを描くことは，著作物の複製ないし翻案に該当し得るため，原則として著作権者の許諾が必要です。かかる許諾がなくても，使用態様次第では，著作権法32条１項が定める適法な引用の要件を満たすものとして，適法となる余地もないとはいえませんが，「引用」の抗弁のみに頼ることにはリスクがあります。

▶解　説

Ⅰ　著作物の「複製」に当たるか

著作物たる絵画のカラーコピーを制作する行為（設問1）は，著作物の「複製」（著作2条1項15号）に該当し得る。ここで，著作権法上の「複製」というためには，既存の著作物に依拠し，その内容及び形式を覚知させるに足りるものを再製する必要がある（実務編Q10参照）ところ，設問1では，鑑定証書の裏面に添付するに足る精密さを備えたカラーコピーが制作されているのであれば，上記の「複製」に該当する可能性が高いと思われる。

この点，設問1類似の裁判例である〔絵画鑑定書事件〕知財高裁判決☆1では，「複製」というために，カラーコピーが鑑賞性を備えている必要があるかが問題になったが，裁判所は，絵画の複製に該当するか否かの判断において，絵画の内容及び形式を覚知させるものを再製したか否かといった要件とは別に，鑑賞性を備えるか否かといった要件を定立する必要はないと判示した。

他方，ゲームに登場するキャラクターを描く行為（設問2）は，著作物の「複製」ないし「翻案」（著作2条1項11号）に該当し得ると考えられる。

Ⅱ　適法な「引用」に当たるか

1　設問1について

絵画のカラーコピーを制作する行為が「複製」に該当する場合には原則として著作権者の許諾を得る必要があるが，かかるカラーコピーの利用行為が「引用」（著作32条1項）として適法とならないかが問題となる。

著作権法32条1項は，「公表された著作物は，引用して利用することができる。この場合において，その引用は，公正な慣行に合致するものであり，かつ，報道・批評・研究その他の引用の目的上正当な範囲で行われるものでなければならない。」と規定している。

同条項に基づく適法な引用に当たるか否かの判断において，従来の裁判例は，「明瞭区別性」と「主従関係」（附従性）を判断基準としてきたことは基礎編Q13において説明したとおりである。

しかしながら，近年は，「明瞭区別性」及び「主従関係」に直接言及せず，各種事情を総合考慮して，条文の文言である「公正な慣行に合致」，「引用の目的上正当な範囲」へのあてはめを行う裁判例も現れており，本項で紹介する前掲（☆1）〔絵画鑑定書事件〕知財高裁判決もその一つである。

上記事件において，知財高裁は，他人の著作物を引用して利用することが許されるためには，引用して利用する方法や態様が公正な慣行に合致したものであり，かつ，引用の目的との関係で正当な範囲内，すなわち，社会通念に照らして合理的な範囲内のものであることが必要であるとしたうえで，適法な引用に当たるか否かの判断において，「他人の著作物を利用する側の利用の目的のほか，その方法や態様，利用される著作物の種類や性質，当該著作物の著作権者に及ぼす影響の有無・程度など」が総合考慮されるべきと判示した。

そして，具体的な事案への当てはめにおいて，知財高裁は，「他人の著作物を利用する側の利用の目的」について，コピーを鑑定証書に添付する目的は鑑定対象である絵画を特定し，かつ，当該鑑定証書の偽造を防ぐためであると認定した。そのうえで，添付の必要性・有用性が認められるとし，また，著作物の鑑定業務が適正に行われることは，贋作の存在を排除し，著作物の価値を高め，著作権者等の権利の保護を図ることにつながることをも考慮して，鑑定のための複製の利用は著作権法上の引用の目的に含まれると判示した。

次に，「(引用の）方法や態様」について，知財高裁は，コピーが鑑定証書に添付されている態様（ホログラムシールを貼付した表面の鑑定証書の裏面に添付され，表裏一体のものとしてパウチラミネート加工されていた）からして，コピー部分のみが分離して利用に供されることは考え難いことや，当該鑑定証書は著作物たる絵画の所有者の直接又は間接の依頼に基づき1部ずつ作製されたものであり，(コピーの添付された）当該鑑定証書が著作物本体と所在を共にすることが想定されており，著作物本体と別に流通することが考え難いことを考慮して，引用の方法や態様は社会通念上合理的な範囲にとどまると判示した。

さらに，「当該著作物の著作権者に及ぼす影響」について，以上の方法ないし態様であれば，著作権者等の許諾なく著作物たる絵画を複製したカラーコピーが美術書等に添付されて頒布された場合などとは異なり，著作権者等が絵画の複製権を利用して経済的利益を得る機会が失われるなどということも考え難いと判示した。

そして，知財高裁は，上記の事情を総合考慮して，鑑定業者が鑑定証書を作製するに際して，その裏面に本件各コピーを添付したことは，著作物を引用して鑑定する方法ないし態様において，その鑑定に求められる公正な慣行に合致したものということができ，かつ，その引用の目的上でも，正当な範囲内のものであると判示した。

なお，適法な引用の要件として，被引用物が著作物であることが必要かについては議論があるが，裁判所は，著作権法32条１項における引用として適法とされるためには，利用者が自己の著作物中で他人の著作物を利用した場合であることは要件でないと解されるとし，当該鑑定証書それ自体が著作物でないとしても，適法な引用の有無に関する判断が妨げられるものではないと判示している。

上記〔絵画鑑定書事件〕の判示をふまえると，本設問１の行為は，被引用物の著作権者の許諾がなくても，著作権法32条１項が定める適法な引用の要件を満たすものとして，適法となる可能性が高い。

2　設問２について

ゲームに登場するキャラクターを描くことは，上述のとおり，著作物の複製ないし翻案に該当し得るため，原則として著作権者の許諾が必要であるが，かかる許諾がなくても，著作権法32条１項が定める適法な引用の要件を満たすものとして，適法とならないか問題になる。

上記のとおり「明瞭区別性」及び「主従関係」により判断する伝統的な見解に立った場合には，漫画のコマの中に，ゲーム画像を取り込んでいるような場合には，明瞭区別性が否定される可能性が高い。また，例えば，漫画において，ゲームのプレイ画面の方がメインとなっているような場合には，ゲームのプレイ画面を読者に鑑賞させ又は紹介するためのものであるとされ，主従関係の要件でも「引用」が否定される可能性が高い。

他方，近時の「公正な慣行に合致」，「引用の目的上正当な範囲」への当てはめを行う裁判例のような見解に立った場合は，「引用」が認められる余地もある。

例えば，人気ゲームのプレイ画面を紹介することがメインになっているような事例では，かかる見解に立った場合でも，「引用」には該当しないであろう。他方で，例えば，他人の著作物を利用する側の利用の目的が，あくまで，漫画で描かれている時代において実際にヒットしていたゲームのキャラクターの動きやセリフに連動して，主人公の心情の変化等を描くことにあり，当該漫画でゲームキャラクターが使われることにより，ゲームのキャラクターに関する著作権者等が，経済的利益を得る機会が失われるなどということも考え難いような場合には，「引用」が肯定される方向に作用し得る。

したがって，設問２の事例においても，著作権法32条１項が定める適法な引用の要件を満たすものとして，適法となる余地もないとはいえない。

もっとも，「公正な慣行に合致」，「引用の目的上正当な範囲」の判断は流動的で，ケース・バイ・ケースであることから，「引用」の抗弁のみに頼ることにはリスクがあると考えられる。実際にも，設問２と類似の事例において，ゲーム会社が出版社を著作権侵害で刑事告訴し，出版社に対する捜索が行われ，出版社の担当者・役員等が書類送検されるとともに，両者間で著作権侵害の有無をめぐって民事訴訟も係属したという事例★[1]もあることには留意が必要である。

◆田中　浩之＝桑原　秀明

▶▶判　例

☆１　知財高判平22・10・13判タ1340号257頁・判時2092号135頁〔絵画鑑定書事件〕。

絵画の著作者である訴外Aの相続人であるX（被控訴人，著作権者）が，当該絵画の鑑定業者であるY（控訴人）に対し，Yが鑑定証書作製の際に，鑑定書の裏面に添付するため，当該絵画を縮小してカラーコピーを作成した行為が複製権侵害であると主張した事案である。Yは控訴審において引用の抗弁を主張した。

知財高裁は，次のように判示して，Yの行為が適法な引用に当たると判断した。

「著作権法は，著作物等の文化的所産の公正な利用に留意しつつ，著作者等の権利の保護を図り，もって文化の発展に寄与することを目的とするものであるが（同法１条），その目的から，著作者の権利の内容として，著作者人格権（同法第２章第３節第２款），著作権（同第３款）などについて規定するだけでなく，著作権の制限（同第５款）について規定する。その制限の１つとして，公表された著作物は，公正な慣行に合致し，報道，批評，研究その他の引用の目的上正当な範囲内で引用して利用することができると規定されているところ（同法32条１項），他人の著作物を引用して利用することが許されるためには，引用して利用する方法や態様が公正な慣行に合致したものであり，かつ，引用の目的との関係で正当な範囲内，すなわち，社会通念に照らして合理的な範囲内のものであることが必要であり，著作権法の上記目的をも念頭に置くと，引用としての利用に当たるか否かの判断においては，他人の著作物を利用する側の利用の目的のほか，その方法や態様，利用される著作物の種類や性質，当該著作物の著作権者に及ぼす影響の有無・程度などが総合考慮されなければならない。」

「そこで，前記見地から，本件各鑑定証書に本件各絵画を複製した本件各コピーを添付したことが著作権法32条にいう引用としての利用として許されるか否かについて検討すると，本件各鑑定証書は，そこに本件各コピーが添付されている本件各絵画が真作であることを証する鑑定書であって，本件各鑑定証書に本件各コピーを添付したのは，その鑑定対象である絵画を特定し，かつ，当該鑑定証書の偽造を防ぐためであるところ，そのためには，一般的にみても，鑑定対象である絵画のカラーコピーを添付することが確実であって，添付の必要性・有用性も認められることに加え，著作物の鑑定業務が適正に行われることは，贋作の存在を排除し，著作物の価値を高め，著作権者等の権利の保護を図ることにもつながるものであることなどを併せ考慮すると，著作物の鑑定のために当該著作物の複製を利用することは，著作権法の規定する引用の目的に含まれるといわなければならない。

そして，本件各コピーは，いずれもホログラムシールを貼付した表面の鑑定証書の裏面に添付され，表裏一体のものとしてパウチラミネート加工されており，本件各コピー部分のみが分離して利用に供されることは考え難いこと，本件各鑑定証書は，本件各絵画の所有者の直接又は間接の依頼に基づき１部ずつ作製されたものであり，本件絵画と所在を共にすることが想定されており，本件各絵画と別に流通することも考え難いことに照らすと，本件各鑑定証書の作製に際して，本件各絵画を複製した本件各コピーを添付することは，その方法ないし態様としてみても，社会通念上，合理的な範囲内にとどまるものということができる。

しかも，以上の方法ないし態様であれば，本件各絵画の著作権を相続している被控訴人等の許諾なく本件各絵画を複製したカラーコピーが美術書等に添付されて頒布された場合などとは異なり，被控訴人等が本件各絵画の複製権を利用して経済的利益を得る機会が失われるなどということも考え難いのであって，以上を総合考慮すれば，控訴人が，本件各鑑定証書を作製するに際して，その裏面に本件各コピーを添付したことは，著作物を引用して鑑定する方法ないし態様において，その鑑定に求められる公正な慣行に合致したものということができ，かつ，その引用の目的上でも，正当な範囲内のものであるということができるというべきである。」

「被控訴人は，著作権法32条１項における引用として適法とされるためには，利用する側が著作物であることが必要であると主張するが，「自己ノ著作物中ニ正当ノ範囲内ニ於テ節録引用スルコト」を要件としていた旧著作権法（明治32年法律第39号）30条１項２号とは異なり，現著作権法（昭和45年法律第48号）32条１項は，引用者が自己の著作物中で他人の著作物を引用した場合を要件として規定していないだけでなく，報道，批評，研究等の目的で他人の著作物を引用する場合において，正当な範囲内で利用されるものである限り，社会的に意義のあるものとして保護するのが現著作権法の趣旨でもあると解されることに照らすと，同法32条1項における引用として適法とされるためには，利用者が自己の著作物中で他人の著作物を利用した場合であることは要件でないと解されるべきものであって，本件各鑑定証書それ自体が著作物でないとしても，そのことから本件各鑑定証書に本件各コピーを添付してこれを利用したことが引用に当たるとした前記判断が妨げられるものではなく，被控訴人の主張を採用することはできない。」

▶▶注　記

★1　漫画「ハイスコアガール」に関する事例。同事例では，ゲーム会社と出版社の間で和解が成立し，ゲーム会社は刑事告訴を取り下げ，双方が民事訴訟を取り下げ，漫画の出版・販売が継続，連載は再開することになった。

Q 14 翻訳引用，要約引用

1　当社の出版物（日本語）に英文の文献の記載を引用したいのですが，英文ではなくその和訳のみを引用しても問題ないでしょうか。

2　当社の出版物（2頁程度）に他人の著作物を引用したいのですが，当該著作物は合計2頁以上にわたるため，半頁に要約して引用したいと思っています。原文の表現をそのまま用いているところが多いですが，不要な部分を適宜カットするイメージです。他人の著作物の原文そのままを引用するのではなく，要約して引用することは許されるでしょうか。

回　答

1　設問1のように，他人の著作物を翻訳して引用することは，著作権法32条1項の要件を満たすのであれば適法です。

2　設問2のように，他人の著作物を要約して引用することは，著作権法32条1項の要件を満たすことを前提に，原著作物の趣旨に忠実に要約して引用するのであれば適法となる余地があります。

▶解　説

他人の著作物を「翻訳」して引用すること（翻訳引用）は著作権法43条2号により許容されている。もっとも，この場合であっても，著作権法32条1項に定める引用の一般的な要件を満たす必要がある。引用の一般的な要件については，基礎編**Q13**を参照されたい。

他方，他人の著作物を「要約」して引用すること（要約引用）ができるかについては条文上明記されていない。

この点，要約は，「翻案」の一態様である場合が多いが，著作権法43条1号が「翻訳」に加え「翻案」を，許される利用方法として規定しているのに対し，同条2号が「翻案」をあえて規定せず，「翻訳」のみを規定していることから，その反対解釈として，「翻案」による引用は認められず，したがって，

「翻案」に該当するような要約引用は認められない（著作権者の有する翻案権の侵害になる）という見解もある。

しかし，〔血液型と性格事件〕東京地裁判決☆1は，①著作権法32条１項の引用が原著作物をそのまま使用する場合に限定されると解する根拠はないこと，②新たな言語の著作物を創作するうえで，他人の言語の著作物の全部あるいは相当広い範囲の趣旨を引用する必要がある場合があるが，その場合，原文のまま引用するのでは，著作権者の権利を侵害する程度が大きくなる結果となり，公正な慣行に合致するとも，正当な範囲内のものともいえなくなるおそれがあること，③引用する者にとっては一定の観点から要約したものを利用すれば足り，全文を引用するまでの必要はない場合があること，④原著作物の趣旨を正確に反映するためには，原文の一部を省略しながら切れ切れに引用することしか認めないよりも，むしろ原文の趣旨に忠実な要約による引用を認めるほうが妥当であることがある等の理由で，他人の言語の著作物をその趣旨に忠実に要約して引用することも著作権法32条１項により許容されるとした。

ただし，本判決は要約引用全般を広く許容するものではなく，著作権法32条１項の要件である「明瞭区別性」及び「主従関係」を満たすことを前提に，原著作物の趣旨に忠実に要約して引用することも適法と判示したものであることに注意する必要がある。本判決が「明瞭区別性」及び「主従関係」の充足をどのように判断しているかについては，後掲の判例紹介欄を参照されたい。

なお，**Q13**（☆１）で紹介した〔絵画鑑定書事件〕知財高裁判決のような判断枠組を採用しても同様の帰結を導くことができると思われる。

なお，本判決は，引用書籍の該当部分が原著作物の忠実な要約であることを当然の前提にしているが，仮に要約が不正確な場合には，それが原著作物の内容であると公衆に受け取られて，原著作物の経済的価値を損なうおそれがあるため，「公正な慣行に合致するもの」（著作32条１項）ではないとして，著作権法32条１項の適用が否定される可能性がある。

また，要約引用において，著作者の意に反するような改変がなされた場合には，著作者人格権の一つである同一性保持権（著作20条１項）を侵害することにならないか問題となる。この点について，本判決は，著作権法43条の適用により他人の著作物を翻訳等して利用する場合には他人の著作物を改変して利用することは当然の前提にされているから，著作権法20条２項４号の「やむを得ないと認められる改変」として，同一性保持権を侵害することにはならないと解している。

ただし，要約の内容が忠実でない場合には同一性保持権侵害となる可能性もあり，また，非忠実の程度が甚だしく，もはや被引用著作物の翻案ともならないような場合には著作権法上の問題は生じないが，ただそのようなものを被引用物であると表示した点については，著作権法を離れて，一般の人格権侵害の問題となる可能性もあるとの指摘もある★1。

◆桑原　秀明＝田中　浩之

▶▶判　例

☆1　東京地判平10・10・30判タ991号240頁・判時1674号132頁〔血液型と性格事件〕。

東京地裁は，被告らが自らの執筆・出版した著作物において，原告の著作した著作物を要約して引用したことについて，原告（著作権者）が翻案権侵害を主張したのに対し，被告らが適法な引用（著作32条１項）の抗弁を主張したという事案において，まず，被告の行為が著作権法上の翻案に該当するとしたうえで，適法な引用による利用の抗弁が成り立つかについて次のように判示した。

すなわち，東京地裁は，一般論において，適法な引用というためには明瞭区別性と主従関係が必要であるとしたうえで，「右の要件を満たすような形で，他人の言語の著作物を新たな言語の著作物に引用して利用するような場合には，他人の著作物をその趣旨に忠実に要約して引用することも同項により許容されるものと解すべきである。」として，明瞭区別性と主従関係があることを前提に，他人の著作物をその趣旨に忠実に要約して引用することは認められるとした。

そして，東京地裁は，事案への具体的な当てはめにおいて，まず，以下のとおり判示し，明瞭区別性を認めた。

「被告書籍第二刷には，被告書籍該当部分の前に『『［血液型と性格］の社会史』（松田薫著，河出書房新社）という本を手掛りに，その内容を要約する形で説明してみよう。』との記載が，該当部分の後に『以上が，松田氏の前掲書から私なりにまとめた，大正から昭和初期にかけての“血液型騒動”の顛末である。』との記載があるから，被告書籍該当部分は，被告書籍のその余の部分から明瞭に区別されているものと認められる。

また，被告書籍第一刷には，前記のとおり，被告書籍該当部分の前に『血液型と性格との関連を論ずることについて，これまでどんな歴史があったのか調べてみることにしたのである（『「血液型と性格」の社会史』，松田薫著，河出書房新社，などを参考にしました）。』との記載がある。そして，該当部分の後には，段落を変えて，『現在，血液型と性格の間には一切関係がないのだと主張される背景には，血液型と性格の相関について，決め手となるような結果が得られないという事情が確かにある。それならそれは仕方のないことだろう。しかし，ひょっとすると血液型学の権威，古畑種基の威光がまだ残っているのかもしれない（古畑が亡くなったのは1975年）と「血液型と性格」の歴史を垣間見た私には思えなくもないのである。』との記述があり，そこで被告書籍該当節が終わっていることが認められる（乙20)。右のような形式は，引用される著作物を，それを引用して利用する著作物と明瞭に区別する形式として，望ましいものとはいえないものの，該当部分の前の記載により，該当部分が原告書籍の本質的特徴を感得し得るような形で要約されたものであることが表示されており，また，該当部分の後の記載は，その内容から，被告書籍の著者である被告Ｙのコメント部分であることが明らかであるから，これらを併せれば，該当部分が被告書籍のその余の部分から一応明瞭に区別されているものというべきである。」

次に，東京地裁は，以下のとおり判示し，主従関係を認めた。

「被告書籍は，『小さな悪魔の背中の窪み―血液型・病気・恋愛の真実―』と題し，第一章，第二章は，血液型を扱っている。まず，『プロローグ』で，ウイルス，細菌，寄生虫等の病原体はいわばカッコウなどの托卵鳥あるいはそれらの卵やヒナのようなものであり，人間や他の動物はいわば托卵される宿主として，免疫の仕組みとカッコウなどの鳥で見られる托卵という現象とのアナロジーに着目し，被告書籍全体のテーマが免疫であることを明示している。続いて，血液型とは免疫の型であることを解説し（『血液型は何の違い』)，血液型と病気に対する抵抗力との相関について述べる(『永田町老人が元気な理由』，『フジモリ大統領はなぜ窮地に立たされたのか』，『梅毒の力を知る』)。被告書籍該当節（『「血液型と性格」の関係はなぜ“俗説”なのか』）は，血液型と性格の相関が俗説として学界で強く否定されている背後には，血液型学の権威，古畑の威光があるのではないかと推測する。その後，血液型と性格に相関があっても不思議はないとする被告自身の論を展開する（『血液型と性格はやっぱり関係がある！』)。さらに，白血球の表面抗原であるHLAについても触れる。(『HLA・もう一つの旗印』)。その後，第三章では，美の起源につき，女が，背の高く足の長い男を好むのは，寄生虫に対する耐性の有無を判定する手段として，そのような男をカッコいい美しいなどという心理を進化させて来たもので，男が，肌色が白く透明感があって腰のくびれた女を美しいとするのは，現在寄生虫に冒されていないことを示すそのような女を好む心理を獲得したことによる，との仮説を述べ，第四章では，免疫本来の意味と逆に，寄生者（他者）が宿主（自己）の一部になり共生関係を成立させた例などを紹介し，男と女は，血液型，HLAのより一致した相手へと，性格や趣味，嗜好の一致，感情の高まりが導いてくれるとする。

右のとおりの被告書籍の内容によれば，被告書籍は，免疫について血液型，病気，恋愛という三つの面から論じたものとして，章立てはわかれているが，全体が一体をなしているものというべきである。そして，被告書籍該当部分は，被告書籍全体の中で，血液型と性格が相関するという仮説を立てる前提として，そのような考え方が学界で強く否定されている背後にある歴史的事情を述べる部分として，被告書籍全体に対して内容的に従たる関係にあるものであり，また，量的にも，200頁以上ある被告書籍のうちで引用部分は11頁程度の分量であるから，従たる関係にあるものであ」る。

東京地裁は，以上によれば，被告書籍該当部分は著作権法32条１項により許容される引用による利用に当たると判示した。

▶▶注　記

★１　中山信弘『著作権法〔第２版〕』（有斐閣，2014）329頁。

第５節　上映，上演，公の伝達等

Q15　社屋の外壁へのテレビ番組の映写

当社は放送局です。会社の社屋の外壁に，通行する公衆へのアピールになるよう，当社番組を大画面で映写したいと思いますが，問題がありますか。

回　答

放送されているテレビ番組をリアルタイムで映写する場合，テレビ番組自体，及びそこに含まれている音楽や写真等別の著作物の公の伝達権を侵害する可能性があります。

また，録画されているテレビ番組を，放送とは無関係に映写する場合も，テレビ番組自体の上映権，及びそこに含まれている別の著作物の演奏権，上映権を侵害する可能性があります。

▶解　説

Ⅰ　テレビ番組に働く権利

テレビ番組は，「映画の著作物」として保護されている（著作10条１項７号・２条３項)。テレビ番組の著作権は，テレビ局が自社制作している場合にはテレビ局が保有しているが，放送しているテレビ局とは別に著作権者がいて，テレビ局は放送の権利の許諾を受けているだけである場合も少なくない（典型例としては，劇場用映画や海外のドラマを放送する場合)。また，テレビ番組には，番組に使用されている音楽のように，「映画の著作物」としての番組とは別に著作権が働く著作物が数多く含まれている。

このように，放送されるテレビ番組については，これに関連して著作権を有する，テレビ局をはじめとする多くの著作権者がおり，上映権（著作22条の2）★1，公の伝達権（著作23条1項）等の権利を有している。

Ⅱ　外壁への映写

1　放送されているテレビ番組をリアルタイムで映写する場合

著作権者は，放送など，公衆送信される著作物を受信装置を用いて公に伝達する権利（公の伝達権）を保有しているから（著作23条2項），映写する放送局以外の者が著作権を有しているテレビ番組について，著作権者の許諾を得ることなく放送をリアルタイムに映写する場合，当該著作権者が有する公の伝達権の侵害となる。他方，映写する放送局自身が著作権を有しているテレビ番組を映写する場合は，このようなテレビ番組の公の伝達権の侵害とはならない。

また，放送されているテレビ番組をリアルタイムで映写すると，そこに含まれている音楽や写真についても，流したり，映写したりすることになる。したがって，これらの音楽や写真について，著作権者の許諾なく，本設問のような映写等を行うと，公の伝達権の侵害となる。

なお，「上映」の定義は，「著作物（公衆送信されるものを除く。）を映写幕その他の物に映写することをいい，これに伴って映画の著作物において固定されている音を再生することを含む」とされており（著作2条1項17号），公衆送信される著作物については，上映の対象から除かれている。したがって，（公衆送信の一形態である）放送されているテレビ番組をリアルタイムで映写する場合には，上映権ではなく，公の伝達権が働くと整理されている。

公の伝達権については，放送され，又は有線放送される著作物を，営利を目的とせず，かつ，聴衆又は観衆から料金を受けない場合には，受信装置を用いて公に伝達することができるという権利制限規定（著作38条3項前段）が存在するが，本設問では，宣伝目的で映写を行っているので，営利を目的としていることとなり，この規定に基づく映写はできない。

また，「通常の家庭用受信装置」を用いる場合には，（非営利目的等の条件なく）公に伝達することが許されているが（著作38条3項後段），本設問では壁面の大画面への映写が問題となっており，「通常の家庭用受信装置」を用いる場合に当たらないから，この規定に基づく映写もできない。

2 録画してあるテレビ番組を，放送とは無関係に映写する場合

(1) 放送のための一時固定による録画物を使用して映写する場合

本設問において，放送されるテレビ番組を録画して映写する場合，そもそも，そのような目的で録画することが許されるか，問題となる。

映写する放送局以外の者が著作権を有しているテレビ番組について，著作権者の許諾を得ることなく放送のために録画する場合，当該著作権者が有する複製権（著作21条）が働くことに留意する必要がある。

この点，放送事業者は，他人の公衆送信権を害することなく放送できる著作物について，自己の放送のために，自己の手段（又は当該著作物を同じく放送することができる他の放送事業者の手段）により，一時的に録音し，又は録画（一時的固定）することができるという権利制限規定が存在する（著作44条1項）。

しかし，かかる規定は「自己の放送のため」の一時的固定を可能にするものであるから，本設問のような，（放送ではなく）映写のために一時的固定をすることは許されない。また，「自己の放送のために」一時的固定をしておいたテレビ番組を，本設問のような映写に用いると，その時点で複製権の対象となる複製を行ったものと見なされることになる（著作49条1項1号）。なお，一時的固定により作成された録音物又は録画物は，録音又は録画の後6か月（その期間内に当該録音物又は録画物を用いてする放送又は有線放送があったときは，その放送又は有線放送の後6か月）を超えて保存することはできないが（著作44条3項本文），例外的に，公的記録保存所において保存する場合は，同期間を超えて保存することができる（同項ただし書）。実務上，各放送局は，公的記録保存所を設けて，同期間を超える録音物及び録画物を保存している。

さらに，一時固定により作成された録音物又は録画物を映写する場合，映写する放送局以外の者が著作権を有しているテレビ番組を許諾なく映写すると，複製権に加えて，上映権（著作22条）も侵害することになる。

他方，映写する放送局自身が著作権を有しているテレビ番組を録画・映写する場合は，このようなテレビ番組の複製権又は上映権の侵害とはならない。

また，テレビ番組を録画し，映写すると，そこに含まれている音楽や写真についても，録音・録画し，流したり映写したりすることになる。したがって，

これらの音楽や写真について，著作権者の許諾なく，本設問のような録画をし，映写等を行うと，複製権及び上映権の侵害となる。

⑵ マスターテープを使用して映写する場合

権利者の許諾を得て作成された録画物に収録してあるテレビ番組を，放送とは無関係に映写する場合は，上記[1]の伝達権は問題とならないが，上映権（著作22条）侵害が問題となる。

映写する放送局以外の者が著作権を有しているテレビ番組を映写する場合は，テレビ番組についての上映権の許諾を得ることが必要となる。他方，映写する放送局自身が上映権を含む著作権を有しているテレビ番組を映写する場合は，かかる上映権の侵害は問題とならない。ただし，テレビ局が放送のための技術的手段として製作する映画の著作物については，著作権法の映画の著作物の権利帰属の規定によるだけでは，上映権はテレビ局に帰属することにならないため（著作29条２項），テレビ局が製作するテレビ番組のうち，職務著作（著作15条）とならないものについては，上映権も含めた著作権を確保する手当をしていることが前提となる。

また，映写するテレビ番組に含まれている音楽や写真を流したり，映写したりすることについても，上映権の権利許諾を受ける必要がある。

◆齋藤　浩貴＝呂　佳叡

▶▶注　記

★１　番組に使用されている音楽についても演奏権ではなく，上映権が働く（著作２条１項17号）。

Q16　スポーツ施設における音楽の利用

地方公共団体が運営するスポーツセンターでダンス教室を開催するのですが，その際に音楽を流すことに問題はありませんか。

回　答

ダンス教室で，著作権者の許諾なく音楽を流すことは，著作権（演奏権）の侵害となる可能性があります。

ただし，①公表された音楽を流す場合であって，②当該ダンス教室が営利を目的とせず，③参加者から料金を受けず，かつ④講師に報酬が支払われない場合には，営利を目的としない演奏として，著作権者の許諾を得ずに演奏することが許されています。

このような非営利演奏に当たらない場合には，著作権者の許諾を得る必要があります。音楽の著作権の管理は，著作権等管理事業者に委託されている場合も多く，その場合には，当該著作権等管理事業者から許諾を得れば利用できます。

▶解　説

Ⅰ　演奏権（著作22条）

著作権法上，「演奏」には，著作物の演奏で録音されたものを再生することを含むとされている（著作２条７項）。したがって，本設問のように録音されている音楽を再生する行為は，「演奏」に該当する。

そして，著作権者は，著作物を公衆に直接見せ又は聞かせることを目的として（公に）演奏する権利（演奏権）を専有するものと定められている（著作22条）。「公衆」とは，通常は「不特定の者」を指す概念だが，著作権法上は，「特定かつ多数の者も含む」とされている（著作２条５項。したがって，「特定かつ少数」の場合のみ「公衆」に当たらない）。

表2－16－1　著作権法上の公衆の概念

	特　定	不特定
少　数	公衆ではない	公　衆
多　数	公　衆	公　衆

「特定」とは，演奏を行う者と人的な結合関係が強い場合を指すと解されている。

「多数」については，どの程度の人数が該当するかについて固定的な基準はなく，具体的事情の下で，社会通念に基づいて相対的に判断される。

〔社交ダンス教室事件〕名古屋高裁判決☆1では，ダンス教室での音楽の再生について演奏権侵害が問題となり，音楽の再生が「公衆」に対して行われたものか否かが争点になった。名古屋高裁は，当該ダンス教室では，受講料を払いさえすれば資格や関係は問わず誰でも受講できることから，社会通念上，不特定かつ多数の者に対するもの，すなわち，「公衆」に対する演奏であると認定している。

Ⅱ　非営利演奏

公表された著作物は，営利を目的とせず，かつ，聴衆又は観衆から料金（いずれの名義をもって徴収するかを問わず，著作物の提供又は提示につき受ける対価をいう）を受けない場合には，公に上演，演奏，上映，又は口述することができるとされている。また，当該演奏等について実演家又は口述を行う者に対し報酬が支払われないことも要件である（著作38条1項）。

なお，出所を明示する慣行がある場合には明示しなければならない（著作48条1項3号）とされているが，ダンス教室で音楽を流す場合にそのような慣行が存在しているとまではいえないだろう。

1　営利を目的としないこと

営利を目的とする場合は，著作権法38条1項は適用されない。例えば，無料の演奏等であっても，宣伝・販促を目的として行われる場合には，営利を目的としているといえる。

本設問のダンス教室が無料で行われたとしても，例えば，それが宣伝のための体験レッスンであって，有料レッスンの参加者を募るために行われているような場合には，営利を目的としているといえる。

2　料金を受けないこと

料金の名義は問わないとされているので，入場料・会場費等の実費に充当するための徴収であっても，料金に該当する。また，使途も問わないので，例えばチャリティの公演等で徴収する寄付金であっても，料金に該当する。

前掲（☆１）〔社交ダンス教室事件〕名古屋高裁判決では，ダンス教授にあたって入会金及び受講料を徴収していたところ，音楽の演奏はダンス教授に不可欠であるから，かかる入会金及び受講料は，ダンス教授と不可分の関係にある音楽著作物の演奏に対する対価としての性質をも有するため，料金に当たると認定された。

本設問でも，ダンス教室の入会金や受講料を徴収する場合には，料金の徴収に該当し，非営利演奏とはならない。講師の報酬等ではなく，公民館の部屋の使用料に充当する目的であったとしても，同様である。

3　実演家又は口述を行う者に報酬が支払われないこと

著作物の実演を行う者あるいは口述を行う者に対して「報酬」が支払われないことも要件とされている。「報酬」とは，社会通念上の報酬であって，出演料・祝儀等の名目を問わず，実演等に対する給付であればこれに該当する。他方，交通費・弁当代等の実費は，相当な額である限り，「報酬」には該当しないと考えられている。

本設問のダンス教室の講師に報酬を支払う場合はどうか。

この点，本要件の条件の基礎には，著作権使用料と実演家報酬との間の平等性を図ろうという考え方（実演家報酬が支払われるのであれば，著作権使用料も支払われるべきであるという考え方）があるため，本要件は，生演奏のように実演家によって著作物が演じられる場合にだけ意味があり，録音・録画物の再生による場合には，本要件はまず無視して差し支えないという見解がある★1。かかる見解に従えば，本設問で行われるのは生演奏ではなく録音物の再生による演奏であるから，本設問においてダンスの指導に対して支払われる報酬は，本要件の

「報酬」には該当しないことになる。

他方，報酬を受ける者が，自らは演奏等の実演を行うわけではないが，その報酬の対象となる行為をなすにあたり著作物の演奏等を不可欠とする場合，当該報酬は，本要件にいう「実演家又は口述を行う者」が受ける報酬とはいえないものの，著作物の利用と不可分に関係する行為に対する対価に他ならず，この点において，実演家等に支払われる「報酬」と異ならず，したがってまた，著作権法38条が目的とする著作者の私益と公益との純粋な調整を不可能とするから，類推適用により，本要件の「報酬」に該当すると解すべきであるとの見解も存在する★2。かかる見解に従えば，本設問におけるダンスの指導と音楽演奏は不可分の関係にあるから，ダンスの指導に対して支払われる報酬は，音楽演奏と不可分の関係にある行為に対して支払われるものとして，本要件の「報酬」に該当することになる。

この点については，裁判例もなく，未だ確立した見解がないため，実際の利用にあたっては注意が必要である。

Ⅲ　著作権等管理事業者

非営利目的の演奏の要件を充足しない場合に，公に演奏するにあたっては，著作権者の許諾を得る必要がある。

音楽著作権は，その管理が著作権等管理事業者に委託されている場合も多く，そのような場合には，当該著作権等管理事業者から許諾を得れば，当該音楽を利用できる。主な音楽著作権の管理事業者としては，一般社団法人日本音楽著作権協会（JASRAC。〔http://www.jasrac.or.jp〕）及び株式会社NexTone（http://www.nex-tone.co.jp/）が存在する。

◆齋藤　浩貴＝呂　佳叡

▶▶判　例

☆1　名古屋高判平16・3・4判時1870号123頁〔社交ダンス教室事件〕（控訴審）。

音楽著作物の管理等を業とするX（JASRAC）が，社交ダンス教室を経営するYらに対し，Yらが，同教室でのダンスの授業においてXが著作権を管理する音楽を流していた行為につき，①音楽の再生の差止め，②録音物再生装置等の撤去，③損害賠償を請求した。

原判決（名古屋地判平15・2・7判タ1118号278頁・判時1840号126頁），控訴審判決のいずれも，著作権（演奏権）侵害を認めた。以下，原判決の一部を引用する。

「1　争点(1)ア　（公衆演奏の該当性）について」

「Yらは，格別の条件を設定することなく，その経営するダンス教授所の受講生を募集していること，受講を希望する者は，所定の入会金を支払えば誰でもダンス教授所の受講生の資格を得ることができること，受講生は，あらかじめ固定された時間帯にレッスンを受けるのではなく，事前に受講料に相当するチケットを購入し，レッスン時間とレッスン形態に応じた必要枚数を使用することによって，営業時間中は予約さえ取れればいつでもレッスンを受けられること，レッスン形態は，受講生の希望に従い，マンツーマン形式による個人教授か集団教授（グループレッスン）かを選択できること，以上の事実が認められ，これによれば，本件各施設におけるダンス教授所の経営主体である被告らは，ダンス教師の人数及び本件各施設の規模という人的，物的条件が許容する限り，何らの資格や関係を有しない顧客を受講生として迎え入れることができ，このような受講生に対する社交ダンス指導に不可欠な音楽著作物の再生は，組織的，継続的に行われるものであるから，社会通念上，不特定かつ多数の者に対するもの，すなわち，公衆に対するものと評価するのが相当である。」

「2　争点(1)イ　（演奏の非営利性）について

Yらは，本件各施設における音楽著作物の再生は，営利性を欠くと主張するところ，法は，公表された著作物につき，①営利を目的とせず，②聴衆等から料金を受けない場合には，著作権に服することなく公に演奏等を行うことができる旨規定する（法38条1項）。これは，公の演奏等が非営利かつ無料で行われるのであれば，通常大規模なものではなく，また頻繁に行われることもないから，著作権者に大きな不利益を与えないと考えられたためである。このような立法趣旨にかんがみれば，著作権者の許諾なくして著作物を利用することが許されるのは，当該利用行為が直接的にも間接的にも営利に結びつくものではなく，かつ聴衆等から名目のいかんを問わず，当該著作物の提供の対価を受けないことを要すると解すべきである。

しかるところ，Yらが，本件各施設におけるダンス教授所において，受講生の資格を得るための入会金とダンス教授に対する受講料に相当するチケット代を徴収していることは前記のとおりであり，これらはダンス教授所の存続等の資金として使用されていると考えられるところ，ダンス教授に当たって音楽著作物の演奏は不可欠であるから，上記入会金及び受講料は，ダンス教授と不可分の関係にある音楽著作物の演奏に対する対価としての性質をも有するというべきである。」

「前記のとおり，社交ダンスの教授に際して音楽著作物を演奏することは必要不可欠であり，音楽著作物の演奏を伴わないダンス指導しか行わない社交ダンス教授所が受講生を獲得することはおよそ困難であって，そのような社交ダンス教授所が施設を維持運営できないことは明らかであるから，結局，本件各施設における音楽著作物の利用が営利を目的としないものであるとか，上記受講料がその対価としての料金には当たらないとのYらの主張は採用できない。」

▶▶注　記

★1　加戸守行『著作権法逐条講義〔6訂新版〕』(公益社団法人著作権情報センター, 2013) 303頁。

★2　半田正夫＝松田政行編『著作権法コンメンタール2〔第2版〕』(勁草書房, 2015) 361頁〔本山雅弘〕。

Q17 社内研修のためのDVDの上映

社内研修のためにDVDの鑑賞会をすることに問題はありますか。

回　答

著作権者の許諾なくDVDの鑑賞会を行うことは，著作権（上映権）の侵害となる可能性があります。

ただし，①公表された作品を上映する場合であって，②当該鑑賞が営利を目的とせず，③参加者から料金を受けない場合には，営利を目的としない上映として，著作権者の許諾を得ずに上演することが許されています。

社内研修のために鑑賞会を行うことは，営利を目的とする上映と解釈され，著作権者の許諾を得ない限り著作権侵害となる可能性が高いといえます。一般に，DVDに関する著作権としては，収録されている映画の著作物についての著作権と，映画の著作物中に使用されている小説・シナリオ・音楽等自体についての著作権が存在するので，それぞれについて権利処理が必要です。

▶解　説

I　映画の著作物に関する著作権の帰属

1　映画の著作物の著作者

DVDに録画されている劇場用映画，テレビ番組，講演録画，チュートリアル動画等の著作物は，大抵の場合，映画の著作物と考えられる（著作10条1項7号・2条3項）。

映画の著作物の著作者は，製作，監督，演出，撮影，美術等を担当してその映画の著作物の全体的形成に創作的に寄与した者（モダンオーサーと呼ばれる）であり，その映画の著作物において翻案され，又は複製された小説，脚本，音楽その他の著作物の著作者（クラシカルオーサーと呼ばれる）を除くとされている（著作16条）。

映画の著作物において小説，脚本等が翻案されている場合，その映画は当該小説，脚本の二次的著作物に当たるので，当該小説，脚本の著作者は，二次的著作物に対する権利として，映画の著作者と同じ種類の権利を有する（著作28条）。また，映画の著作物において複製されている音楽等については，独立の著作物として保護される。したがって，著作権法16条によって，クラシカルオーサーの権利が制限されるわけではない。

2　映画の著作物の著作権の帰属

映画の著作物の著作権は，その著作者が映画製作者に対し当該映画の著作物の製作に参加することを約束しているときは，当該映画製作者に帰属するものとされている（著作29条1項）。

「映画製作者」とは，当該映画の著作物の製作に発意と責任を有する者と定義されている（著作2条1項10号）。すなわち，映画製作を行う意思を有し，経済的リスクを負担し，権利義務の主体となる者である。DVDを利用する者としては，DVDに「製作」「制作・著作」等の表示がされている者がこれに当たると可能性が高いと考えて後述の対応を行うことになる。

Ⅱ　上 映 権

著作権法上，著作物（公衆送信されるものを除く）を映写幕その他の物に映写する行為は「上映」とされている（著作2条1項17号）。本設問のように，鑑賞会をするためにDVDを映写する行為は，この「上映」に該当する。

また，音楽の著作物は，原則として「上映」の対象にはならないが，例外として，映画の著作物を「上映」する際に，これに伴って映画の著作物において固定されている音を再生することは「上映」に当たるとされている（著作2条1項17号）。したがって，映画を映写するに伴って，劇中で使用されている音楽を再生することも，「上映」に該当する。

そして，著作権者は，著作物を公衆に直接見せ又は聞かせることを目的として公に上映する権利（上映権）を専有するものと定められている（著作22条）。「公衆」とは，一般的には「不特定の者」を指す概念だが，著作権法上は，「特定かつ多数の者も含む」とされている（著作2条5項。したがって，「特定かつ少数」の場合のみ「公衆」に当たらない）。「公衆」の解釈の詳細については，実務編Q16Ⅰを参照されたい。

Ⅲ　非営利上映

公表された著作物は，営利を目的とせず，かつ，聴衆又は観衆から料金（いずれの名義をもって徴収するかを問わず，著作物の提供又は提示につき受ける対価をいう）を受けない場合には，公に上映することができるとされている（著作38条1項）。

なお，出所を明示する慣行がある場合には明示しなければならない（著作48条1項3号）とされている。DVDを鑑賞する場合には，エンドロール等で出所が表示されるのが通常だから，かかる出所を明示する慣行があるといえるだろう。したがって，エンドロール等も本編と併せて映し，出所を明示する必要がある。

著作権法38条1項の要件については，併せて実務編Q16Ⅱも参照されたい。

1　営利を目的としないこと

営利を目的とする場合は，著作権法38条1項は適用されない。当該著作物の上映が，間接的にであっても営利活動に資していれば，営利を目的としていることになる。例えば，飲食店等で，上映自体についての料金は受けずにDVDを上映しているような場合でも，集客等には役立っているから，営利を目的としているといえる。無料でDVDの鑑賞会を行ったとしても，宣伝のための試写会として行われる場合には，営利を目的としているといえる。

2　料金を受けないこと

料金の名義は問わないとされているので，入場料・会場費等の実費に充当するための徴収であっても，料金に該当する。また，使途も問わないので，例えばチャリティ目的の上映で徴収する寄付金であっても，料金に該当する。

DVDの代金，プロジェクタのレンタル料，上映する会場の使用料等，実費に充当する目的であったとしても，料金を徴収する場合には，著作権法38条1項は適用されないこととなる。

Ⅳ　社内研修のためのDVDの鑑賞会の営利性

営利目的の団体である会社の活動は，基本的に営利を目的とするものと考えられる。本設問の社内研修のためのDVDの鑑賞会も，業務に関する知識の習得等を促し，生産性の向上等を目的とするものであるから，営利を目的とするものと考えられる。

本設問とは異なり，会社の業務とまったく関係のない，社内の親睦的目的での上映会については，営利を目的としないと解してよいと思われる。

Ⅴ　営利目的で公の上映を適法に行う方法

営利目的で（すなわち，著作権法38条1項が適用されない）公の上映を行いたい場合には，一般に流通している市販用又はレンタル用のDVDとは別に，「公の上映用」のDVDが供給されている場合があるので，これを利用することが考えられる。

「公の上映用」のDVDについては，一般社団法人日本映像ソフト協会（JVA）のウェブサイトに上映用・業務用問合せ窓口一覧★1が掲載されているので，こちらを参照のうえ，各メーカーに確認されたい。

なお，DVDの上映を行う場合，映画内で使われている小説（原作），脚本，音楽の著作物等の著作権処理が別途必要となる場合があるので，注意が必要である（上記Ⅰ1参照）。小説については一般社団法人日本文藝家協会，脚本については協同組合日本シナリオ作家協会及び協同組合日本脚本家連盟，音楽については，JASRAC，Nextone等の音楽著作権の管理事業者を通じて，利用許諾を受けられることが多いだろう（もっとも，当該著作物の管理が外部委託されていない場合には，著作権者から直接許諾を受けるしかない）。

また，講演録やチュートリアルのDVDであれば，パッケージ自体に，社内研修程度の範囲の上映を許諾する旨の記載があることもあるので，これを確認することになる。そのような記載がなければ，パッケージに「製作」「制作・

著作」等，映像の著作者とみられるような表示がある者に連絡を取って許諾を受けることになるであろう。

◆齋藤　浩貴＝呂　佳叡

▶▶注　記

★1　http://jva-net.or.jp/contact/contact_list.pdf

Q 18 スポーツバーにおけるスポーツ番組の上映

私はスポーツバーを営んでいます。店内にテレビを設置してスポーツ番組を流してもよいでしょうか。

回　答

放送／有線放送される著作物は，通常の家庭用受信装置を用いて行う場合には，営利・有料であっても，著作権者の許諾なく，公に伝達することができるとされています。よって，店内で，通常家庭に設置され得るようなテレビを設置して，放送／有線放送されているスポーツ番組をリアルタイムで流すことは許されます。他方，通常家庭に設置され得る範囲を超えた大型のテレビにより流す場合は，著作権者から許諾を得て行わないと著作権侵害となります。

また，放送／有線放送されたスポーツ番組を，リアルタイムではなく録画しておいて上映する場合には，テレビの大きさとは関係なく，著作権者から許諾を得て行わないと著作権侵害となります。

▶解　説

Ⅰ 「映画の著作物」

スポーツ番組を含めテレビ番組は一般に，「映画の著作物」（著作10条１項７号）に当たる。

「映画の著作物」（著作10条１項７号）は，①映画の効果に類似する視覚的又は視聴覚的効果を生じさせる方法で表現され，かつ，②物に固定されている著作物を含むとされている（著作２条３項）。

スポーツ番組を含めテレビ番組は一般に，①映画の効果に類似する視覚的又は視聴覚的効果を生じさせる方法で表現されていると考えられる。

もっとも，生放送番組は，撮影している影像をそのまま放送しているので，

②物に固定されているといえるか問題となるが，〔全米女子オープン事件〕東京高裁判決☆1では，生中継と同時に録画されている場合には，かかる固定性の要件を満たし，「映画の著作物」に該当すると判断されている。スポーツ番組を含め多くのテレビ番組は，放送と同時に録画されていることが一般的であるから，この固定性の要件も充足する。

Ⅱ　スポーツ選手の権利

1　スポーツ選手は「実演家」か

まず，スポーツ選手についての権利処理を行う必要はあるか。スポーツ番組に映っているスポーツ選手が「実演家」（著作２条１項４号）としての権利（著作90条の２以下）を有しないか，問題になる。

「実演」とは，「著作物を，演劇的に演じ，舞い，演奏し，歌い，口演し，朗詠し，又はその他の方法により演ずること（これらに類する行為で，著作物を演じないが芸能的な性質を有するものを含む。）」をいい（著作２条１項３号），「実演家」とは，「俳優，舞踏家，演奏家，歌手その他実演を行う者及び実演を指揮し，又は演出する者」（著作２条１項４号）をいう。

野球やサッカー等，舞踏的要素のない多くスポーツの試合自体は「著作物」ではなく，「演劇的に演じ……その他の方法により演」じられるものではないし，芸能的な性質を有するものでもないから，そのようなスポーツの試合を行うことは「実演」には当たらない。したがって，選手は実演家の権利を有しない。

なお，フィギュアスケート，シンクロナイズドスイミング等の舞踏的要素を備えているスポーツは，試合自体が「著作物」に当たる可能性が高い。また，これらのスポーツの試合を行うことは，「演劇的に……演じ，舞」うことになるだろうから，「実演」に当たり，選手は「実演家」として実演家の権利を有すると思われる。仮に実演家の権利を有する場合であっても，実演家の権利は，放送／有線放送された番組を録画する場合に，録画権（著作91条１項）が働くことになるにとどまる。実演家には，公の伝達権，上映権に相当する権利は認められていないので，放送／有線放送された番組を映写する行為には権利は及ばない。

2 スポーツ選手の肖像権，パブリシティ権

選手の肖像権，パブリシティ権について権利許諾を受ける必要はあるか。

肖像権は一般に，プライバシー権の一内容として，承諾なしにみだりにその容貌等を撮影されない権利と解されているところ，番組として放送されるようなスポーツの試合は公にされているものであり，選手自身，撮影されることやその後の放送及び公の伝達は当然想定しているであろうから，スポーツ番組に関して肖像権は問題にはならない。

また，パブリシティ権とは，芸能人，スポーツ選手等が有する「顧客吸引力を排他的に利用する権利」であり，「①肖像等それ自体を独立して鑑賞の対象となる商品等として使用し，②商品等の差別化を図る目的で肖像等を商品等に付し，③肖像等を商品等の広告として使用するなど，専ら肖像等の有する顧客吸引力の利用を目的とするといえる場合に，パブリシティ権を侵害する」と解されている☆2。スポーツ番組を流す場合は，①ないし③のいずれにも当たらないから，パブリシティ権の侵害とはならない。

以上から，スポーツ選手の権利を，スポーツ番組に関する著作権，著作隣接権とは別途権利処理の必要のある権利として考える必要はない。

Ⅲ 公の伝達権と権利制限規定

1 公の伝達権

著作者は，公衆送信される自身の著作物を，受信装置を用いて公に伝達する権利を専有すると定められている（著作23条２項）。

スポーツバーでテレビ番組を流す行為は，受信装置を用いて公に伝達する行為に該当するので，下記2の権利制限規定が適用されない場合，著作権者（スポーツ映像においては，通例，著作権法29条により，映像の製作者が著作権者となる）の許諾なく行えば，かかる公の伝達権の侵害となる。

2 通常の家庭用受信装置を用いた伝達（著作38条3項）

著作権法38条3項前段は，放送／有線放送される著作物は，営利を目的とせず，かつ，聴衆又は観衆から料金を受けない場合には，受信装置を用いて公に伝達することができると定めている。

そして，同項後段では，「通常の家庭用受信装置を用いてする場合も，同様とする。」と定めているので，「通常の家庭用受信装置を用いて」伝達する場合には，営利又は有料であっても，伝達権の侵害には当たらないことになる。

社会通念に照らして，通常，家庭用に市販されている一般的なテレビといえるものは，「通常の家庭用受信装置」に該当する。もっとも，近年，大型テレビの普及が進んでいるため，それに伴って，「通常の家庭用受信装置」に当たる範囲は，従来想定されていたよりも広がっていると考えられる。一般社団法人電子情報技術産業協会（JEITA）が公表している「民生用電子機器国内出荷統計」★1によれば，2015年に国内で出荷された民生用薄型テレビは合計で512万2,000台であり，サイズごとの内訳は，29型以下が155万1000台（約30%），30ないし36型が157万3000台（約31%），37ないし49型が128万6000台（約25%），50型以上が71万3000台（約14%）であった。50型以上であっても全体の約14%を占めているから，市販のテレビであれば，相当に大型の部類であっても，「通常の家庭用受信装置」に含まれると考えられる。

他方，ホームシアターを備える家庭も増えてきているが，まだ一般に普及しているとまではいえず，大型プロジェクタは「通常の家庭用受信装置」には該当しないと考えられる。したがって，大型プロジェクタで流す場合には，著作権者の許諾を取ることが必要である。当該スポーツ番組を流している放送／有線放送事業者が著作権者である場合とそうでない場合があるが，いずれにしても，当該放送／有線放送事業者に問い合わせればよいだろう。

Ⅳ 放送／有線放送事業者の公の伝達権

著作権法100条は，放送事業者の公の伝達権につき，「放送事業者は，そのテレビジョン放送又はこれを受信して行う有線放送を受信して，影像を拡大する特別の装置を用いてその放送を公に伝達する権利を専有する。」と定めている。

また，著作権法100条の５は，有線放送（ケーブルテレビ等）事業者の公の伝達権につき，「有線放送事業者は，その有線テレビジョン放送を受信して，影像を拡大する特別の装置を用いてその有線放送を公に伝達する権利を専有する。」と定めている。

したがって，許諾を得ずに放送／有線放送を流す際，「影像を拡大する特別の装置」を用いると，これらの放送／有線放送事業者の公の伝達権を侵害することになる（なお，これらの権利には，上記Ⅲ2の著作権法38条３項の権利制限規定は働かないので，「影像を拡大する特別の装置」を用いる場合は，営利を目的としない場合であっても，権利侵害となる）。

「影像を拡大する特別の装置」の範囲について固まった見解はなく，大型プロジェクタであっても入るという見解，ビル壁面の巨大スクリーン等が想定されているという見解等，様々である。後者の見解に立つのであれば，スポーツバーでの伝達は権利侵害とならない可能性もあることになる。

現在の実務では，一般的なスポーツバーについて伝達権侵害が大きな問題となった事例は見あたらないが，正式に許諾を得たい場合には，当該スポーツ番組を流している放送／有線放送事業者に問い合わせればよいだろう。

Ⅴ 録画したスポーツ番組の上映

放送／有線放送されたスポーツ番組を，リアルタイムではなく録画しておいて上映する場合には，公の伝達権ではなく，複製行為について著作権者の複製権（著作21条），放送／有線放送事業者の複製権（著作98条・100条の２），上映行為について著作権者の上映権（著作22条の２）が働く。

著作権者，放送／有線放送事業者の許諾なく行えばこれらの権利の侵害となるので，放送／有線放送事業者に問い合わせて，許諾を得る必要がある。

◆齋藤　浩貴＝呂　佳叡

▶▶判　例

☆1　東京高判平9・9・25行集48巻9号661頁・判タ994号147頁・判時1631号118頁〔全米女子オープン事件〕。

この訴訟では，スポーツ競技を収録したビデオテープ・フィルム又はテレビの生放送のための影像の「映画の著作物」該当性が争点となり，原審（東京地判平6・3・30行集45巻3号931頁・訟月42巻5号1298頁）及び控訴審ともに，「映画の著作物」該当性を認めた。以下，原審を一部引用する。

「(一)　著作権法2条3項は，映画の著作物について，『映画の効果に類似する視覚的又は視聴覚的効果を生じさせる方法で表現され，かつ，物に固定されている著作物を含むもの』としており，いわゆる劇場用映画以外のもので，映画の著作物に当たるというためには，第一に，内容的に著作物の通有性である知的創作性を備えていることを要し，第二に，映画の効果に類似する視覚的又は視聴覚的効果を生じさせる方法で表現されていることを要し，第三に，物に固定されていることを要するというべきである。

そして，ビデオテープ・フィルムはもちろん，生放送のための影像も，それが影像という手法による表現であることは明らかであり，第二の要件を満たしているということができるから，以下，第一及び第三の要件を満たしているか否かについて検討する。

(二)　まず，本件におけるスポーツ競技の影像が知的創作性を備えているか否かについて検討する。」

「……本件におけるようなテレビ放映用のスポーツイベントの競技内容の影像は，競技そのものを漫然と事実経過として撮影したものではなく，スポーツ競技の影像を効果的に表現するために，カメラワークの工夫，モンタージュあるいはカット等の手法，フィルム編集等の何らかの知的な活動が行われ，創作性がそこに加味されているということができるから，本件におけるスポーツ競技の影像は第一の要件を満たしているということができる。」

「(三)　次に，固定性の要件についてみるに，ビデオテープ・フィルムについては，固定性の要件を満たすことは明らかであり，また，テレビの生放送についても，その影像が生中継と同時に録画されているような場合には，固定性の要件を満たし，著作物性を有するというべきである。」

☆2　最判平24・2・2民集66巻2号89頁・判タ1367号97頁・判時2143号72頁〔ピンク・レディー事件〕。事案と判旨は実務編Q25参照。

▶▶注　記

★1　http://www.jeita.or.jp/japanese/stat/shipment/index.htm

第６節　ウェブサイトにおける広告

Q 19　他者サイトの画像の利用行為

当社は，様々な商品（家具，おもちゃ，衣服等）の通販サイトを開設・運営しています。当社がサイトで販売している商品の画像として，メーカーのウェブサイトに掲載されている商品画像を利用してもよいでしょうか。

🗀回　答🗀

メーカーのウェブサイトに掲載されている商品画像には写真の著作物に当たるものが含まれていると考えられるため，著作権者から許諾を得ずにこれをそのまま自社の通販サイトに利用することは著作権侵害（複製権侵害，公衆送信権侵害）に当たると考えられます。メーカーに問い合わせをし，利用の許諾を得たうえで利用をすべきです。

▶解　説

メーカーのウェブサイトに掲載されている商品画像は写真の著作物に当たるものが多いと考えられる。単に商品をそのまま撮影したにすぎない画像は創作性がなく，著作物には当たらないとの見解もあり得るかもしれないが，メーカーとしては，その商品の魅力を最大限引き出すよう，構図やライティング等に様々な工夫を凝らして商品画像を撮影，作成するのが通常であり，また，以下に見る裁判例に照らしても，著作物であることを前提とした行動をすべきである。

そして，写真の著作物である商品画像を著作権者に無断で自社の通販サイトに掲載することは写真の複製権，公衆送信権の侵害に当たるため，メーカーに問い合わせをし，著作権の所在を確認するとともに，利用の許諾を得る必要がある。

本設問に参考となる裁判例として，〔ホームページ上の広告販売用商品写真の著作物性事件〕知財高裁判決☆[1]がある。これは，シックハウス症の対策商品の商品画像（□図２－19－１，□図２－19－２）を，別業者が自社のサイト上に著作権者に無断で掲載をしたという事案であり，この別業者は，商品画像は著作物には該当しないと主張したものの，知財高裁は，「本件各写真については，……被写体の組合せ・配置，構図・カメラアングル，光線・陰影，背景等にそれなりの独自性が表れているのであるから，創作性の存在を肯定することができ，著作物性はあるものというべきである。他方，……その創作性の程度は極めて低いものであって，著作物性を肯定し得る限界事例に近いものといわざるを得ない。」と述べ，限界事例に近いとしつつも結論として著作物性を肯定し，著作権侵害を認めている。

□図２－19－1

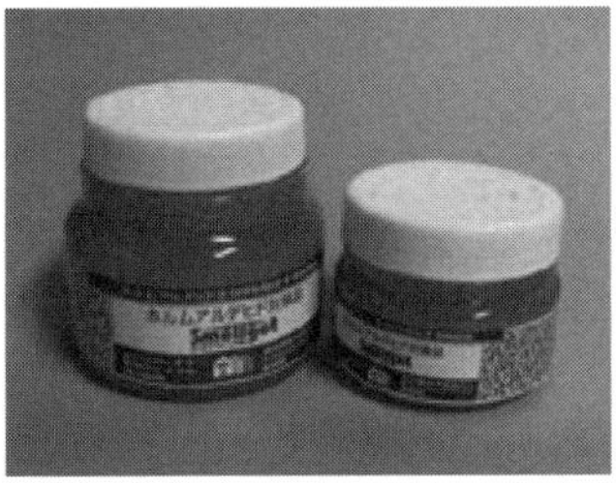

□図２－19－2

なお，この判決で知財高裁は，「創作性の存在が肯定される場合でも，その写真における表現の独自性がどの程度のものであるかによって，創作性の程度に高度なものから微少なものまで大きな差異があることはいうまでもないから，著作物の保護の範囲，仕方等は，そうした差異に大きく依存するものというべきである。したがって，創作性が微少な場合には，当該写真をそのままコピーして利用したような場合にほぼ限定して複製権侵害を肯定するにとどめるべきものである。」と述べているが，本設問は，商品画像をそのまま自社の通販サイトに掲載するというのであるから，かかる見解によったとしても，複製権侵害が肯定されるといわざるを得ない。

以上のとおり，結論としてメーカーのウェブサイトに掲載されている商品画像の無断利用は著作権侵害に該当する可能性が高いといわざるを得ず，当該メーカーに問い合わせをし，商品画像の著作権の帰属を確認するとともに，利用の許諾を得る必要がある。なお，例えば，その商品に関してメーカーが推奨する特殊な使用方法等があり，それを説明するためにメーカーが作成し，サイト上に掲載しているような画像であれば，その使用方法等を正しく消費者に説明することを目的として補足説明文等とともに利用することにより，引用（著作32条1項）の要件を満たし，無断で利用することが可能な場合もあるものと考えられる。

◆池村　聡

▶▶判　例

☆1　知財高判平18・3・29判タ1234号295頁〔ホームページ上の広告販売用商品写真の著作物性事件〕。

Q20　他者商品を撮影した画像の利用行為

当社のホームページのデザインの素材として，他社が販売している商品（家具，おもちゃ，衣服等）を当社で撮影した画像を利用したいと思いますが，何か問題があるでしょうか。

▢回　答▢

基本的には問題ないと考えられますが，応用美術の著作物性につき，通常の著作物と同じ基準で判断し，家具（幼児用椅子）につき著作物性を肯定した近時の裁判例を受けた今後の学説や裁判例の動向に注視する必要があるでしょう。

▶解　説

家具やおもちゃ，衣服といった商品は，通常は著作物（著作２条１項１号）には当たらないものが多いと考えられる。したがって，これを撮影したり，撮影した画像を自社のホームページのデザインの素材として利用したりすることについては，その商品を製造販売するメーカーから許諾を得る必要はない。仮にその商品が意匠登録されていたとしても，意匠権は，ホームページのデザインの素材として商品画像を利用することに対しては及ばないため，意匠権者からの許諾も不要である。一方，極めてデザイン性が高い商品をホームページのデザイン素材として利用するような場合（例えば，極めてデザイン性が高く，特徴的な額縁のデザインを自社ホームページのフレームのデザインにそのまま利用する場合等）は，その商品は著作物に該当すると考えられるため，撮影や利用に関しては，著作権者から許諾を得る必要があろう。

しかしながら，近時，幼児用椅子（▢図２－20－１）の著作物性が争いになった〔トリップトラップ事件〕知財高裁判決☆1では，「応用美術は，装身具等実用品自体であるもの，家具に施された彫刻等実用品と結合されたもの，染色図案等実用品の模様として利用されることを目的とするものなど様々であり……，表現態様も多様であるから，応用美術に一律に適用すべきものとして，

図２－20－1

高い創作性の有無の判断基準を設定することは相当とはいえず，個別具体的に，作者の個性が発揮されているか否かを検討すべきである。」と述べ，問題となった幼児用椅子が備える，市場に出回っている他社製の幼児用椅子とは異なった特徴を認定し，著作物性を肯定しており，留意が必要である（応用美術の著作物性については，基礎編Q７を参照のこと）。

すなわち，この裁判例によれば，多少なりとも個性が発揮されたデザインの家具等であれば，広く著作物性が認められることになり，それを撮影したり，撮影した画像をホームページのデザインの素材として利用したりすることについても，著作物たる商品の複製等であるとして著作権が及び，利用には許諾が必要であるということにもなりかねないところである。この問題に関しては，本判決は，あくまで類似商品を製造販売したことに対して著作権を行使したという事案における判断であり（なお，結論としては，他社商品との類似性は否定され，著作権侵害は認められていない），商品の撮影やホームページでの商品画像の利用に対して著作権が及ぶと判断したものではないこと，学説上もこうした行為に対して著作権が及ぶという結論は行きすぎで不合理だとする見解が支配的であり，こうした結論を避けるための種々の解釈上の工夫につき議論が行われていること，社会的にもこうした行為に対して著作権者が権利行使をしているという実態は認められないこと等に照らせば，現時点においては，（商品の製造販売業者から撮影等につき許諾を得ないという）これまでの実務上の取扱いを変更する必要はないと思われる。もっとも，今後の議論や裁判例の動向に注視することが重要である。

なお，キャラクターがプリントされた衣裳や商品の利用に関しては，実務編Q11を参照のこと。

◆池村　聡

▶▶判　例

☆１　知財高判平27・４・14判時2267号91頁〔トリップトラップ事件〕。

Q21 オークションサイトでの美術品画像の利用行為

当社は，オークションサイトを営んでいます。オークションの対象となる美術品の画像を当社のオークションサイト上に掲載することはできますか。

回　答

著作権法47条の2は，オークションサイト等における出品作品の画像を掲載することを権利制限の対象としており，同条の要件を満たす態様であれば美術作品の著作権者の許諾なくオークションサイト上にオークションの対象となる美術品の画像を掲載することができます。

▶解　説

I　著作権法47条の2

著作権法47条の2は，オークションに美術や写真の著作物を出品する場合等において，一定の条件において，売買等の対象となる作品を紹介するために作品の画像をオークションサイトやオークションカタログに掲載することを認める権利制限規定である。この規定は，平成21年の著作権法改正において新たに創設されたものである。改正前においては，こうした行為は，著作権侵害に該当するおそれがあると解されており，実際，改正法の施行前に行われた行為につき，著作権侵害に該当すると判断した裁判例もある☆1☆2が，平成21年の著作権法改正により，一定の要件を満たせば著作権侵害には該当しないことが明確にされた。

以下，本条の要件を解説する。

Ⅱ 要　件

1 客体，主体

著作権法47条の２が適用される客体は，美術の著作物又は写真の著作物である。設問における美術品はその典型であり，例えば絵画作品や彫刻作品，写真作品といったものがこれに当たる。

次に，本条が適用となる主体は，「美術の著作物又は写真の著作物の原作品又は複製物の所有者その他のこれらの譲渡又は貸与の権原を有する者」である。美術品の所有者やその代理人が典型であるが，これらの者にとどまらず，これらの者から譲渡等につき委託を受けた者も対象となる。したがって，画商や，設問におけるオークションサイト運営者もこれに含まれる。

2 その他の条件

著作権法47条の２は，美術品等を譲渡し，又は貸与しようとする場合に適用される。設問におけるオークションサイトは，美術品の売買を仲介するものであるから，「譲渡しようとする場合」に該当し，本条の対象となる。

次に，本条によって認められるのは，（美術の著作物又は写真の著作物の）複製又は公衆送信であり，設問のケースのようにオークションサイトに美術品の画像を掲載する場合はこれに当たり，本条の対象となる。もっとも，あまりに高画質な美術品の画像がオークションサイト上に掲載されてしまうと，そうした画像がネット上で広く流通してしまうこと等により著作権者が経済的な不利益を受ける危険もあるため（例えば，著作権者が絵画の画像データを壁紙サービス等で有償配信している場合，かかるビジネスと抵触することになる），著作権法施行令７条の２及び著作権法施行規則４条の２は，複製，公衆送信につき，それぞれ遵守すべき基準を具体的に規定している。

設問の場合は公衆送信に当たるため，美術品の画像をサイトに掲載するに際して画像に複製防止手段（右クリック保存ができない仕様にする等，画像のコピーやダウンロードを防止する方策）を講じるか否かに応じて，美術品の画像の画素数を以下のいずれかの範囲内にすることが求められる。

① 複製防止手段を用いない場合：32,400画素以下

② 複製防止手段を用いる場合：90,000画素以下

その他，オークションサイトに美術品の画像を掲載するに際しては，合理的と認められる方法及び程度により，著作物の出所を明示しなければならない（著作48条1項2号)。この点，設問のようにオークションサイトに掲載する場合は，紙のオークションカタログに掲載する作品情報（著者名，作品名，制作年，所蔵先等）と同様の作品情報をサイトに掲載すればよい。

◆池村　聡

▶▶判　例

☆1　東京地判平21・11・26（平成20年（ワ）第31480号）裁判所ホームページ〔オークション出品カタログ事件〕。

☆2　東京地判平25・12・20（平成24年（ワ）第268号）裁判所ホームページ〔毎日オークションカタログ事件〕。

Q 22 検索連動型広告の入札キーワードでの他社商標の使用

検索連動型広告において，検索エンジンの検索キーワードとして競合他社の商標を購入し，当該検索キーワードの検索結果ページ上の広告スペースに当社の広告を表示させることは，何か問題がありますか。

🗀回　答🗀

設問のケースは，商標権侵害又は不正競争防止法２条１項１号もしくは２号の不正競争行為に該当しない可能性が高いものと考えられます。もっとも，具体的な認識や態様・被害によっては，民法上の不法行為（民709条）が成立する可能性は否定できません。

競合他社の商標への「ただ乗り」（フリーライド）の側面も否定できないため，検索連動型広告において競合他社の商標を検索ワードとして購入すること避けた方が無難であると思われます。

▶解　説

Ⅰ　問題の所在

検索連動型広告とは，インターネットの広告の一種であり，検索エンジンで，ユーザが特定の検索キーワードを入力して検索すると，検索結果ページ上の広告スペースにおいて，当該検索キーワードに関係する広告を表示するものをいう。

企業が検索連動型広告を行う場合には，検索エンジンの運営業者から，検索キーワードを購入する必要があり，検索に利用される可能性が高いキーワードほど人気がある。

そして，実務上，競合他社の商品やサービスを検索するユーザを自社のサイトに誘引する手段として，検索エンジンの検索キーワードとして競合他社の商標を購入し，当該検索キーワードの検索結果ページ上の広告スペースに自社の広告を表示させることが行われる場合がある。

そこで，このような行為は，競合他社の商標に係る商標権侵害又は不正競争防止法2条1項1号もしくは2号の不正競争行為に該当しないかが問題となる。

Ⅱ 参考となる裁判例

この問題に関して参考となる裁判例としては，〔カリカセラピ事件〕大阪地裁判決☆1がある。

Yは，Yahoo!JAPANの検索エンジンにX商品の名称及びX商標である「カリカセラピ」「PS–501」のキーワードを入力した場合に表示される検索結果ページの広告スペース（スポンサーサイト）に，X商品と同じパパイア発酵食品を販売している旨の広告及び自社ホームページを表示していた。

これに対し，Xは，Yが広告を表示しているインターネット検索結果ページの広告スペースは，X商品の名称及びX商標をキーワードとして表示されるスペースであり，X商品の名称及びX商標と同一であるため，X商品の名称及びX商標を構成する文字を入力した結果表示されるインターネット上の検索エンジンの検索結果ページ内の広告スペースにYが自社の広告を掲載することは，商標法37条1号に該当すると主張した。

この点について，大阪地裁は，「X商品の名称及びX商標をキーワードとして検索した検索結果ページにYが広告を掲載することがなぜX商標の使用に該当するのか，Xは明らかにしない。のみならず，上記のYの行為は，商標法2条3項各号に記載された標章の『使用』のいずれの場合にも該当するとは認め難いから，本件における商標法に基づく原告の主張は失当である。」と判示した。

Ⅲ 設問について

前掲（☆1）〔カリカセラピ事件〕大阪地裁判決からすれば，検索エンジンの検索キーワードとして競合他社の商標を購入し，当該検索キーワードの検索結果ページ上の広告スペースに自社の広告を表示させても，商標権侵害又は不正競争防止法違反とならない可能性が高いものと考えられる。

もっとも，検索キーワードが競合他社の商標であることを認識しながら，競合他社の商品やサービスを検索するユーザを自社のサイトに誘引する手段として，当該検索キーワードを購入し，自社の広告を表示させることは，競合他社の商標への「ただ乗り」（フリーライド）行為という側面があることは否定できず，（実際の立証は困難であるものの）当該行為によって競合他社の売上げを減らしたといえるような場合には，民法上の不法行為（民709条）が成立する可能性も否定できない。

なお，わが国の裁判例ではないものの，欧州司法裁判所2010年 3 月23年判決☆2は，検索連動型広告において，検索連動型広告の運営事業者が，広告主に検索エンジンの検索キーワードとして競合他社の商標を購入し，当該検索キーワードの検索結果ページ上の広告スペース（スポンサーリンク）に広告主の広告を表示することを許容していることが，当該運営事業者による商標権侵害となるかが争われた事案において，当該運営事業者の責任は否定したものの，広告主の商品やサービスと商標権者の商品やサービスと誤認混同が生じる場合には商標権侵害となり得る旨を判示している。

以上のことからすると，検索連動型広告において競合他社の商標の購入は避けた方が無難である。

◆上村　哲史

▶▶判　例

☆1　大阪地判平19・9・13（平成18年（ワ）第7458号）裁判所ホームページ〔カリカセラピ事件〕。

☆2　Judgment in Joined Case C-236/08 to C-238/08 *Google France and Google Inc. et al. v. Luis Vuitton Malletier et al.*

Q23　メタタグにおける他社商標の使用

1　当社のウェブサイトのディスクリプションメタタグ（記述メタタグ）に競合他社の商標を記述し，検索エンジンの検索結果ページに当社のウェブサイトを表示させることは，商標権侵害又は不正競争防止法違反になりますか。
2　また，当社ウェブサイトのキーワードメタタグに競合他社の商標を記述する場合はどうでしょうか。

回　答

1　設問１のケースは，当該競合他社の商標が商標登録されている場合には商標権侵害となる可能性が高く，また，当該競合他社の商標が周知又は著名の場合には不正競争防止法２条１項１号又は２号の不正競争行為となる可能性が高いものと思われます。
2　他方，設問２のケースは，現時点でこれを明確に判断した裁判例はありませんが，商標権侵害又は不正競争防止法違反となる可能性は低いものと思われます。

▶解　説

Ⅰ　問題の所在

メタタグとは，HTMLファイルに記載するコード（タグ）であり，ウェブサイトの内容を検索エンジンに伝えるために使用されるものである。

このうち，ディスクリプションメタタグ（<meta name=“description”content=“～”／>）の場合には，ブラウザの通常の表示により，記述した内容（「～」の部分）が検索結果ページにサマリーとして表示されるが，キーワードメタタグ（<meta name=“keywords”content=“～”／>）の場合は，ブラウザの通常の表示では，ウェブサイトが検索結果ページに表示されるだけで，記述した内容（「～」

の部分）は検索結果ページに表示されない（ただし，ウェブサイトのソース表示を見れば確認することは可能である）。このように，ディスクリプションメタタグとキーワードメタタグは，記述の内容がブラウザの通常の表示によって視認することができるか否かで異なっている。

自社のウェブサイトのHTMLファイルにメタタグとして，競合他社の商標を記述することも可能であり，それによって，ユーザーが検索エンジンに当該競合他社の商標を検索キーワードとして入力した際，検索結果ページに自社ウェブサイトを表示させやすくことも可能となる。

そこで，このような行為は，競合他社の商標に係る商標権侵害又は不正競争防止法２条１項１号もしくは２号の不正競争行為に該当しないかが問題となる。

Ⅱ　ディスクリプションメタタグにおける他社商標の使用（設問１）

1　裁判例

ディスクリプションメタタグに競合他社の商標を記述することが商標権侵害等になるかについて判断した裁判例として，以下の裁判例がある。

(1)〔クルマの110番事件〕大阪地裁判決☆1（侵害肯定）

Yは，Yのウェブサイト（Yサイト）のトップページを表示するためのhtmlファイルにメタタグとして「<meta name＝“description”content＝“クルマの110番。輸入，排ガス，登録，車検，部品・アクセサリー販売等，クルマに関する何でも弊社にご相談下さい。”>」と記載し，検索サイトで「クルマの110番」と検索すると，検索結果ページにおいて，Yサイトの説明として，同記載の内容が表示されるようにしていた。これに対し，「中古車（くるま）の110番」との商標（本件商標）について商標権を有するXがYに対し，Yの行為は，Xの商標権を侵害するとして，損害賠償を請求したという事案である。

Yは，Xの行為はクルマの110番（本件標章）の商標としての使用ではなく，商標権の侵害に当たらないと主張した。

しかし，大阪地裁は，「インターネット上に開設するウェブサイトにおいてページを表示するためのhtmlファイルに,『<meta name＝“description”content＝“～”>』と記載するのは,インターネットの検索サイトにおいて,当該ページの説明として,上記『～』の部分を表示させるようにするためであると認められる。

そして,一般に,事業者が,その役務に関してインターネット上にウェブサイトを開設した際のページの表示は,その役務に関する広告であるということができるから,インターネットの検索サイトにおいて表示される当該ページの説明についても,同様に,その役務に関する広告であるというべきであり,これが表示されるようにhtmlファイルにメタタグを記載することは,役務に関する広告を内容とする情報を電磁的方法により提供する行為にあたるというべきである。」と判示したうえ,本件において,Yは,そのトップページを表示するためのhtmlファイルに,メタタグとして,上記のとおり記載し,その結果,検索サイトにおいて,Yサイトのトップページの説明として,同記載の内容の表示がされたのであるから,Yは,その役務に関する広告を内容とする情報に,本件標章に付して,電磁的方法により提供したものと認めることができるとして,Yの主張を排斥し,Yの商標権侵害を肯定した。

⑵〔IKEA STORE事件〕東京地裁判決☆2（侵害肯定）

Yは,Yサイトを表示するためのhtmlファイルに,タイトルタグとして,「<title>【IKEA STORE】イケア通販</title>」と記載し,メタタグとして,「<meta name＝“description”content＝“【IKEA STORE】IKEA通販です。カタログにあるスウェーデン製輸入家具・雑貨イケアの通販サイトです。”/>」と記載し,その結果,検索エンジンで「IKEA」,「イケア」とキーワード検索すると,検索結果ページにおいて,Yサイトは,上記各タイトルタグ及びメタタグの内容のとおり表示されていた。これに対し,「IKEA」等の商標（X商標）について商標権を有するXがYに対し,Yの行為は,Xの商標権を侵害し,また,不正競争に当たるとして,当該Y標章のタイトルタグ,メタタグとして使用の差止めや損害賠償を求めた事案である。

東京地裁は,「インターネットの検索エンジンの検索結果において表示されるウェブページの説明は,ウェブサイトの概要等を示す広告であるということができるから,これが表示されるようにhtmlファイルにメタタグないしタイトルタグを記載することは,役務に関する広告を内容とする情報を電磁的方法により提供する行為に当たる。そして，被告各標章は，htmlファイルにメタタグないしタイトルタグとして記載された結果，検索エンジンの検索結果において，被告サイトの内容の説明文ないし概要やホームページタイトルとして表示され……，これらが被告サイトにおける家具等の小売業務の出所等を表示し，インターネットユーザーの目に触れることにより，顧客が被告サイトにアクセスするよう誘引するのであるから，メタタグないしタイトルタグとしての使用は，商標的使用に当たるということができる。」と判示して，Yの商標権侵害及び不正競争を肯定した。

2 小　活

上記の各裁判例からすれば，設問1のケースでも，当該競合他社の商標が商標登録されている場合には，商標権侵害となる可能性が高く，また，当該競合他社の商標が周知又は著名の場合には不正競争防止法2条1項1号又は2号の不正競争行為となる可能性が高いものと思われる。

Ⅲ キーワードメタタグにおける他社商標の使用（設問2）

キーワードメタタグに競合他社の商標を記述することが商標権侵害等になるかについて明確に判断した裁判例は存在しない（ただし，〔SAMURAI JAPAN事件〕大阪地裁判決☆3では，キーワードメタタグによる商標権侵害が問題となったが，裁判の途中で被告がキーワードメタタグを削除したため，最終的には，商標権侵害の判断がなされなかった）。

しかし，キーワードメタタグは，ディスクリプションメタタグと異なり，ブラウザの通常の表示によって視認することができないため，需用者に対して出所識別機能を果たす形で使用されているとはいいがたいことから，商標の「使用」又は商品等表示の「使用」に該当しないと判断される可能性が高いものと思われる。かかる結論は，検索連動型広告において競合他社の商標をキーワードとして購入し，当該検索キーワードの検索結果ページ上の広告スペースに自社の広告を表示させることが商標権侵害となるかが争われた〔カリカセラピ事件〕大阪地裁判決☆4（実務編Q22参照）において，競合他社の商標をキーワードとして購入することが「使用」に当たらないと判断されていることとも整合する。

以上のとおり，貴社のウェブサイトのキーワードメタタグに競合他社の商標を記述した場合には，現時点でこれを明確に判断した裁判例は存在しないものの，商標権侵害又は不正競争防止法違反となる可能性は低いものと思われる。

◆上村　哲史

▶▶判　例

☆１　大阪地判平17・12・８判タ1212号275頁・判時1934号109頁〔クルマの110番事件〕。

☆２　東京地判平27・１・29判時2249号87頁〔IKEA STORE事件〕。

☆３　大阪地判平24・７・12判タ1407号348頁・判時2181号136頁〔SAMURAI JAPAN事件〕。

☆４　大阪地判平19・９・13（平成18年（ワ）第7458号）裁判所ホームページ〔カリカセラピ事件〕。

第7節　他人の肖像等の利用

Q 24　一般人の肖像の映り込み

当社は，公園内で，インターネットで配信する動画コンテンツの撮影を行うことを予定しています。このような撮影の際には，その場所をたまたま通行していた一般人の肖像が背景に小さく映り込んでしまう場合もあります。何か問題がありますか。また，問題がある場合にはどのような措置を講ずるのがよいでしょうか。

回　答

通行人の肖像が映り込んでしまった場合には，本人が特定できない場合を除き，当該通行人の肖像権を侵害する可能性があります。もっとも，公園という公共の場所での撮影のようですので，背景に小さく映り込んでしまった程度であれば，通常の方法で撮影されている限り，その肖像の撮影・利用は社会生活上受忍できる限度内のものとして不法行為（民709条）にならない可能性も十分にあると思われます。

肖像権侵害のリスクを減少させるための具体的な方策としては，以下のような措置が考えられます。

①　外部からも撮影していることが明確にわかるようにする（例：カメラを外からも見える位置に設置する，カメラマンが腕章をつける等）。

②　もし通行人が撮影されたくなければ，撮影されないで済むような措置を講ずる（例：事前に撮影することを告知する，撮影されたくない場合には一時的に撮影範囲から退避できるようにする等）。

③　撮影の目的・利用範囲を明示する（撮影目的や利用範囲を記載した看板を設置する，他のスタッフが周囲に説明する等）。

▶解　説

Ⅰ　肖像権侵害の判断基準

設問のように，街中で動画コンテンツの撮影をしている際に，その場所をたまたま通行していた一般人の肖像が映り込んでしまった場合には，当該通行人の肖像権を侵害しないかが問題となる。

肖像権とは，自己の肖像をみだりに利用されない権利をいう。肖像，すなわち，社会通念上特定人であることを識別し得る人の容ぼうや姿態が，法的に保護される利益（「肖像権」）となり得ることは判例・学説上定着している☆1☆2。

したがって，他人の肖像を承諾なく撮影し，これを公表等する行為は原則として肖像権侵害となる。

しかし，それが誰の肖像であるか特定できない場合には，肖像権侵害とならない。

また，誰の肖像か特定できる場合であっても，被撮影者の社会的地位・活動内容，撮影の場所，撮影の目的，撮影の必要性，撮影の態様等を総合考慮し，自己の肖像を撮影・利用されることによる人格的利益の侵害が社会生活上受忍できる限度内のものであれば，肖像権侵害として不法行為（民709条）とならない☆3。

Ⅱ　設問について

設問のケースでも，通行人の肖像が映り込んでしまった場合であっても，仮に通行人の後ろ姿だけしか映っていなかったり，非常に小さくしか映っていないため，通行人本人が特定できないような場合は，そもそも肖像権侵害にはならない。

しかし，通行人本人が特定できる場合には，通行人の肖像権を侵害する可能性がある。

もっとも，公園という公共の場所での撮影であり，特定の個人の肖像をことさら大きく利用しているわけではなく，背景に小さく映り込んでしまった程度であれば，隠し撮りなどではない通常の方法で撮影されている限り，その肖像の撮影・利用は社会生活上受忍できる限度内のものとして不法行為にならない可能性も十分にあると思われる。

なお，肖像権侵害とならない場合でも，撮影許可が必要な場所において当該撮影の許可を得ていない等の場合は，他の権利（管理権など）を侵害する可能性があるので，別途留意が必要である。

Ⅲ 肖像権侵害のリスクを低減させるための具体的な方策

肖像権侵害の成否は，ケースバイケースで判断されるため，この措置を講じておけば必ずセーフになるというものではないが，肖像権侵害と判断されるリスクを減少させるための具体的な方策としては，以下のような措置が考えられる。

① 外部からも撮影していることが明確にわかるようにする（例：カメラを外からも見える位置に設置する，カメラマンが腕章をつける等）。

② もし通行人が撮影されたくなければ，撮影されないで済むような措置を講ずる（例：事前に撮影を告知する，撮影されたくない場合には一時的に撮影範囲から退避できるようにする等）。

③ 撮影の目的や利用範囲をあらかじめ明示しておく（撮影目的や利用範囲を記載した看板を設置する，他のスタッフが周囲に説明する等）。

上記①は，自己の肖像が撮影されていることを本人に認識してもらうための措置である。上記②は，文字どおり，本人の意に反する撮影をできる限り回避してもらうための措置である。上記③は，自己の肖像が撮影されていることを認識していても，当該動画コンテンツの目的や内容によっては，撮影・利用されることに心理的な負担を覚えることもあり得るので，撮影の目的と利用範囲をあらかじめ明示しておくことは有益である。

◆上村　哲史

▶▶判　例

☆1　最判昭44・12・24刑集23巻12号1625頁・判タ242号119頁・判時577号18頁〔京都府学連デモ事件〕。

☆2　最判平24・2・2民集66巻2号89頁・判タ1367号97頁・判時2143号72頁〔ピンク・

レディー事件〕。
☆３　最判平17・11・10民集59巻９号2428頁・判タ1203号74頁・判時1925号84頁。

Q 25 芸能人の肖像の利用

当社は，当社が配信する女性向けの電子雑誌（本件雑誌）の中で，「この春・ファッションリーダーになろう！　編集者が選ぶ人気女優コーディネート・ベスト5と『着回しコーデ術』」と題する記事（本件記事）を掲載する予定です。

本件記事は，約300頁の本件雑誌の中で4頁にわたって掲載されたものであり，本件雑誌の編集者3名が若い女性に人気の女優たちのコーディネートをランキング形式で紹介しつつ，春物の服のコーディネートのポイントを解説することを内容としています。本件記事には，複数の女優を被写体とする10枚のカラー写真（本件写真）が使用されており，その大きさは，小さいもので縦2cm，横3cm，大きいもので縦8cm，横10cm程度です。また，本件記事は，人気女優の肖像よりもむしろファッションに主眼をおいているため，編集者3名による選考の理由やコーディネートのポイントに関する記述やそれぞれのコーディネートを組み合わせた2週間分の「着回しコーデ」の方法を紹介する記述や図解などが本件記事の全体の分量のうちの8割くらいを占めています。

女優たちに無断で本件写真を掲載すると，女優たちのパブリシティ権侵害になるのでしょうか。

回　答

設問のケースでは，パブリシティ権侵害にならない可能性が高いものと考えられます。

▶解　説

I パブリシティ権侵害の判断基準

1 パブリシティ権とは

パブリシティ権とは，芸能人や著名人の肖像等の有する顧客吸引力を排他的に利用する権利をいう。芸能人や著名人の肖像等がCMやグッズに利用されるのは，当該芸能人の肖像等に顧客を商品等に引きつける力（顧客吸引力）があるからである。

このパブリシティ権は，「○○法」といった法律で定められている権利ではないが，裁判例の中で古くから認められてきた権利であり，〔ピンク・レディー事件〕最高裁判決☆1において明確に認められるに至っている。

2 他人の肖像や氏名の利用がパブリシティ権侵害となる場合

芸能人や著名人の肖像等の利用が直ちに不法行為となるわけではない。肖像等に顧客吸引力を有する者は，社会の耳目を集めるなどして，その肖像等を時事報道，論説，創作物等に使用されることもあるのであって，その使用を正当な表現行為等として受忍すべき場合もあるからである。

そのため，前掲（☆1）〔ピンク・レディー事件〕最高裁判決は，肖像等を無断で使用する行為が「専ら肖像等の有する顧客吸引力の利用を目的とするといえる場合に，パブリシティ権を侵害するものとして，不法行為法上違法となると解するのが相当である。」と判示している。

そして，もっぱら肖像等の有する顧客吸引力の利用を目的とするといえる場合として，以下の3つの類型を例示している。

① 肖像等それ自体を独立して鑑賞の対象となる商品等として使用する場合（第1類型）

② 商品等の差別化を図る目的で肖像等を商品等に付する場合（第2類型）

③ 肖像等を商品等の広告として使用する場合（第3類型）

したがって，芸能人や著名人の肖像等の無断利用が，上記①ないし③の類型に該当する場合など，もっぱら肖像等の有する顧客吸引力の利用を目的とするといえる場合には，当該芸能人等のパブリシティ権侵害となる。

パブリシティ権が侵害された場合，被侵害者である芸能人等は，侵害者に対し，その利用の差止めや損害賠償等を求めることができる。

Ⅱ 設問について

本件記事は，若い女性に人気の女優達の顧客吸引力を利用する側面があることは否定できないものの，①本件雑誌の編集者3名が女優たちのコーディネートをランキング形式で紹介しつつ，春物の服のコーディネートのポイントを解説することを内容とするものであること，②本件記事の分量は，300頁の本件雑誌の中の4頁にとどまっていること，③本件記事に掲載されている本件写真の大きさも，小さいもので縦2 cm，横3 cm，大きいもので縦8 cm，横10cm程度であること，④編集者3名による選考の理由やコーディネートのポイントに関する記述やそれぞれのコーディネートを組み合わせた「着回しコーデ」を紹介する記述や図解が本件記事の全体の分量のうちの8割くらいを占めていることなどからすると，女優たちの肖像それ自体を独立して鑑賞の対象となる商品等として使用している場合（第1類型）に該当するとはいいがたく，前掲（☆1）〔ピンク・レディー事件〕最高裁判決からすると，もっぱら女優たちの有する顧客吸引力の利用を目的とするといえないと判断される可能性が高いものと考えられる。

◆上村　哲史

▶▶判　例

☆1　最判平24・2・2民集66巻2号89頁・判タ1367号97頁・判時2143号72頁〔ピンク・レディー事件〕。

Xらが，同人らの写真を無断で利用した「『ピンク・レディー』deダイエット」と題する記事（本件記事）を掲載した週刊誌（本件雑誌）の出版社Yを相手方として，パブリシティ権侵害に基づき損害賠償を求めた事案。

本件記事は，約200頁の本件雑誌の中で3頁にわたって掲載されたものであり，物まねタレントAがピンク・レディーの5曲の振り付けを利用したダイエット法を解説することなどを内容としていた。本件記事には，Xらを被写体とする14枚の白黒写真（本件各写真）が使用されており，その大きさは，一番小さいもので縦2.8cm，横

3.6cm，一番大きいもので縦８cm，横10cm程度であった。また，写真とともに，物まねタレントAが子供の頃にXらの曲の振り付けをまねていたなどの思い出等を語る記述やそれとは別のタレントが上記同様の思い出等を語る記述などもあった。

最高裁は，「人の氏名，肖像等（以下，併せて「肖像等」という。）は，個人の人格の象徴であるから，当該個人は，人格権に由来するものとして，これをみだりに利用されない権利を有すると解される……。そして，肖像等は，商品の販売等を促進する顧客吸引力を有する場合があり，このような顧客吸引力を排他的に利用する権利（以下「パブリシティ権」という。）は，肖像等それ自体の商業的価値に基づくものであるから，上記の人格権に由来する権利の一内容を構成するものということができる。他方，肖像等に顧客吸引力を有する者は，社会の耳目を集めるなどして，その肖像等を時事報道，論説，創作物等に使用されることもあるのであって，その使用を正当な表現行為等として受忍すべき場合もあるというべきである。そうすると，肖像等を無断で使用する行為は，①肖像等それ自体を独立して鑑賞の対象となる商品等として使用し，②商品等の差別化を図る目的で肖像等を商品等に付し，③肖像等を商品等の広告として使用するなど，専ら肖像等の有する顧客吸引力の利用を目的とするといえる場合に，パブリシティ権を侵害するものとして，不法行為法上違法となると解するのが相当である。」（下線は筆者による）と判示したうえ，ピンク・レディーの肖像の顧客吸引力を認めつつも，「本件記事の内容は，ピンク・レディーそのものを紹介するものではなく，前年秋頃に流行していたピンク・レディーの曲の振り付けを利用したダイエット法につき，その効果を見出しに掲げ，イラストと文字によって，これを解説するとともに，子供の頃にピンク・レディーの曲の振り付けをまねていたタレントの思い出等を紹介するというものである。そして，本件記事に使用された本件各写真は，約200頁の本件雑誌全体の３頁の中で使用されたにすぎない上，いずれも白黒写真であって，その大きさも，縦2.8cm，横3.6cmないし縦８cm，横10cm程度のものであったというのである。これらの事情に照らせば，本件各写真は，上記振り付けを利用したダイエット法を解説し，これに付随して子供の頃に上記振り付けをまねていたタレントの思い出等を紹介するに当たって，読者の記憶を喚起するなど，本件記事の内容を補足する目的で使用されたものというべきである。

したがって，Yが本件各写真をXらに無断で本件雑誌に掲載する行為は，専らXらの肖像の有する顧客吸引力の利用を目的とするものとはいえず，不法行為法上違法であるということはできない。」と判示した。

第８節　キュレーションビジネス

Q 26 ウェブサイト上の会社情報，財務情報及び図表の利用

1　当社は民間のシンクタンクです。報告書を作成するにあたって，他者のウェブサイトに掲載されている会社情報（名称，所在地及び電話番号等）や財務情報を利用する場合のルールを教えてください。

2　会社情報や財務情報などがまとめられている図表が，他者のウェブサイトに掲載されていますが，こうした図表を利用する場合はどうでしょうか。

回　答

1　会社情報及び財務情報などのデータは，「著作物」（著作２条１項１号）に該当しないため，それぞれの個別データについては，ウェブサイトの管理者の許諾を得ることなく，自由に使うことができます。

2　会社情報及び財務情報などのデータを一般的な方法でまとめた図表は，原則として，「著作物」に該当しないため，自由に使うことができます。ただし，図表の表現方法に創作性が認められる場合には，著作物に該当する場合がありますので，そのような場合に備えて，できる限り引用（著作32条１項）の要件を満たしておくことが望ましいといえます。

なお，データや図表が，著作物に当たらない場合であっても，その利用が公正かつ自由な競争として許される範囲をはなはだしく逸脱して，他者の営業活動を妨げる場合には，民法上の不法行為が成立することがあるため，留意が必要です。

▶解　説

I　設問1

1　会社情報及び財務情報の「著作物」該当性

著作権法による保護の対象は「著作物」である。そして，「著作物」とは，「思想又は感情を創作的に表現したものであって，文芸，学術，美術又は音楽の範囲に属するもの」（著作2条1項1号）をいう（著作物性については，基礎編Q6参照）。したがって，単純な数字，客観的な事実やありふれた表現には，何も「思想又は感情」が表現されていないことから，「著作物」には該当しない。

設問1の会社の名称，所在場所及び電話番号等の会社情報や，単純な数字で構成される財務情報等のデータは，単純な数字又は客観的な事実そのものであるから，「著作物」には該当しない。

2　関係裁判例

裁判例も，実験結果等のデータ☆1，自動車部品メーカー等の会社名，自動車メーカー別の自動車部品の調達量及び納入量，シェア割合等のデータ☆2，自動車の型式，定員，重量，排気量等をまとめたデータベース☆3，編物段数早見表☆4について，これらの情報が「著作物」に該当しないと判断している。

なお，会社に関する情報であっても，会社の名称，所在場所及び電話番号等の客観的な事実ではなく，業務内容，仕事内容，採用情報，教育制度や会社の理念等を説明する記述については，表現者の創作性が現れている場合には，「著作物」に該当し得る。例えば，業務内容や会社の理念等が記された転職情報が「著作物」に該当するかが争点となった事案☆5では，「具体的な例をあげたり，文体を変えたり，『あくまでエンジニア第一主義』，『入社2年目のエンジニアより』などの特徴的な表題を示したりして，読者の興味を惹くような表現上の工夫が凝らされていることが認められる」と判断して，これらの表現の創作性を認め，著作物であると判断した。

他方で，会社の業務内容等を説明する記述であっても，ありふれた用語が，簡潔に記載されているだけの場合（例えば，業務内容として，「食品メーカーの営業」，採用情報として，「完全週休二日制」「年休取得率○％」等というように単純な記載しかなされていない場合）には，創作性が認められないから，「著作物」には該当しない。

3　その他の留意点

(1)　編集著作物・データベースの著作物

会社情報や財務情報に含まれる個別のデータは，「著作物」に該当しないものの，それらのデータをまとめたり，表現したりする方法に，表現者の思想又は感情が創作的に表現されている場合には，「著作物」に該当することがある。

すなわち，「素材の選択又は配列によって創作性を有する」編集物は，編集著作物（著作12条１項）として，また，「情報の選択又は体系的な構成によって創作性を有する」データベースは，データベースの著作物（著作12条の２第１項）として「著作物」に該当する。

例えば，〔NTTタウンページデータベース事件〕東京地裁判決☆6は，検索の利便性の観点から，個々の職業を分類し，これらを階層的に積み重ねることによって，全職業を網羅するように構成された職業別電話帳のうち，発刊されているものは，編集著作物に該当し，データベース化されているものについては，データベースの著作物に該当すると判断している。

したがって，会社情報や財務情報が，その素材・情報の配列・構成に創作性が認められる場合には，編集著作物・データベースの著作物に該当することになる。その場合，著作権者の許諾なく，そのままの形で複製して利用することは，複製権（著作21条）を侵害することになる。もっとも，これらの編集著作物・データベースの著作物を構成するそれぞれのデータ自体は，著作物ではないことから，これらのデータを，当該編集著作物・データベースの著作物から抜き出して，元の編集著作物・データベースの著作物に含まれている創作性と異なる形で表現するのであれば，著作権の侵害にはならず，自由に利用することが可能である。

(2)　民法上の不法行為の成立可能性

前述のとおり，単なる数字で構成されるデータや，こうしたデータを創作性を伴わず，ありふれた表現方法でまとめたにすぎないデータベースは，著作物ではないから，著作権法上の保護を受けるものではない。

しかし，多額の費用，時間及び人員を費やして得られた情報・データベースについては，完全に自由に使えるわけではない。すなわち，その情報・データベースを利用して営業活動が行われている場合には，当該営業活動上の利益は，一定の法的保護を受ける可能性がある。その場合において，これらの情報・データベースについて，取引における公正かつ自由な競争として許される範囲を超える行為をした場合には，当該営業活動を侵害するとして不法行為（民709条）が成立する可能性がある（基礎編Q18参照）。

裁判例上も，前掲（☆3）〔自動車データベース事件〕東京地裁判決は，競合関係にある者が，前記の自動車データベースの大部分を権利者に無断でそのまま複製（いわゆるデッドコピー）して，全国的に販売し，権利者に損害を与えた事例につき，不法行為の成立を認めている。また，〔読売ヘッドライン事件〕東京高裁判決☆7も，著作物ではないニュースの見出し記事を無断で利用する行為について不法行為の成立を認めている（実務編Q38参照）。

したがって，多額の費用，時間及び人員を費やして作成されたと考えられる情報・データベースについては，たとえ，そうした情報・データベースが「著作物」に該当しないとしても，他者の営業活動を侵害するような形で，そのデッドコピーを一般に公表したり販売したりすることは，避ける必要がある。

Ⅱ　設問2

1　図表の「著作物」該当性

著作物ではない財務情報等のデータを，折れ線グラフ，棒グラフ，円グラフ，一覧表等の一般的な方法で図表にまとめたにすぎない場合には，そのような図表にはデータがありふれた方法で表現されているだけにすぎず，データにも表現方法にも創作性がないことから，著作物には該当しない。ただし，これらのデータを，図表にまとめるにあたって，その表現方法に表現者の思想又は感情が創作的に表現されている場合には，その図表は「著作物」に該当し，さらに，その図表が知的，文化的精神活動の成果である場合には，「学術的な性質を有する」「図表」（著作10条1項6号）に，またその素材の選択又は配列によつて創作性を有するものは「編集著作物」（著作12条1項）に該当する可能性がある。

2 関係裁判例

裁判例上も，実験結果等のデータを線グラフや棒グラフとしてまとめたもの☆8，店舗別・品種別月次売上高等の営業関係データを折れ線グラフ，棒グラフ，円グラフでまとめたもの☆9，市場の金利情報を一覧表としてまとめたもの☆10，通販業界における主要なニュースの時系列表，アンケート結果の円グラフ，売上げ等のデータを一覧表・折れ線グラフ・円グラフ・棒グラフでまとめたもの☆11☆12については，著作物の該当性を否定している。

他方で，総選挙の結果予測を○△▲の符号によって記述した図表（〔当落予想表事件〕東京高裁判決☆13），宅建用受験対策の参考書に，法令★1の内容を簡潔な文言でまとめた図表（〔出る順宅建事件〕知財高裁判決☆14）については，「著作物」に該当すると判断されている。

3 引用の要件を満たす方が望ましいこと

以上述べたとおり，図表については，その創作性の程度によって，著作物に該当することもあるが，著作物に該当しないこともあり，その判断には困難を伴う場合がある。したがって，これらの図表が著作物に該当すると判断される場合に備え，図表を利用する場合には，なるべく，引用（著作32条1項）の要件を満たしておくことが望ましいといえる（引用の要件については，基礎編Q13参照）。

Ⅲ 補足――他者のウェブサイトの利用規約等

なお，著作物に該当しない情報を利用することは，原則として自由であるが，他者のウェブサイトの利用規約等で，そうした情報の利用が制限されている場合であって，その利用規約に同意しているとき（実務編Q39参照）には，それらの情報を利用するにあたって当該利用規約の定めに従う必要がある。また，他者のデータ等を出所を明示せずに無断で使用する場合には，著作権法の問題とは別に，「パクり」として炎上する可能性がある点にも注意が必要である（基礎編Q 8 参照）。

◆上村　哲史＝嶋村　直登

▶▶判　例

☆1　知財高判平17・5・25（平成17年（ワ）第10038号）裁判所ホームページ。

☆2　名古屋地判平12・10・18判タ1107号293頁。

☆3　東京地判平13・5・25判タ1081号267頁・判時1774号132頁〔自動車データベース事件〕。

Xが，車種コード，定員，最大積載量等のデータをまとめて，自動車整備業に用いられるデータベース（以下「本件データベース」という）を作成し，製造販売していたところ，Yが，当該データベースの相当多数のデータをそのまま複製し，これを車両データベースに組み込み，顧客に販売したため，XがYに対し，当該データベースの使用差止め等を求めた事案。

Xは，情報の選択及び体系的構成に創作性があると主張し，本件データベースがデータベースの著作物に該当すると主張したものの，東京地裁は，情報の選択につき，「本件データベースで収録している情報項目は，自動車検査証に記載する必要のある項目と自動車の車種であるが，自動車整備業者用のシステムに用いられる自動車車検証の作成を支援するデータベースにおいて，これらのデータ項目は通常選択されるべき項目であると認められ，実際に，他業者のデータベースにおいてもこれらのデータ項目が選択されていることからすると，本件データベースが，データ項目の選択につき創作性を有するとは認められない。」と判断し，さらに，体系的構成については，「本件データベースは，型式指定—類別区分番号の古い自動車から順に，自動車のデータ項目を別紙『データ項目の分類及びその属性等』のとおりの順序で並べたものであって，それ以上に何らの分類もされていないこと，他の業者の車両データベースにおいても，型式指定–類別区分番号の古い順に並べた構成を採用していることが認められるから，本件データベースの体系的な構成に創作性があるとは認められない。」と判断して，本件データベースがデータベースの著作物に該当することを否定した。

しかし，一般不法行為の成立につき，「民法709条にいう不法行為の成立要件としての権利侵害は，必ずしも厳密な法律上の具体的権利の侵害であることを要せず，法的保護に値する利益の侵害をもって足りるというべきである。そして，人が費用や労力をかけて情報を収集，整理することで，データベースを作成し，そのデータベースを製造販売することで営業活動を行っている場合において，そのデータベースのデータを複製して作成したデータベースを，その者の販売地域と競合する地域において販売する行為は，公正かつ自由な競争原理によって成り立つ取引社会において，著しく不公正な手段を用いて他人の法的保護に値する営業活動上の利益を侵害するものとして，不法行為を構成する場合があるというべきである。」と判断し，「実在の自動車のデータの収集及び管理には多大な費用や労力を要し，Xは，本件データベースの開発に5億円以上，維持管理に年間4000万円もの費用を支出していること」を認定したうえで，Yが本件データベースを組み込んだデータベースを「販売した行為は，取引における公正かつ自由な競争として許される範囲を甚だしく逸脱し，法的保護に値する原告の営業活動を侵害するものとして不法行為を構成する」と結論づけた。

☆4　東京地判昭33・8・16法律新聞114号15頁。

☆5　東京地判平15・10・22判タ1162号265頁・判時1850号123頁。

☆6　東京地判平12・3・17判タ1027号268頁・判時1714号128頁〔NTTタウンページデータベース事件〕。

Xが自身が作成した電話番号情報を職業別に分類したデータベース（タウンページデータベース）及び電話番号情報を職業別に分類した職業別電話帳（タウンページ）には，それぞれデータベースの著作権及び編集著作権が認められると主張して，これらに類似する業種別データの作成及び頒布の差止め等を求めた事案。

東京地裁は，次のとおり判断して，タウンページデータベース及びタウンページには，それぞれ，データベースの著作権及び編集著作権が認められると判断した。

「タウンページデータベースの職業分類体系は，検索の利便性の観点から，個々の職業を分類し，これらを階層的に積み重ねることによって，全職業を網羅するように構成されたものであり，X独自の工夫が施されたものであって，これに類するものが存するとは認められないから，そのような職業分類体系によって電話番号情報を職業別に分類したタウンページデータベースは，全体として，体系的な構成によって創作性を有するデータベースの著作物であるということができる。」「タウンページの職業分類は，検索の利便性の観点から，個々の職業を分類し，これらを階層的に積み重ねることによって，全職業を網羅するように編集されたものであり，X独自の工夫が施されたものであって，これに類するものが存するとは認められないから，そのような職業分類体系によって電話番号情報を職業別に分類したタウンページは，素材の配列によって創作性を有する編集著作物であるということができる。」

☆7　知財高判平17・10・6（平成17年（ネ）第10049号）裁判所ホームページ〔読売ヘッドライン事件〕。事案及び判旨は，実務編**Q38**を参照。

☆8　前掲（☆1）知財高判平17・5・25。

☆9　大阪地判平11・8・26判例集未登載（平成9年（ワ）第9641号・平成10年（ワ）第524号）LEX/DB。

☆10　知財高判平23・4・19（平成23年（ネ）第10005号）裁判所ホームページ。

☆11　東京地判平22・1・27（平成20年（ワ）第32148号）裁判所ホームページ。

☆12　東京地判平22・2・25（平成20年（ワ）第32147号）裁判所ホームページ。

☆13　東京高判昭62・2・19無体19巻1号30頁・判タ629号221頁・判時1225号111頁〔当落予想表事件〕。

衆議院選挙における全国130選挙区から立候補を予定している者の名簿に，当選・落選の予想として，○は当選圏内，△は当落線上より上，▲は当落線上より下という趣旨で○△▲の符号を付した原稿が著作物に該当するかどうかが争われた事案。

東京地裁は，「原稿は，国政レベルにおける政治動向の一環としての総選挙の結果予測を立候補予定者の当落という局面から記述したもので，一つの知的精神活動の所産ということができ，しかもそこに表現されたものにはXの個性が現われていることは明らかである」と述べて，当該原稿の著作物性を肯定した。

図表2－26－1　宅建の法令をまとめた図表

	著作権侵害を主張するXの出版物（図）	著作権侵害が主張されているYの出版物（図）
図　表	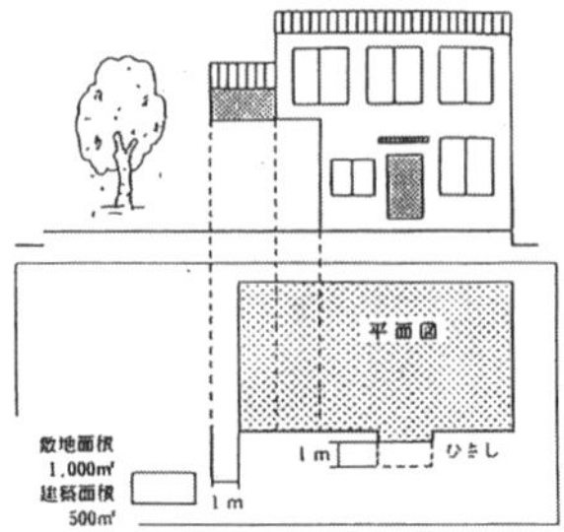	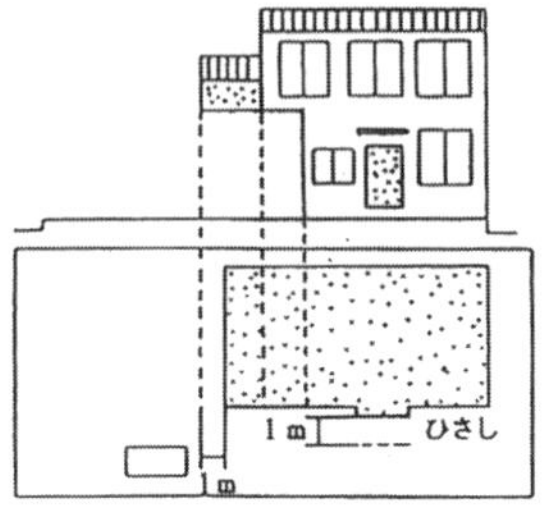
著作物性	著作物に該当する	
類似性		Xの出版物と類似性があり，複製権の侵害である。

	著作権侵害を主張するXの出版物（表）	著作権侵害が主張されているYの出版物（表）
図　表	（下記の表）	（下記の表）
著作物性	著作物に該当する	
類似性		Xの出版物と類似性があり，複製権の侵害である。

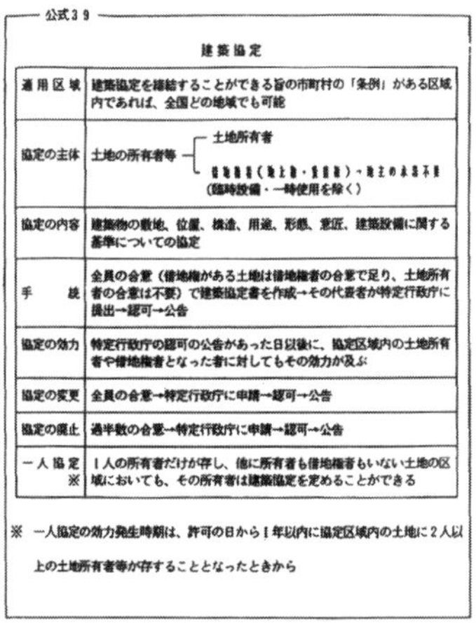

公式39

建築協定

適用区域	建築協定を締結することができる旨の市町村の「条例」がある区域内であれば、全国どの地域でも可能
協定の主体	土地の所有者等 ─ 土地所有者 / 借地権者（地上権・賃借権）→地主の承認不要（臨時設備・一時使用を除く）
協定の内容	建築物の敷地、位置、構造、用途、形態、意匠、建築設備に関する基準についての協定
手　続	全員の合意（借地権がある土地は借地権者の合意で足り、土地所有者の合意は不要）で建築協定書を作成→その代表者が特定行政庁に提出→認可→公告
協定の効力	特定行政庁の認可の公告があった日以後に、協定区域内の土地所有者や借地権者となった者に対してもその効力が及ぶ
協定の変更	全員の合意→特定行政庁に申請→認可→公告
協定の廃止	過半数の合意→特定行政庁に申請→認可→公告
一人協定 ※	1人の所有者だけが存し、他に所有者も借地権者もいない土地の区域においても、その所有者は建築協定を定めることができる

※　一人協定の効力発生時期は、許可の日から1年以内に協定区域内の土地に2人以上の土地所有者等が存することとなったときから

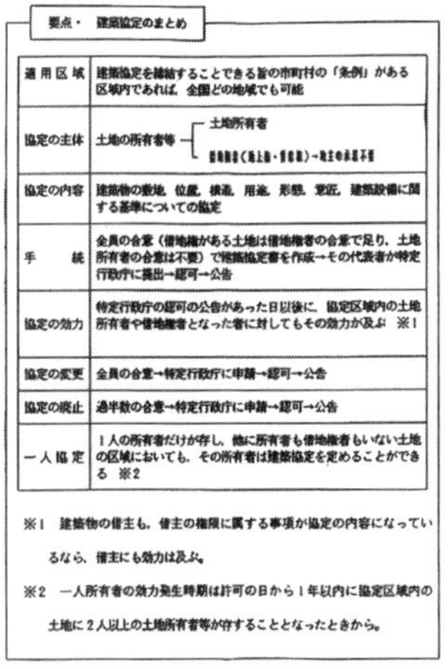

要点・　建築協定のまとめ

適用区域	建築協定を締結することできる旨の市町村の「条例」がある区域内であれば，全国どの地域でも可能
協定の主体	土地の所有者等 ─ 土地所有者 / 借地権者（地上権・賃借権）→地主の承認不要
協定の内容	建築物の敷地，位置，構造，用途，形態，意匠，建築設備に関する基準についての協定
手　続	全員の合意（借地権がある土地は借地権者の合意で足り，土地所有者の合意は不要）で建築協定書を作成→その代表者が特定行政庁に提出→認可→公告
協定の効力	特定行政庁の認可の公告があった日以後に，協定区域内の土地所有者や借地権者となった者に対してもその効力が及ぶ　※1
協定の変更	全員の合意→特定行政庁に申請→認可→公告
協定の廃止	過半数の合意→特定行政庁に申請→認可→公告
一人協定	1人の所有者だけが存し，他に所有者も借地権者もいない土地の区域においても，その所有者は建築協定を定めることができる　※2

※1　建築物の借主も，借主の権限に関する事項が協定の内容になっているなら，借主にも効力は及ぶ。

※2　一人所有者の効力発生時期は許可の日から1年以内に協定区域内の土地に2人以上の土地所有者等が存することとなったときから。

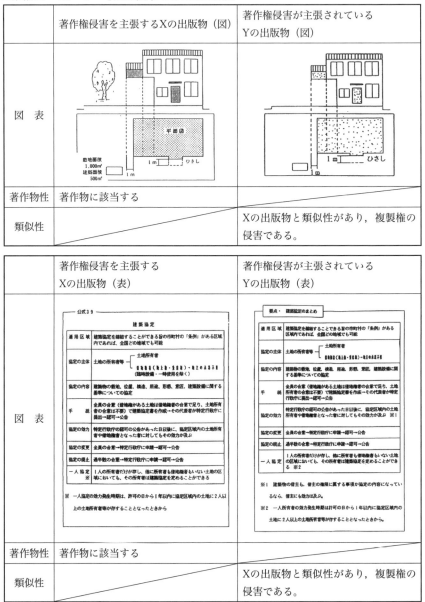

☆14　東京高判平７・５・16知財集27巻２号285頁〔出る順宅建事件〕。

宅地建物取引主任者資格試験（宅建試験）を含む国家試験の受験指導の企画，制作，提供，講義，出版等を行う会社（X）が，宅建試験対策の受験用参考書に，法令等の規定をまとめた図表を掲載して出版した。その後，別の出版社（Y）が，その図表とほとんど同じ図表を掲載した受験用書籍を出版したことから，XがYに対して，著作権侵害を主張し，損害賠償請求等をした事案。

知財高裁は，これらの図表（例：**図表２－26－１**）につき，（図に関して）「〔建築基準法の〕規定内容を視覚的に理解しやすいように具体例を持ち出して略図化したものであり，かつ，右規定とは直接関係のない窓や柵等が描かれていて，右規定内容を説明するためにそれなりに工夫されたものとして著作者の個性が表出されているものと認められ，したがって，著作権法で保護されるべき著作物と認めるのが相当である。」，（表に関して）「宅建試験の受験対策のために必要な事項を選択し，かつ，条文に明示されていない項目をも含めた項目に分類，整理して，各項目の内容につき簡潔な文言で記載し，一覧表にまとめたものであって，全体として創作性が認められ，著作権法で保護されるべき著作物と認めるのが相当である。」と判断して，著作物該当性を認めた。

▶▶注　記

★１　法令は著作権の対象にはならない（著作13条１号）。

Q 27 店舗情報の転載

当社は，自社のウェブサイトで，グルメ情報を発信しているのですが，そのウェブサイト上に，立地，外観，店名，内装，入店方法等により秘密性を演出している地域の小規模な飲食店Aについて，その店舗情報（名称，所在地及び電話番号等）を掲載して紹介していました。

飲食店Aは，自身のウェブサイトで自己の店舗情報を掲載していたので，当社が，飲食店Aの店舗情報を利用するにあたって，その飲食店Aから事前の了解を得ていなかったのですが，このたび，突然，当該飲食店Aが，当社のウェブサイトから，飲食店Aに関する情報を削除するように求めてきました。当社は，その店舗情報の削除に応じなければいけないのでしょうか。

回　答

飲食店の店舗情報は，著作物に該当しないため，著作権法上は自由に利用することができます。また，ウェブサイトで，飲食店を紹介するために，その名称を利用することは，不正競争防止法によって禁止されていませんし，また，飲食店Aの営業権や自己情報コントロール権を侵害することもありません。

そのため，貴社は，飲食店Aの了解を得ていなくても，貴社のウェブサイトで飲食店Aの店舗情報を公開することが可能であり，飲食店Aからの削除請求に応じる義務はないものと考えられます。

▶解　説

Ⅰ　店舗情報の削除を求める法的構成

他者のウェブサイトに無断で店舗情報が公表された場合に，その店舗情報の削除を求める場合に，次の①ないし⑤などの法的構成が考えられる。

① 店舗情報は「著作物」に該当するため，権利者に無断で使用することは禁止されている。

② 店舗情報は「他人の著名な商品等表示」に当たるため，その「使用」は，「不正競争」（不正競争2条1項2号）として，不正競争防止法により禁止されている。

③ 店舗情報の無断使用は，店舗の名称権を侵害する。

④ 店舗情報を無断で公開することは，憲法により保障された営業権を侵害する。

⑤ 店舗情報を無断で公開することは，自己の情報をコントロールする権利を侵害する。

以下，順に検討する。

Ⅱ ①店舗情報の著作物該当性

まず，飲食店の名称，電話番号，住所などの店舗情報は，客観的な事実そのものであって，「思想又は感情」が表現されたものではないため，「著作物」（著作2条1項1号。基礎編Q 6，実務編Q26参照）には該当しない。

そのため，本件のように，店舗情報が貴社のウェブサイト上において，公表されている場合でも，著作権法上の問題を生じることはない。

Ⅲ ②不正競争防止法

不正競争防止法は，「自己の商品等表示として」「他人の著名な商品等表示と同一若しくは類似のもの」を「使用」することを，「不正競争」として禁止している（不正競争2条1項2号）。そこで，貴社のウェブサイト上で，飲食店Aの名称を使用することが，「他人の著名な商品等表示」を「自己の商品等表示として」の「使用」に該当するかが問題となる。

1 「他人の著名な商品等表示」該当性

「著名な」とは，商品等の需要者や営業地域の枠の内外を問わず広く知られ，高い名声，信用，評価等を獲得したものであることを要する（〔食べログ札幌事件〕札幌高裁判決☆1）。

本件では，飲食店Aが自らのウェブサイトで自己の店舗情報を公表しているため，インターネットを通して，世界中から飲食店Aの情報にはアクセスすることができる。しかし，世界中からアクセスできることと，飲食店Aの情報が，商品等の需要者や営業地域の枠の内外を問わず広く知られていることは別の問題であり，本問では，地域の一飲食店である飲食店Aには，そのような事情はないものと思われる。

なお，仮に，飲食店Aが，一部の地域で広く読まれている雑誌やフリーペーパー等で紹介されたり，テレビ番組等で取り上げられたりしていたとしても，それだけでは，「著名な」ものとは認められない（前掲☆1）。

2 「自己の商品等表示として」の「使用」

「自己の商品等表示として」の「使用」というためには，単に他人の商品等表示が，何らかの形で自己の商品等に付されていれば足りるというものではなく，他人の商品等表示が商品等の出所を表示し，自他の商品等を識別する機能を有する態様で，自己の商品等表示に用いられていることが必要である（前掲☆1）。

本件では，貴社のウェブサイトでは，飲食店Aの名称を，飲食店を特定したり，飲食店の紹介が飲食店Aに関するものであることを示したりするために用いているものにすぎないと考えられる。そのため，飲食店Aの店舗情報は，貴社のウェブサイトの内容の一部を構成するにすぎず，商品等の出所を表示し，自他の商品等を識別する機能を有する態様で用いられているものではないといえる。

したがって，「他人の著名な商品等表示」を「自己の商品等表示として」「使用」しているとはいえないから，貴社のウェブサイトで飲食店Aの情報を公表することは，不正競争防止法により禁止されている不正競争（不正競争2条1項2号）には該当しないものと考えられる。

Ⅳ ③名称権の侵害

判例上，法人は，その名称を他の法人等に冒用★1されない権利を有し，これを違法に侵害されたときは，加害者に対し，侵害行為の差止めや損害賠償を求めることができる（〔天理教事件〕最高裁判決☆2）。

そこで，貴社が，飲食店Aの名称を無断で使用していることが，その冒用されない権利を違法に侵害しているといえるかが問題となる。

1 法人の名称といえるか

飲食店Aの経営主体が，「株式会社飲食店A」という名称であれば，「飲食店A」という名称は，法人の名称に該当するため，一定の保護の対象になる余地がある。しかし，実務上，そのようなケースは多くないと思われる。

そして，経営主体に「飲食店A」という名称が含まれず，「飲食店A」という名称が，単に飲食物の提供という役務の出所を示す標章すなわち商標として使用されていた場合には，判例上，このような役務の出所を示す標章，営業表示の名称の使用については，商標法，不正競争防止法とは別に，法令等の根拠もなく特定の者に排他的な使用権等を認められないため（〔ギャロップレーサー事件〕最高裁判決☆3），「飲食店A」という名称を使用することは，特別の法的保護を，受けることができないものと思われる。

したがって，経営主体に「飲食店A」という名称が含まれない場合には，単なる「飲食店A」という名称が，法的な保護を受けることができる名称にはならないものと考えられる。

2 名称を冒用されない権利を違法に侵害しているか

また，飲食店Aという名称が，一定の法的保護に値するものと考えられる場合であっても，その名称の無断使用が，その名称権を侵害する違法なものとなるか否かは，当該名称の使用目的及び態様，これによって名称権を有する者が被る損害，差止めを認めることにより相手方等が被る不利益等を総合的に考察して判断される（前掲☆2）。

そして，本問では，貴社が飲食店Aを営業しているかのように装ったりしているわけではなく，飲食店Aの運営主体の特定や識別を困難にするものではないから，「飲食店A」の名称は，冒用されているわけではない。また，飲食店Aの経営者の同意がないというだけで，飲食店の情報の公表が許されないとするなら，一般消費者がこれらの情報にアクセスする機会が害されてしまうことになる。さらに，飲食店Aは，一般公衆を対象として飲食店を経営しているため，顧客の評判によって利益を得たり，損失を受けたりすることを甘受すべき立場にあること等をふまえると，貴社によるウェブサイトへの飲食店Aの名称の掲載が，飲食店Aの名称を冒用されない権利を違法に侵害していると評価することはできない。

Ⅴ ④営業の自由

また，憲法22条１項で保障されている職業選択の自由には，いわゆる営業の自由★2が含まれると解釈されている。そこで，飲食店Aは，この営業の自由に基づき，飲食店Aには，特定の営業形態を強制されない自由が保障されているにもかかわらず，貴社のウェブサイトが，飲食店Aの情報を発信していくことでその自由が侵害されると主張することが考えられる。

しかし，本設問のケースでは，飲食店Aに関する情報は，既に飲食店A自身によって広く公表されていることに加え，貴社のウェブサイト上で，飲食店Aの情報が掲載され，飲食店Aの情報が発信されたとしても，飲食店Aは，その営業内容の変更を強いられるものではないから，営業の自由を侵害されているとはいえない（前掲☆１）。

Ⅳ ⑤自己情報コントロール権

飲食店Aは，自己の店舗に関する店舗情報等を自由に取捨選択し，公開するものと公開しないものとを自らの意思で決定し，その他の者に決定されることのない権利又は利益（自己情報コントロール権）を主張することが考えられる。

しかし，自己情報コントロール権自体は，明文又は判例上明確に認められた権利ではない。また，個人については，プライバシー権の一環として，自己情報に対する一定の保護が認められる余地があるものの少なくとも，広く一般人を対象にして飲食店営業を行っている法人について，個人と同様の自己に関する情報をコントロールする権利を認めた場合には，こうした法人について，自らの情報が掲載される媒体を選択する自由，望まない場合にはこれを拒絶する自由を与えることになり，他人の表現活動や知る権利を恣意的に制限することが可能になるため，自己情報コントロール権に基づく削除請求も認められないものと考えられる（前掲（☆1）〔食べログ札幌事件〕札幌高裁判決，〔食べログ大阪事件〕大阪地裁判決☆4）。

Ⅶ その他口コミサイトの場合

なお，本設問では，店舗情報（名称，所在地及び電話番号等）を紹介するウェブサイトが問題となっているが，店舗情報の紹介にとどまらず，ユーザからの口コミの投稿を受け付ける口コミサイトの場合には，投稿された口コミが名誉毀損に該当する場合がある。

こうした名誉毀損の口コミについては，条理又は名誉権に基づき，口コミサイトの管理者が削除義務を負う場合がある。

◆上村　哲史＝嶋村　直登

▶▶判　例

☆1　札幌高判平27・6・23判例集未登載（平成26年（ネ）第365号）LEX/DB〔食べログ札幌事件〕。

北海道において，丼物を提供している飲食店を経営しているXが，インターネット上のウェブサイト「食べログ」を運営管理しているYに対し，当該店舗に係る情報を掲載していることについて，不正競争防止法，又はXの名称権等を侵害するものであるなどと主張して，同店舗のウェブサイト情報の削除等を求めた事案。

札幌高裁は，不正競争防止法違反の点については，「回答」のとおり判断した原審（札幌地判平26・9・4（平成25年（ワ）第886号）裁判所ホームページ）の判断を支持して，Xの請求を退けた。また，Xが主張する名称権の侵害についても，「回答」のとおり判断して，こちらもXの請求を退けた。

なお，控訴審では直接の争点になっていないものの，第1審では，営業の自由や自己情報コントロール権についても争われており，第1審は，概要，「回答」のとおり判断して，原告の請求を退けている。

なお，最高裁は，平成28年5月31日に，原告の上告受理申立てを不受理とする判断を行い，この札幌高裁の判断は確定した。

☆2　最判平18・1・20民集60巻1号137頁・判タ1205号108頁・判時1925号150頁〔天理教事件〕。

「天理教」という名称の宗教法人Xが，「天理教豊文教会」という名称の宗教法人Yに対し，「天理教」の名称の使用は，Xの名称権を侵害するものであると主張して，当該名称の使用差止め等を求めた事案。

最高裁は，「宗教法人も人格的利益を有しており，その名称がその宗教法人を象徴するものとして保護されるべきことは，個人の氏名と同様であるから，宗教法人は，その名称を他の宗教法人等に冒用されない権利を有し，これを違法に侵害されたときは，加害者に対し，侵害行為の差止めを求めることができると解すべきである。」と判断し，差止めが認められる基準につき，「両者の名称の同一性又は類似性だけでなく，甲宗教法人〔注：ある宗教法人〕の名称の周知性の有無，程度，双方の名称の識別可能性，乙宗教法人（注：他の宗教法人）において当該名称を使用するに至った経緯，その使用態様等の諸事情を総合考慮して判断されなければならない。」と判断した（結論として請求棄却）。

☆3　最判平16・2・13民集58巻2号311頁・判タ1156号101頁・判時1863号25頁〔ギャロップレーサー事件〕。

Xが，ゲームソフト会社Yに対して，X自身が所有する競走馬の名称を無断で使用したゲームソフト（ギャロップレーサー）における，競走馬の名称の使用差止め等を請求した事案。

最高裁は，「競走馬の名称等が顧客吸引力を有するとしても，物の無体物としての面の利用の一態様である競走馬の名称等の使用につき，法令等の根拠もなく競走馬の所有者に対し排他的な使用権等を認めることは相当ではなく，また，競走馬の名称等の無断利用行為に関する不法行為の成否については，違法とされる行為の範囲，態様等が法令等により明確になっているとはいえない現時点において，これを肯定することはできないものというべきである。」と判断して，Xの請求を棄却した。

☆4　大阪地判平27・2・23（平成25年（ワ）第13183号）裁判所ホームページ〔食べログ大阪事件〕。

立地，外観，店名，内装，入店方法等により秘密性を演出している飲食店を経営する原告が，インターネット上のウェブサイト「食べログ」を運営管理している被告に対し，被告が同店舗情報等の抹消請求に応じないことから，営業権及び情報コントロール権を根拠に，店舗情報等の削除等を求めた事案。

大阪地裁は，「不法行為に基づく損害賠償及び人格権（営業権若しくは業務遂行権又は情報コントロール権）に基づく差止めが認められるためには，Yにおいて，Xから店舗情報等の削除を求める旨の申出があった場合にYがこれに応じないことが違法と評価されることが必要となる。」と判断しているものの，「情報コントロール権というものを，不法行為や差止めを認めるために保護されるべき権利又は利益として認めることは相当ではない」，「Yの侵害行為の態様は，Xからの申入れに対し，店舗情報等が公開されているので応じなかったというものであり，Yは，その権限で削除をすることは可能であるものの，『食べログ』では，当該店舗に批判的な評価も含め，管理者であるYの作為による情報操作をせず，ユーザーの情報をそのまま提供するサイトを設けるという方針で行っており，一般的に公開されている情報であれば掲載するという方針でXの申し入れに応じなかったに過ぎないものであるから，Yが，Xからの申し入れに応じないことが違法と評価される程度に侵害行為の態様が悪質ということはできない。そうであれば，Yが口コミにより収入を得ていること，Xの承諾なく情報を掲載していることが認められるとしても，Yの行為が名誉毀損に該当したり，プライバシー侵害に該当したりしないような本件について，前記先行行為に基づく条理上の作為義務が発生すると認めることはできない。」と判断して，Xの請求をいずれも退けた。

▶▶注　記

★1　「冒用」とは，名義・名称等を無断で不正に使用することをいう。

★2　「右規定〔憲法22条1項〕が職業選択の自由を基本的人権の一つとして保障したゆえんも，現代社会における職業のもつ右のような性格と意義にあるものということができる。そして，このような職業の性格と意義に照らすときは，職業は，ひとりその選択，すなわち職業の開始，継続，廃止において自由であるばかりでなく，選択した職業の遂行自体，すなわちその職業活動の内容，態様においても，原則として自由であることが要請されるのであり，したがって，右規定は，狭義における職業選択の自由のみならず，職業活動の自由の保障をも包含しているものと解すべきである。」(最大判昭50・4・30民集29巻4号572頁・判タ321号40頁・判時777号8頁〔薬事法距離制限事件〕)。

Q28　ニュースのまとめサイトの留意点(1)

1　他社のニュースサイトの記事を，手作業でまとめたサイトを開設したいと思います。その場合の著作権法上の問題点を教えてください。
2　他社のニュースサイトの記事を，プログラムにより自動的に収集して表示するサイトを開設する場合はどうでしょうか。

回　答

1　ニュースのまとめサイトに，ニュース記事について著作権を有する者（権利者）の許諾なく，そのニュース記事をまとめた記事の掲載をした場合，著作権侵害となる可能性があります。
2　ニュース記事を，プログラムにより自動的に収集する場合，他社のニュースサイトから，ニュース記事の一部を抜粋したり，写真のサムネイルを表示したりするなどの要件を満たす場合であれば，ニュース記事の著作権侵害にはならないものと考えられます。

▶解　説

Ⅰ　ニュースの記事をまとめたサイト

他社のニュースサイトに掲載されているニュース記事をまとめたウェブサイトには，２つのタイプが考えられる。

１　いわゆる「まとめサイト」

ある事件が発生すると，新聞社や週刊誌，テレビ局等のマス・メディアは，それぞれ運営するウェブサイト上で，その事件のニュース記事を掲載し，さらに事件の進展に応じて追加のニュース記事を掲載している。

しかし，ニュース記事の読者が，ある一つの事件について興味をもち，その事件について詳しく知ろうとする場合に，複数のマス・メディアが運営するニュースサイトをすべて巡回して，それぞれのニュース記事を確認するには，大きな手間がかかる。また，一定の時間が経過することで，事件の初めの頃に公表されていたニュース記事がニュースサイトから削除されてしまうことも多く，その場合には過去のニュース記事にアクセスしにくくなってしまう。そのため，複雑な事件については，その時点のニュースサイトに掲載されているニュース記事を読むだけでは，その事件の内容がわかりにくいこともある。

そこで，こうした問題点を解決するため，「まとめサイト」では，複数のニュースサイトに掲載されているニュース記事から，一般読者の興味関心を引く部分を中心に，手作業で転載・編集して，一つのウェブサイトにまとめた記事を掲載している。

2 ロボット型ニュースサイト

他方で，こうした手動でまとめられた「まとめサイト」とは異なり，コンピュータ・プログラムによって，ニュースサイトで公表されているニュース記事を自動で収集し，もとのニュース記事へのリンクと併せて，そのニュース記事又はその報道写真を抜粋して表示するようなニュースサイト（以下「ロボット型ニュースサイト」という）も存在する。このようなニュースサイトの著作権法上の問題点はⅢで後述する。

Ⅱ 設問 1

本設問で著作権法上の問題となるのは，元になったニュース記事が著作物に該当するか，まとめサイトに転載する行為が複製・翻案に該当するか，権利制限規定の適用がないか，という点である。以下，これらの順に検討し，最後に肖像権・パブリシティ権の問題についても触れる。

1 元になったニュース記事の著作物該当性

まず，「まとめサイト」の出典元となっているニュースサイトに公表されている各ニュース記事が，著作権法上の保護を受ける「著作物」（著作2条1項1号）に該当するかが問題となる。

ニュース記事は，見出し，文章，写真で構成されるのが一般的であるため，以下，文章，写真，見出しの順で分けて検討する。

⑴　ニュースの文章

ニュースの文章については，素材の選択，文章構成及び文章表現を通して記者の思想・感情が創作的に表現されている場合がほとんどであるから，原則として，「言語の著作物」（著作10条１項１号）として，「著作物」に該当する。

しかし，例外的に，単純な事実をごくありふれた表現で客観的に述べるにとどまるニュース記事（例えば，「平成28年○月○日の午後○時○分頃，東京都千代田区○○町の民家において，ストーブから出火した火が，その民家に燃え移り，その民家は全焼した。」）については，誰が書いても同じようなものになることから，表現者の創作性が認められず，「著作物」には該当しない。

なお，著作権法上，「事実の伝達にすぎない雑報及び時事の報道」は著作物に該当しない（著作10条２項）という規定があるが，これは，前述のとおり，単純な事実をごくありふれた表現で客観的に述べるようニュース記事については，「著作物」にならないことを注意的に規定したものであって，時事の報道は，そのすべてが「著作物」に該当しないことを規定したものではない。そのため，この規定が適用される範囲は限定的である。

⑵　ニュースの写真

次に，ニュース記事の写真については，被写体の組合せ・配置，構図・カメラアングル，光線・陰影，背景等に創作性が表れている場合がほとんどであるから，これもまた通常，「写真の著作物」（著作10条１項８号）として，「著作物」に該当する（実務編Q５参照）。実際に，まとめサイトに掲載された写真について，著作権侵害であると判断した事例も存在する☆1☆2。

なお，例外的に，防犯カメラ，スピード写真，人工衛星が撮影した写真のように，機械的に撮影された写真については，その機械的な撮影方法に創作性が含まれない場合には，「著作物」に該当しないと思われる。

⑶　ニュース記事の見出し

ニュース記事の見出しは，文章・写真と異なり，限られたスペースで，短い文章で構成されるものであるため，「著作物」に該当しないことが多い。すなわち，ニュース記事の見出しは，「報道対象となる出来事等の内容を簡潔な表現で正確に読者に伝えるという性質から導かれる制約があるほか，使用し得る字数にもおのずと限界があることなどにも起因して，表現の選択の幅は広いとはいい難く，創作性を発揮する余地が比較的少ない」(〔読売ヘッドライン事件〕知財高裁判決☆3。実務編Q38参照）ことから，一般的には著作物には該当しない。この知財高裁の裁判例では，「マナー知らず大学教授，マナー本海賊版作り販売」「A・Bさん，赤倉温泉でアツアツの足湯体験」等のニュースの見出しが，「著作物」に該当しないと判断している。

2 ニュース記事を利用することの問題点

以上のように，ニュース記事が著作物に該当して，著作権法上の保護を受ける場合には，その利用方法によっては，次のとおり著作権の侵害になることがある。

(1) 著作権（複製権・翻案権・同一性保持権）侵害の可能性について

著作物に該当するニュース記事の全部又は一部を，まとめサイトにそのままの形で転載する行為は，複製（著作2条1項15号）に該当する。

また，そのまま転載せず，表現に編集を加えた場合であっても，もとの著作物に依拠し，かつ，もとの著作物の表現上の本質的な特徴の同一性を維持し，もとの著作物の表現上の本質的な特徴を直接感得することができる場合であれば，翻案に該当することになる（実務編Q10，Q12参照)。

こうした転載や編集を権利者に無断で行うことは，複製権（著作21条）の侵害，翻案権（著作27条）の侵害に該当するほか，さらに編集については，著作者の意に反した改変に当たると判断される場合には，同一性保持権（著作20条1項）の侵害になることもある。

(2) 元になったニュース記事に含まれている創作性を利用しない使用方法

一方で,「著作物」に該当するニュース記事であっても，そのニュース記事から，思想・感情が創作的に表現されている部分を利用せずに，その記事中の客観的な事実や事象だけを抜き出してまとめて，もとのニュース記事の表現上の本質的な特徴を直接感得することができない状態にすれば，そのニュース記事自体に含まれている事実や事象には，著作権法の保護が及ばない以上（表現・アイディア二分論。基礎編Q 8 参照)，複製・翻案に該当せず，同一性保持権の侵害することもないから，これらの情報を自由に利用することができる。

ただし，事実の組合せについて，創作性が認められる場合には，個別の表現を変えたとしても，著作権侵害になる可能性があることから，注意が必要である。

3　ニュース記事の利用が認められる場合（権利制限規定の適用）

以上述べたとおり，もとのニュース記事の転載や編集を行うことが，複製・翻案に該当する場合には，著作権の権利制限規定が適用されない限り，権利者の許諾なく行うことはできない。

しかし，以下のような権利制限規定が適用される場合には，権利者の許諾なく著作物を利用することができる。

⑴　引　用

まずは，引用（著作32条１項）である。もとのニュース記事をそのまま引用するだけでなく，もとのニュース記事を要約して引用することも，要約引用として認められるものと解される☆4。

このような引用又は要約引用として認められる場合の要件についての詳しい解説は，基礎編Q13及び実務編Q14に譲るが，引用の要件として，一般的には，「主従関係」が求められると考えられている。そのため，他社のニュース記事をまとめただけ，又は，他社のニュース記事に対する自らの論評が添えられている場合であっても，もとのニュース記事が「主」であって，それに対する論評が「従」である限りにおいては，主従関係の要件を満たしているとはいえず，もとのニュース記事の出所を明示したとしても，適法な引用の要件を満たさないことになる。

参考になる裁判例として，休刊又は廃刊となった雑誌の表紙やその編集部から読者宛に書かれた文章をまとめた書籍について，「編集物の素材として他人の著作物を採録する行為は，引用に該当する余地はない」と判断した事例がある☆5。この裁判例は，引用の要件について，「主」「従」の観点から判断をしたものではないものの，他者の複数の著作物を切り貼りして，まとめただけでは，引用の要件を満たさないと判断したものであるから，この事例の判断を前提とする限り，ニュース記事を単に引用し，編集しただけのウェブサイトが，適法な引用の要件を満たすことは難しいものと考えられる。

⑵　時事の事件の報道

次に，時事の事件の報道のための利用（著作41条）である。著作権法41条は，「時事の事件を報道する場合には，当該事件を構成し，又は当該事件の過程において見られ，若しくは聞かれる著作物は，報道の目的上正当な範囲内において，複製し，及び当該事件の報道に伴って利用することができる。」と規定している。

この要件のうち，「事件を構成」する著作物とは，例えば，絵画が盗難された事件における当該絵画がこれに当たる。また，「事件の過程において見られ，若しくは聞かれる著作物」とは，事件を視聴覚的に報道しようとすれば利用を避けることができない事件中に出現する著作物をいう，と解釈されており，例えば，美術館の開館式を報道する場合に，館内の絵画作品が画面に入ってしまう場合や，甲子園の開会式の報道をする場合に，入場行進曲の演奏が入ってしまう場合が，「事件を構成」する著作物に当たるとされている。

以上の要件を満たす限りにおいては，もとのニュース記事の転載・編集が認められる余地があるが，著作権法41条による権利制限の範囲は狭く，実際，まとめサイトとの関係では，事件を構成する写真の転載が認められるにとどまると思われる。

4　肖像権・パブリシティ権について

また，まとめサイトに，他者の写真を掲載する場合，その者の肖像権・パブリシティ権についても検討することが必要である。

肖像権については，最高裁によって，「人の氏名，肖像等（……）は，個人の人格の象徴であるから，当該個人は，人格権に由来するものとして，これをみだりに利用されない権利を有すると解される」と判示されている☆6（基礎編Q 4 参照）。もっとも，正当な取材行為等のために，容ぼう等を撮影し公表することは，その目的や必要性，被撮影者の不利益等を考慮して，社会生活上受忍の限度を超えない限り違法にはならない☆7（基礎編Q 4 参照）。

通常，もとのニュース記事に掲載されている顔写真は，正当な取材行為等の要件を満たすことが多いと思われるが，まとめサイトに転載する場合には，著作権法上求められる引用等の要件を満たすだけでなく，その写真を転載することが肖像権を侵害しないかどうかについても留意する必要がある。

また，芸能人等の商業的価値のある肖像について，それ自体を独立して鑑賞の対象となる商品等として使用したり，商品等の広告として使用するなど，もっぱら肖像の有する顧客吸引力の利用を目的とする利用をする場合には，顧客吸引力を排他的に利用する権利（パブリシティ権）を侵害するものとして，不法行為法上違法となる場合がある（前掲☆５，基礎編Ｑ４，実務編Q25参照）が，まとめサイトでは，通常，そのような利用はしないことから，パブリシティ権は侵害されないものと考えられる。

5 まとめ

以上述べたところをまとめると，まとめサイトを作成する場合には，①権利者の許諾を得ることや，②もとのニュース記事の表現上の特徴を利用せず，その記事内の客観的な事実ないし事象のみを利用すること又は，③出所を明示し，事件に対する論評等が「主」で，もとのニュース記事の引用もしくは要約引用が「従」になるようにするなどの引用の要件を満たすこと等が必要になる。

なお，ニュースサイトには，それぞれ利用規約やサイトポリシーが定められている場合が多く，これに同意している場合には，これらの規定に従った利用をすることが望ましい（なお，この利用規約やサイトポリシーの有効性については，実務編Q39を参照）。

Ⅲ 設問２

以上のとおり，他社のニュースサイトに掲載されているニュース記事が著作物に該当する場合，その創作的な表現を利用する形で転載・まとめをする場合には，複製ないし翻案に該当する。しかし，ロボット型ニュースサイトの場合には，検索サービスに関する権利制限規定（著作47条の６）が適用され，権利者の許諾なく，他社のニュースサイトに掲載されているニュース記事を利用できる場合がある（実務編Q32参照）。

例えば，検索サービスで「最新のニュース」というキーワードで検索したときに，複数のインターネット上のニュース記事が，そのURL及びその記事の一部抜粋（又は記事中の写真のサムネイル）とともに表示される場合があるが，これは，「公衆からの求めに応じ」て検索サービスを提供する場合に当たるので，著作権法47条の６の規定を満たす限り，もとのニュース記事の権利者の許諾なく行うことができる。

ロボット型ニュースサイトの場合は，「最新のニュース」というキーワードを入力しなくても，そのウェブサイトを表示しただけで，「最新のニュース」というキーワードを入力したかのように，インターネット上の複数の最新のニュース記事を，そのURL及びその記事の一部抜粋（又は記事中の写真のサムネイル）とともに表示される（例えば，「Google　ニュース」など）。そこで，これらのロボット型ニュースサイトの場合に著作権法47条の6を適用するためには，利用者が検索キーワードを入力していないことから，同条にいう「公衆からの求めに応じ」の要件を満たすといえるかが問題になる。

「公衆からの求めに応じ」の「求め」の具体的な内容は限定されていないことから，検索サービス事業者によって，一定のキーワード（例：「銀座の寿司」，「スポーツニュース」）がハイパーリンク付きで用意されている場合に，利用者がこれをクリックすることはキーワードの入力と同視できることから，「求め」の要件を満たすと解釈されている。そのため，特定のウェブページを表示することで，自動的に「最新のニュース」についての検索結果を表示することが明らかな場合には，当該ロボット型検索サイトへのリンクをクリックし，又は当該検索サイトのURLを入力することをもって，「求め」に該当すると解釈することができるから，著作権法47条の6の権利制限規定の適用があり，その他の同条の要件を満たせば，ロボット型ニュースサイトは適法にサービスを提供できるものと考えられる。

◆上村　哲史＝嶋村　直登

▶▶判　例

☆1　東京地判平28・1・18（平成27年（ワ）第21642号）裁判所ホームページ。

☆2　東京地判平28・4・27（平成28年（ワ）第2419号）裁判所ホームページ。

☆3　知財高判平17・10・6（平成17年（ネ）第10049号）裁判所ホームページ〔読売ヘッドライン事件〕。事案及び判旨は，実務編Q38を参照。

☆4　東京地判平10・10・30判タ991号240頁・判時1674号132頁〔血液型と性格事件〕。事案及び判旨は実務編Q14参照。

☆5　東京地判平7・12・18知財集27巻4号787頁・判タ916号206頁・判時1567号126頁〔ラストメッセージ事件〕。

昭和61年から平成5年までの間に休刊又は廃刊となった雑誌合計286誌の最終号の表紙，休廃刊に際して，出版元等の会社やその編集部，編集長等から読者宛に書かれた文章やイラスト等を収録して，書籍『ラストメッセージ in 最終号』を出版したYに対して，収録された雑誌のうち45誌の出版元であるXらが，複製権の侵害を理由に，出版差止め等を求めた事案。

東京地裁は，一部の文章については，「今号限りで休刊又は廃刊となる旨の告知，読者等に対する感謝の念あるいはお詫びの表明，休刊又は廃刊となるのは残念である旨の感情の表明が本件記事の内容となることは常識上当然であり，また，当該雑誌のこれまでの編集方針の骨子，休廃刊後の再発行や新雑誌発行等の予定の説明をすること，同社の関連雑誌を引き続き愛読してほしい旨要望することも営業上当然のことであるから，これら５つの内容をありふれた表現で記述しているにすぎないものは，創作性を欠くものとして著作物であると認めることはできない。」と判断して，著作物に該当しないと判断したが，残りの文章については，「執筆者の個性がそれなりに反映された表現として大なり小なり創作性を備えているものと解され，著作物であると認められる。」と判断したうえ，引用の要件については，「編集物の素材として他人の著作物を採録する行為は，引用に該当する余地はない」と判断し，著作権侵害を認めた。

☆６　最判平24・２・２民集66巻２号89頁・判タ1367号97頁・判時2143号72頁〔ピンク・レディー事件〕。事案及び判旨は実務編Q25参照。

☆７　最判平17・11・10民集59巻９号2428頁・判タ1203号74頁・判時1925号84頁。

Q 29 ニュースのまとめサイトの留意点(2)

他社のニュースサイトに，ある犯罪事件について容疑者の実名・顔写真を報道している記事が掲載されています。当社が運営するまとめサイトに，その容疑者の実名・顔写真を掲載することの問題点を教えてください。

回　答

著作権法上の問題とは別に，犯罪報道のニュースに関し，容疑者の実名・顔写真を掲載した場合，もしその容疑者が犯罪とは無関係であったときには，名誉毀損になってしまうおそれがあります。また，仮に容疑者が，真実，犯罪に関わっていたとしても，顔写真の不用意な掲載は肖像権侵害になるおそれがあります。そのため，犯罪報道に関するまとめサイトを開設する場合には，安易に実名を掲載したり，顔写真を掲載したりすることは控えた方がよいでしょう。

▶解　説

I　名誉権について

犯罪報道等のニュースで，犯罪を行ったとされる容疑者の実名を報道することは，その容疑者の社会的評価を低下させる行為であるため，外形上は名誉毀損になり得る。しかし，その報道が，①公共性を有する事実について②公益目的で行われた場合であって，③－１報道された事実が「真実」であるか，又は③－２「事実を真実と信ずるについて相当の理由があるとき」には，名誉毀損の違法性が阻却されるため，名誉毀損は成立しない☆1。

そして，貴社が，まとめサイトに，犯罪報道等のニュース記事から容疑者の実名を転載した場合でも同じ問題が生じる。特に，貴社が何らの事実関係の調査をすることなく，容疑者の実名をまとめサイトに転載した後に，実は容疑者とされた人物が人違い等であって，犯罪に何ら関与していない事実が明らかになったときに，貴社は，上記③－１又は③－２を主張し，名誉毀損の成立を免れることができるだろうか（なお，犯罪報道であれば，通常①及び②の主張は，認められる）。

1　報道源を明示し，当該ニュースが伝聞であることを示した場合

まず，貴社が，あるニュースサイト（以下「X社」とする）に掲載されている犯罪報道を，X社からの伝聞であることを明示する形で，貴社のまとめサイト上に転載する場合，例えば，「X社のニュースサイトでは，容疑者Aが犯罪を行ったと報道していた」というニュース記事をまとめサイト上に掲載した場合を考える。

この場合，仮に容疑者Aが人違い等であったことが判明したとしても，「X社のニュースサイトでは，容疑者Aが犯罪を行ったと報道していた」という限りにおいては，「真実」であることから，③－１の要件を満たすことから，名誉毀損は成立しないことになろう。

ただし，ニュースの報道源を明示することなく，単に，貴社が「容疑者Aが犯罪を行っているという噂がある」という記事を掲載した場合，「真実」であることの立証対象は，「そのような噂が存在すること」ではなく，「容疑者Aが犯罪を行っていること」であると判断される場合がある☆2から，報道源は明確に示す必要がある。

2　伝聞であることを明示しない場合

次に，X社からの伝聞であることを示さず，貴社が，まとめサイトに，単に「容疑者Aが犯罪を行った」という記事を掲載した場合で，容疑者Aが人違いであったことが判明したときのことを検討する。この場合，その記事は「真実」ではなかったことになるから，③－１の要件は満たさない。そこで，貴社が③－２の要件，すなわち，貴社に「事実を真実と信ずるについて相当の理由がある」といえるかが問題となる。

貴社としては，X社のニュースサイトで，容疑者Aが犯罪をしているという報道が行われていて，そのX社の報道を信頼したことを理由に，「容疑者Aが犯罪を行った」ことについて，「真実と信ずるについて相当の理由がある」と主

張できるだろうか。

この点，最高裁は，ある通信社（甲社）が，犯罪の容疑者の実名を含む報道記事を新聞社に配信し，その記事の配信を受けた新聞社（乙社）が，その容疑者の実名を報道したところ，その容疑者に犯罪の成立が認められなかったという事案において，もともとの通信社（甲社）に，当該犯罪報道について「真実であると信ずるについて相当の事由」がない場合には，新聞社（乙社）が，「一般的にはその報道内容に一定の信頼性を有しているとされる通信社からの配信記事」であることを信頼したとしても，その新聞社（乙社）には，「真実と信ずるについて相当の理由」は認められないと判断している☆3。

他方で，最高裁は，もともとのニュース記事を配信した通信社（甲社）に，当該犯罪報道について「真実と信ずるについて相当の理由」が認められる場合については，その配信記事を報道した新聞社（乙社）についても，「少なくとも，当該通信社と当該新聞社とが，記事の取材，作成，配信及び掲載という一連の過程において，報道主体としての一体性を有すると評価することができるとき」には，その新聞社（乙社）についても，「真実と信ずるについて相当の理由」を認めて，名誉毀損は成立しないと判断した☆4（「配信サービスの抗弁」と呼ばれる）。

こうした判例法理を，まとめサイトに当てはめて検討すると，貴社は，もともとのニュース記事の作成者との間で，報道主体としての一体性が認められないことが多いと思われる。そのため，貴社が他社のニュースサイトの記事の内容を信じて，その報道源を示すことなく，犯罪の実名報道を行った場合には，もともとのニュースサイトの作成者に，「真実と信ずるについて相当の理由」が認められるか否かを問わず，貴社には，「真実であると信ずる相当の事由」があるとは判断されないことから，名誉毀損が成立する可能性が高い。

以上のとおり，たとえニュース記事を転載したにすぎない場合でも，その情報を報道源とともに，伝聞であることを明確に示さない場合には，貴社は，誤った実名報道をした場合の責任を問われるおそれがある。

Ⅱ 肖像権について

他者の容ぼう等を，無断で掲載することは，肖像権侵害に該当することがある。したがって，仮に容疑者とされる者であっても，人違いである可能性や，その必要性等が認められない可能性もあることから，不用意に顔写真等を掲載することは，避けた方がよい（基礎編Q４，実務編Q28参照）。

◆上村　哲史＝嶋村　直登

▶▶判　例

☆1　最判昭41・６・23民集20巻５号1118頁・判タ194号83頁・判時453号29頁。
☆2　最判昭43・１・18刑集22巻１号７頁・判タ218号205頁・判時510号74頁。
☆3　最判平14・１・29集民205号289頁・判タ1086号114頁・判時1778号56頁。
☆4　最判平23・４・28民集65巻３号1499頁・判タ1347号89頁・判時2115号50頁。

第9節　クラウドビジネス

Q30 オンラインストレージサービス

スマートフォンやタブレット端末でユーザが保有している情報を，インターネット経由で当社の国内のサーバで預かるストレージサービスを開始したいと思います。その場合の留意点を教えてください。

回　答

ストレージサービスにおいて，ユーザによって保管されるデータには，他者が権利を有する著作物が多数含まれることになると考えられますが，こうしたサービスを提供することは，著作権法上可能です。

ただし，ユーザから預かったデータに，ユーザが公衆送信について権利許諾を得ていない著作物が含まれており，ユーザから見て公衆（不特定又は多数の者）に当たる他のユーザもその著作物にアクセスできるような状況になっていることを貴社が認識したときには，速やかにそのデータを削除する，又はアクセスできないようにするなどの措置をとるべきです。

▶解　説

I　ストレージサービス

ストレージサービスとは，ユーザのパソコンやスマートフォンに保存されているデータを，インターネットを経由して預かり，また，預かったデータに自由にアクセスさせるサービスである。

こうしたストレージサービスは，パソコンやスマートフォンのデータのバックアップや，スマートフォンに保存しきれなくなったデータの保管をする場合に用いられるのが一般的である。また，大容量のファイルをやりとりする場合，ファイルの容量が大きすぎると，メールに添付することでは送信できない場合があり，このような場合にも，ストレージサービスが用いられることがある。すなわち，この場合，データを渡そうとするユーザが，ストレージサービスを利用して，相手に渡したい大容量のデータをサーバに預けてから，そのデータをダウンロードするためのURL及びパスワードを，メール等で相手に伝え，相手がそのURL等を用いて，ストレージサービスから必要なデータをダウンロードすることで，大容量のデータのやりとりが可能になる。

こうしたストレージサービスに関する著作権法上の問題点として，第1に，ユーザ側の問題点として，ユーザが「著作物」を含むデータをサーバに預けること（アップロード），及び預けたデータをパソコンやスマートフォンにコピーすること（ダウンロード）は，著作権法上，複製（著作2条1項15号）に該当する。そのため，複製については，権利制限規定の適用がない場合には，著作権の侵害になってしまうおそれがある。また，ユーザが「著作物」を含むデータをダウンロードする行為が，自動公衆送信（著作2条1項9号の4）に該当しないかも問題となる。

第2に，貴社側の問題点として，ユーザがストレージサービスを用いて著作権侵害を行った場合に，貴社がその責任を負うかという点も問題となる。

以下では，まず，ユーザがストレージサービスを利用することの著作権法上の問題点（上記第1の問題点）について検討し，続いて，ストレージサービスを提供する貴社が負う著作権法上の責任の有無（上記第2の問題点）について述べる。

Ⅱ ユーザが著作物を含むデータをアップロードする行為の著作権法上の問題点

既に述べたとおり，ユーザが，ストレージサーバに「著作物」を含むデータを預ける場合，データのアップロードが，著作権法上の複製（著作2条1項15号）に該当することになるため，権利制限規定により著作権が及ばない場合でない限り，権利者の許諾が必要になる。

著作権法上，複製に該当する場合であっても，権利制限規定の一つである私的使用目的複製（著作30条1項。基礎編Q12，実務編Q34・Q35）の要件を満たす場合には，権利者の許諾は必要ない。そのため，個人ユーザによる私的使用目的複製に該当するかについて以下検討する★1。

1 複製の主体は誰か

私的使用目的複製であると認められるためには，その前提として，その複製を行う主体は，私的使用を行おうとするユーザ自身でなければならず，第三者がユーザに代わって複製をすることは認められない。そこで，ストレージサービスにおいては，誰が複製の主体になるのかという問題がある。

この点，ストレージサービスでは，ユーザ自身が，データをサーバにアップロードする行為をしていることから，物理的に見ると，複製を行っているのはユーザ自身である。

しかし，ある事業者が，ユーザに対して，CDに収録されている楽曲を，携帯電話で視聴可能なファイル形式に変換したうえで，サーバにアップロードさせて，携帯電話で楽曲をダウンロードして視聴することができるサービスを提供していた事案について，〔MYUTA事件〕東京地裁判決☆1は，その事業者が，ユーザが楽曲を複製するうえで，技術的に相当程度困難なことを可能にさせているとして，複製行為の主体は，当該事業者であると判断した。

また，〔ロクラクⅡ事件〕最高裁判決☆2は，複製の主体について，「複製の主体の判断に当たっては，複製の対象，方法，複製への関与の内容，程度等の諸要素を考慮して，誰が当該著作物の複製をしているといえるかを判断」し，「複製の実現における枢要な行為をして」いる者が，複製の主体になると判示している（応用編Q35参照）。

これらの裁判例・判例に従うと，「複製の主体」とは，必ずしも物理的な複製を行う者とはされていないため，上記の諸要素を考慮しながら，複製の実現における枢要な行為をした者が誰かを総合的に判断することが必要となる。

そこで，ストレージサービスについて検討すると，ストレージサーバを提供する事業者は，複製を可能とするサーバを提供するという一定の関与をしているが，どのデータを，いつどのように複製するかについては，ユーザが決定するものである。また，前掲（☆１）〔MYUTA事件〕東京地裁判決では，提供されるサービスが，技術的に相当程度困難な複製を可能にさせているものであることが重視されているが，パソコンやスマートフォンに保存されているデータを外部の記録媒体（USBメモリ，外付けハードディスク，SDカード等）に保存することは，一般的に行われることであって，ストレージサービスもこの延長線上にあるサービスであると考えられるから，それまで困難だった複製を容易にさせるようなサービスではない。さらに，前掲（☆2）〔ロクラクII事件〕最高裁判決では，提供されるサービスにおいて，複製の対象となる情報（放送番組）を事業者が複製機器に入力していたことが「複製の実現における枢要な行為」であると認められて，当該事業者が複製の主体であると判断されているが，ストレージサービスでは，複製の対象となる情報を用意し，入力（アップロード）するのはユーザである。

以上のことからすると，「複製の実現における枢要な行為」をしているのは，ストレージサーバを提供する貴社ではなく，むしろ，ユーザであると考えられる。したがって，複製の主体はユーザだということになる★2。

2 「個人的に又は家庭内その他これに準ずる限られた範囲内」といえるか

次に，私的使用目的複製の要件として，その複製の目的は，「個人的に又は家庭内その他これに準ずる限られた範囲内」の使用にとどまる必要がある。したがって，ユーザが，この範囲を超えて，自身又はユーザの家族等でない者が，著作物にアクセスできるようにする目的で，サーバに著作物をアップロードすることは許容されない。

そのため，ユーザは，アップロードされたデータを，自身又は家族等でない者がアクセスできるような状況にしてはならず，ストレージサービスを利用するためのIDやパスワードを第三者に利用させてはならない。

なお，ユーザが，データをアップロードした時点では，ユーザが自身又はユーザの家族等が当該データにアクセスすることのみを目的としていた場合であっても，その後，ユーザが，当該データを頒布し，又は当該複製物によって当該著作物を公衆に提示した場合には，私的使用目的複製の権利制限規定はもはや適用されず，そのユーザはその時点で新たな複製を行ったものとみなされ（著作49条1項1号），著作権の侵害となるため，注意が必要である。

3 公衆用設置自動複製機器に該当するか

著作権法30条1項1号により，「公衆の使用に供することを目的として設置されている自動複製機器（複製の機能を有し，これに関する装置の全部又は主要な部分が自動化されている機器をいう。）」（以下「公衆用設置自動複製機器」という）を用いた複製については，私的使用目的複製として認められないことになっている。このため，ユーザが，サーバにデータをアップロードすることが，公衆用設置自動複製機器を用いて複製する場合に当たるのであれば，私的使用目的複製の例外規定の適用はないことになる。

そこで，ユーザからデータを預かるストレージサーバが，公衆用設置自動複製機器に該当するかが問題となる。

まず，公衆用設置自動複製機器を用いた複製が禁止された立法の経緯を確認すると，昭和50年代に，コピー業者が，自らレコードをコピーすると複製権の侵害になることから，その代わりに，コピー業者が，ユーザに高速ダビング機器を使用させて，レコードのコピーを作成させることが横行することとなった。これにより，将来反復して継続的に使用可能な有形物が大量に複製されかねない事態を招いたことから，公衆用設置自動複製機器を用いた複製が明確に禁止されるに至ったのである。

これに対して，ストレージサービスは，外部の記録媒体（USBメモリ，外付けハードディスク，SDカード等）へ記録することの延長線上にあるものと考えられるから，家庭内での複製と同視できるものであって，ストレージサービスの利用を認めることで，権利者に生じる不利益も軽微なものだと考えられる。

以上からすると，公衆用設置自動複製機器の意義は，反復して継続的に使用可能な，有形の媒体を大量に複製することを目的とする機器だと考えられ，ストレージサーバはこれに該当しないものと考えられる★3。

Ⅲ ユーザが著作物を含むデータをダウンロードする行為の著作権法上の問題点

ストレージサーバにデータがアップロードされた後，ユーザがそれをダウンロードしてパソコン又はスマートフォンにコピーする行為は，複製（著作2条

1項15号）に該当する。こうしたダウンロードにおける複製については，アップロードと同様，私的使用目的複製として許容されるものと考えられる。

続いて，ユーザが，サーバにデータをダウンロードすることが，「自動公衆送信」（著作2条1項9号の4）に該当するかどうかが問題となる。自動公衆送信は「公衆送信」（同項7号の2）の一種であり，公衆送信は，「公衆によって直接受信されることを目的として」送信を行うものでなければならないから，具体的には，データをダウンロードするユーザが，送信を行う主体にとって「公衆」に該当するかどうかが問題となる。この問題を検討するためには，データの送信主体が誰であるかを特定する必要がある。

〔まねきTV事件〕最高裁判決☆3によれば，送信主体は，「当該装置が受信者からの求めに応じ情報を自動的に送信することができる状態を作り出す行為を行う者」であり，「当該装置が公衆の用に供されている電気通信回線に接続しており，これに継続的に情報が入力されている場合には，当該装置に情報を入力する者」がこれに当たると判断されている。

そこで，この基準をストレージサービスにおいて検討すると，特定のデータをダウンロードできる状態を作り出すのは，アップロードしたユーザ自身であるため，送信主体はユーザであると考えられる。そして，アップロードされたデータを受信するのは，当該ユーザであることが想定されているから，当該送信は，送信者であるユーザ自身によって直接受信されることを目的としていると考えられる。したがって，当該送信は「公衆によって直接受信されることを目的として」いるものではないから，「自動公衆送信」には該当しない。受信する者がユーザの家族等，限られた範囲の少数の者にとどまる場合もそのような者は，送信の主体であるユーザにとって，公衆（不特定又は多数の者）に当たらないから，やはり「自動公衆送信」には該当しない。

Ⅳ　ユーザが著作権侵害をした場合の事業者の責任

以上述べたとおり，データのアップロード又はダウンロードにおける複製については，そのデータが著作物を含むものであっても，ユーザが自身又は家族等の限られた範囲内でストレージサービスを利用する限りは，私的使用目的複製として許容され，また，ダウンロードについても，自身又は家族等の限られた者が所有する機器へのダウンロードを行う場合には，「自動公衆送信」には該当しないことから，著作権侵害は生じないことになる。

しかし，ユーザが，ストレージサービスを利用して，他人の著作物を含むデータをアップロードした後，データをダウンロードするのに必要なURL等を，私的使用目的複製として認められる範囲（自身又は家族等）を超えて，第三者に提供して，ストレージサービスを著作物の送信に利用したり，又は，著作物の共有を行ったりすることが考えられる。このように，ユーザが，自身又は家族等でない者に対して，著作物を使用させることを目的として他人の著作物を無許諾でアップロードすることは複製権・自動公衆送信権の侵害である。

そして，ユーザが，貴社のストレージサービスを利用して著作権侵害行為をした場合，当該ユーザだけでなく，そのサービスを提供している貴社も，著作権侵害の責任を負う可能性がある（実務編Q36参照）。

詳細は，実務編Q36を参照されたいが，貴社は，利用規約に，ストレージサービスを無許諾で他人の著作物を第三者に送信する行為に用いてはならないこと，ストレージサービスにログインするIDやパスワードは，第三者に開示してはならないこと等を明確に示しておく必要がある。また，貴社が，ストレージサービスが著作物の無許諾の送受信に利用されたり，又は，著作物の無許諾の共有に利用されたりしていることを認識した場合には，速やかに当該データを削除するか又は，ダウンロードが行えないようにしなければならない。

◆齋藤　浩貴＝嶋村　直登

▶▶判　例

☆1　東京地判平19・5・25判タ1251号319頁・判時1979号100頁〔MYUTA事件〕。

Xは，パソコンと携帯電話のインターネット接続環境を有するユーザを対象として，「MYUTA」の名称により，CD等の楽曲を自己の携帯電話で聴くことのできるサービスを提供するにあたり，JASRACに対して，当該サービスが著作権侵害に当たらないことの確認を求めた事案。

東京地裁は，Xが，携帯電話で視聴可能なファイルを蔵置し，携帯電話への送信等中心的役割を果たすサーバを所有，支配，管理していること，Xは，サービスを利用するに必要不可欠なソフトを作成してユーザに提供していること，ユーザが個人レベルでCD等の楽曲の音源データを携帯電話で利用することは，技術的に相当程度困難であり，Xが提供するサーバのストレージのような携帯電話にダウンロードが可能な形のサイトに音楽ファイルを蔵置する複製行為により，はじめて可能になること等から，当該サービスにおいて，サーバに音楽ファイルを複製する行為の主体は，ユーザではなくXであるとして，当該サービスは，複製権，自動公衆送信権の侵害に当たると判断した。

☆2　最判平23・1・20民集65巻1号399頁・判タ1342号100頁・判時2103号128頁〔ロクラクⅡ事件〕。事案及び判示の内容は，実務編Q35を参照。

☆3　最判平23・1・18民集65巻1号121頁・判タ1342号105頁・判時2103号124頁〔まねきTV事件〕。事案及び判示の内容は，実務編Q35を参照。

▶▶注　記

★1　法人ユーザと契約する場合には，法人の役員・従業員が事業目的で行うストレージサービスの利用が私的使用目的複製とされる可能性は低い。そのため，他人の著作物をストレージサーバに蓄積するためには，許諾を得るなどして，著作権法30条1項以外の理由により適法性を確保する必要がある。

★2　文化審議会著作権分科会著作物等の適切な保護と利用・流通に関する小委員会「クラウドサービス等と著作権に関する報告書」(平成27年2月) 12頁。

★3　文化審議会著作権分科会著作物等の適切な保護と利用・流通に関する小委員会・前掲（★2）15頁。

Q 31 評判分析サービス

インターネット上の情報をクラウド上のサーバに収集・分類し，自社商品等の評判を知りたい会社に対して，評判を知りたい商品等の名称を入力すれば，その商品等の評判に関するデータが提供されるサービスを提供したいと思いますが，可能でしょうか。

回　答

貴社が提供する「評判に関するデータ」が，インターネット上の大量の情報から，統計的な解析を行った結果得られたデータであれば，そのようなデータを提供するサービスを行うことは，可能だと考えられます。

すなわち，インターネット上に存在する大量の情報を事前にサーバに収集・分類することは，必要な情報を抽出して，統計的な解析を行うことを目的とする場合であれば，その情報に著作物が含まれているか否かを問わず，行うことができます。また，そうした情報を分析した結果得られたデータを第三者に自由に提供することが認められます。

なお，インターネット上の著作物を，統計的な解析を行う材料として用いるのではなく，そのままの形で提供することには著作権による保護が及ぶことから，権利者の許諾を得ずに行うことは避けるべきです。

▶解　説

I　インターネット上の情報を解析することの有用性

インターネット上には，無限大の情報が存在する。これらの無限大の情報を，様々な方向から統計的に解析した場合，何らかの規則性，特徴や傾向（以下「規則性等」という）を読み取ることができる場合がある。確かに，膨大なデータから，一定の規則性等を解析する試み自体は目新しいものではない。しかし，解析対象とする情報が多ければ多いほど，一般的には，そこから得られる規則性等の精度は高くなるため，インターネットを使うことで，無限大の情報を自由に取得することができる現代においては，こうした無限大の情報を基に解析して得られた規則性等の情報は，新たな重要な価値を有するといえる。

大量の情報を解析し，規則性等を得る方法は，例えば，「データマイニング」や「テキストマイニング」が知られている。「マイニング」とはmining，すなわち「発掘」という意味であり，「データマイニング」とは，膨大なデータの山の中から，データの解析を通して，あたかも発掘するかのように，それらのデータの規則性等を見つけ出すことを意味する。データマイニングの一例としては，クレジットカード利用者の利用傾向を分析し，その利用傾向から外れる利用があった場合に，不正利用の疑いを検知したり，顧客が追加で投資する時期を分析し，顧客が追加で投資を望む時期を見計らって，投資会社から追加融資の勧誘をするという事例が挙げられる。

「テキストマイニング」とは，膨大なテキスト（文，文字）の山の中から，テキストの解析を通して，それらのテキストの規則性等を見つけ出すことを意味する。具体的には，複数のテキスト同士の関係やその時系列毎の変化を解析することで，特定の商品名の近くで頻繁に現れる表現を見つけたり，特に多い問合せやクレーム，顧客からの感想をまとめたり，また，これらの時間の経過による変化を見つけ出したりすることができる場合がある。

以上のように，膨大な情報を的確に解析することを通して，例えば，消費者の行動パターンや興味関心，商品に対する評価等を把握できることがあるため，このような解析データを有効に活用することで，事業者は，より効果的なマーケティング活動を行うことが可能となる。

Ⅱ 著作権法47条の７の制定

インターネット上の情報を対象として，こうしたデータ解析を行うためには，まず，サーバが，インターネット上の情報を事前に取得（サーバにコピー）しておく必要がある。ところが，この取得（コピー）対象となる情報に著作物が含まれている場合には，そうした情報をサーバに取得（コピー）する行為は，著作物の複製（著作２条１項15号）に該当することから，権利者に無断で行った場合には，外形的には複製権（著作21条）の侵害になってしまうおそれがあった。

しかし，こうした著作物の複製は，あくまで著作物を，その解析の対象となるデータとして扱う過程で不可避的に生じるものにすぎず，当該著作物の表現を知覚ないし享受するものではないことから，著作物の複製が行われても著作権者の利益が害されるわけではない。そこで，解析の対象となる情報に著作物が含まれたとしても，著作権侵害の心配なく，当該情報を収集できることを明確化するために，平成21年の著作権法改正によって著作権法47条の７が追加された。

Ⅲ　要件の該当性

著作権法47条の７は，括弧書を除いてシンプルにすると，「著作物は，①電子計算機〔一般的には「コンピュータ」とした方が誤解が少ないので，以下では「コンピュータ」と置き換える〕による情報解析を行うことを目的とする場合には，②必要と認められる限度において，③記録媒体への記録又は翻案を行うことができる。④ただし，情報解析を行う者の用に供するために作成されたデータベースの著作物については，この限りでない。」（なお，丸数字は原条文にはない）というものである。

1　①電子計算機による情報解析を行うことを目的とすること

まず，「①コンピュータによる情報解析を行うことを目的とする」ことが必要である。ここにいう，「情報解析」とは，元の条文だと，続けて括弧書で「多数の著作物その他の大量の情報から，当該情報を構成する言語，音，影像その他の要素に係る情報を抽出し，比較，分類その他の統計的な解析を行うこと」をいうものと規定されている。

ここには，「その他の大量の情報」「その他の要素」「その他の統計的な解析」という３箇所で「その他の」という表現が３回現れる。「その他の」という法令表現は，例示を意味するものである。そのため，この①の要件を簡潔に表現すると，（多数の著作物に限られない）「大量の情報」から，（言語，音，影像に限られない）「情報を構成する要素に係る情報」を抽出し，（比較，分類に限られない）「統計的な解析」を行うことを目的とする必要がある。

また，「統計的な解析」は，人間ではなく，「コンピュータによる」ことが求められているが，一部の作業が人間によるものであっても，コンピュータによる作業が「主」で，人間の作業が「従」である限りにおいては，本要件を満たすと考えられている。

本設問のサービスでは，コンピュータであるクラウド上のサーバを用いて，インターネット上の（大量の）情報から，商品等の評判に関わる要素を抽出して，商品等の評判に関して統計的な解析を行うことを目的としていることから，本要件を満たすものと思われる。

2 ②必要と認められる限度において，③記録媒体への記録又は翻案を行うこと

次に，本条により可能となるのは，「②必要と認められる限度において」，「③記録媒体への記録又は翻案を行う」ことである。

ここで，「②必要と認められる限度」については，何ら限定されていないから，コンピュータによる情報解析に必要な限度であれば，その回数や規模は問わないものと解釈されている。本条により認められる行為は，「③記録媒体への記録又は翻案」であるが，この「記録又は翻案」はコンピュータによる必要はなく，人間が行うことも可能であると考えられている。また，翻案も可能であることから，「記録」したデータに加工を施すことも認められる。

なお，本条により可能となる「記録又は翻案」については，本来の条文では，続けて括弧書で「これにより創作した二次的著作物の記録を含む」と規定されていることから，加工したデータを記録することも可能である。

まとめると，本設問のサービスで，インターネット上の情報をサーバに収集し，分類する行為は，それが必要な限度で行われる限り，本条で認められる「記録媒体への記録又は翻案」に該当するため，本要件を満たすものと思われる。

3 ④情報解析を行う者の用に供するために作成されたデータベースの著作物については，この限りでない

なお，④「情報解析を行う者の用に供するために作成されたデータベースの著作物」については，本条の適用から除外される。これは，統計的処理が可能となるように他者によって既に作成されたデータベースについては，当該デー

タベースを作成した著作権者の利益を保護する必要があるためである。

したがって，本設問のサービスでは，インターネット上に公開された情報であっても，そのようなデータベースを収集することは認められない。

Ⅳ 提供可能なデータについて

以上のように，本設問のサービスでは，著作物を構成する要素に係る情報を抽出した後に，統計的な解析を行って，その結果得られた情報を商品等の評判に関するデータとして提供することは可能である。例えば，ある商品名をTwitterやFacebook等のSNSに投稿した者の属性，その商品が話題に上る時期や時間帯についての規則性等，また，その商品がどのようなイメージをもつ単語の近くで用いられているか，その商品と比較検討の対象とされている商品にはどのようなものがあるかという規則性等について，情報を提供することは可能である。

しかし，もとの著作物が有していた表現をそのままサービス事業者のサーバから再送信する形で提供した場合には，著作権の侵害になる。例えば，特定の商品名を含むSNS上の投稿や掲示板の書込みを，そのまま再送信する形で提供することは，著作物の複製及び自動公衆送信に該当することから，権利者の許諾なく行った場合には，引用等の要件を充足しない限り，複製権及び公衆送信権の侵害になってしまうことに注意が必要である。

なお，他者のウェブサイトの利用規約等で，情報の利用が制限されている場合であって，その利用規約に同意しているとき（実務編Q39参照）には，情報を利用するにあたって利用規約の定めに従う必要がある。

◆齋藤　浩貴＝嶋村　直登

Q32　類似画像の検索サービス

インターネット上の画像を事前にクラウド上のサーバに収集・分類しておき，チェック対象の画像を入力すると，既にサーバに収集・分類された画像と比較し，類似画像が表示されるサービスを提供したいと思いますが，可能でしょうか。

回　答

インターネット上の画像を検索するため，事前に，クラウド上のサーバにインターネット上の画像を収集・分類しておくこと，及びチェック対象の画像を入力すると，その画像と類似する画像について，URLの提供と併せて，その縮小版（サムネイル）を表示することは可能です。

ただし，こうした検索サービスを提供することが認められるためには，著作権法上，一定の条件を満たすことが必要です。

▶解　説

Ⅰ　検索サービスと著作権法47条の6の制定

インターネット上には膨大な情報があふれていることから，インターネットを利用するユーザが，目的の情報に効率よく速やかにたどり着くためには，検索サービス，すなわち，インターネット上の情報を事前に整理しておき，ユーザが求める情報について，その情報が所在する場所（URL）及びその場所に所在する情報の概要を提供するサービスはなくてはならないものである。

まず，検索サービスが，インターネット上の情報を事前に整理しておくためには，あらかじめ検索サービスを提供するサーバ上に，これらの情報をコピーしておかなければならない。しかし，インターネット上の情報の大部分は著作物であると考えられることから，このコピー行為は著作権法上の複製（著作2条1項15号）に該当し得る。また，ユーザに対して，インターネット上の情報の概要を提供する行為は，その態様によっては，著作権法上の複製（著作２条１項15号）・自動公衆送信（著作２条１項９号の４）に該当し得るものである。

したがって，権利者に無断で検索サービスを提供することは，複製権（著作21条）・公衆送信権（著作23条１項）の侵害になってしまうおそれがあった。

しかしながら，検索サービスそのものは，インターネットの普及とともに発展してきており（検索サービス大手Yahoo! JAPANは平成８年４月に，Googleは平成12年９月に日本語での検索サービスを開始している），早くからインターネットを利用するうえで欠かすことのできないサービスとなっていた。他方で，こうした検索サービスの著作権法上の適法性については，あいまいな状況が続き，法律がIT技術の進歩に必ずしも対応し切れていない状況にあった。

そこで，平成21年の著作権法改正によって，著作権法47条の６が創設され，一定の条件を満たせば，検索サービスを適法に行えることが明記されるに至った。以下，同条によって適法に検索サービスを行うための要件について説明する。

Ⅱ　適法に検索サービスを行うための要件

著作権法47条の６の規定では，検索サービスの提供を適法に行うためには，その主体は「①公衆からの求めに応じ，②送信可能化された情報に係る③送信元識別符号を④検索し，及び⑤その結果を提供することを⑥業として行う者」である必要がある（原条文から，括弧書を除いてシンプルにし，丸数字を加えている）。

まず，「①公衆からの求めに応じ」であるが，「公衆」とは，一般的には「不特定の者」とされていることに加え，著作権法では「特定かつ多数の者を含む」（著作２条５項）と定められていることから，不特定又は多数のユーザが利用できることが必要である。また，「求めに応じ」る必要があることから，ユーザーからの求めがないにもかかわらず，検索サービスから積極的に情報を提供する場合（例えば，検索サービス事業者が，一方的にユーザーのウェブサイトの閲覧履歴等を分析したうえで，関連するウェブサイトの情報を送信する場合。いわゆるプッシュ型）は，これに該当しない。

次に，「②送信可能化された情報」であるが，「送信可能化」とは，「自動公衆送信し得るようにすること」（著作２条１項９号の５），「自動公衆送信」とは，公衆からの求めに応じて自動的に公衆送信を行うこと（著作2条1項9号の4）であるから，つまり，インターネットでアクセスできるようになっている情報のことである。

続いて，「③送信元識別符号」とは，原条文では，続く括弧書で「自動公衆送信の送信元を識別するための文字，番号，記号その他の符号をいう。」と定められているが，これは，いわゆるURL（Uniform Resource Locator。多くの場合，http://～という形で記述される）を意味する（よって，以下の説明では，わかりやすさを重視し，「送信元識別符号」を端的に「URL」と記載する）。

「④検索」とは，ユーザの求める情報が所在するURLを調査することを意味する。一般的には，特定のキーワードに関連する情報が掲載されているウェブページのURLを調査すること多いが，本設問のサービスのように，ユーザが入力した画像と類似した画像が所在するURLについて，インターネット上で調査することも「検索」に含まれる。また，「⑤その結果を提供すること」とは，そうした検索の結果をユーザに提供することである。

そして，「⑥業として行う」とは，営利目的か非営利目的であるかを問わず，反復継続して行うことを意味する。原条文では，括弧書として「当該事業の一部を行う者を含み，送信可能化された情報の収集，整理及び提供を政令で定める基準に従って行う者に限る。」と定められている。これは，具体的には，政令（著作令7条の5各号）により，次の(i)ないし(iii)の3つの要件をいずれも守ることが求められている。

(i) 送信可能化された情報の収集，整理及び提供をプログラムにより自動的に行うこと（著作令7条の5第1号)。これは，情報の収集，整理及び提供のすべての過程でプログラムによる自動的な処理が行われることを要する。人間の操作が部分的に介在する場合であっても，本要件を満たすと考えられるが，これらの過程が人間によってのみ行われる場合（例えば，情報の収集及び整理を人間が行うディレクトリ型検索エンジンの場合等）には，本要件を満たさない。

(ii) 省令で定める方法に従って収集禁止が指定されている情報を収集しないこと（著作令7条の5第2号)。これは，省令（著作則4条の4各号）に，2つの場合が規定されている。1つめは，各ウェブサイトのルートディレクトリに，情報収集の許否及び禁止する情報の範囲が記載されたrobots.txtというファイル名のテキストファイルが置かれている場合には，その記載に従うこと（著作則4条の4第1号），もう1つは，ウェブサイトを構成するHTML（Hyper Text Markup Language）等のファイルについて，そのメタタグ（実務編Q23参照）内に，情報収集の許否が記載されている場合には，その記載に従うこと（著作則4条の4第2号）である。

(iii) 情報の収集をする場合に，既に収集した情報について，前記(ii)に規定する措置がとられていることが判明したときは，当該情報の記録を消去すること（著作令7条の5第3号）。

Ⅲ 著作権法47条の6により認められる行為

以上の要件を満たす者は，インターネット上の著作物をサーバへコピーすること，及び必要な範囲でそのコピーをURLとともに公衆に提供することが認められる。具体的には，「⑦当該検索及びその結果の提供を行うために必要と認められる限度において，⑧送信可能化された著作物について，⑨記録媒体への記録又は翻案を行い，及び⑩公衆からの求めに応じ，当該求めに関する送信可能化された情報に係るURLの提供と併せて，⑪当該記録媒体に記録された当該著作物の複製物のうち当該URLに係るものを用いて自動公衆送信（送信可能化を含む。）を行う」ことができる（原条文から，一部の括弧書を除いてシンプルにし，丸数字を加えている）。

1 著作権法47条の6で対象となる著作物

まず，前提として，本条で対象となる著作物は「⑧送信可能化された著作物」である。これは，「②送信可能化された情報」で述べたところと同様に，インターネットでアクセスできるようになっている著作物のことをいう。さらに原条文では，続く括弧書で，「当該著作物に係る自動公衆送信について受信者を識別するための情報の入力を求めることその他の受信を制限するための手段が講じられている場合にあっては，当該自動公衆送信の受信について当該手段を講じた者の承諾を得たものに限る。」と規定されている。したがって，ID・パスワード等が必要とされる会員限定サイトのように，一般に公開されていないウェブサイト上に所在する著作物については，そのサイトの管理者からの承諾を得ない場合には，本条の対象から除外されることになる。

なお，文言からは明らかではないものの，現に「自動公衆送信し得る」ことが必要であり，過去に自動公衆送信されていたものの，既にインターネット上から削除される等して，現在自動公衆送信されていない著作物は本条の対象には含まれないと解釈されている。

2 著作権法47条の6で適法となる行為

「⑧送信可能化された著作物」については，次の2つの利用が許容される。

⑴ インターネット上の著作物の記録又は翻案

1つめは，「⑨記録媒体への記録又は翻案」である。翻案も可能であることから，「記録」した情報を整理することや，編集，修正することも認められる。なお，本条により可能となる「記録又は翻案」については，原条文では続く括弧書で「これにより創作した二次的著作物の記録を含む。」と規定されていることから，整理，編集した著作物を記録することも可能である。

⑵ 記録された著作物の自動公衆送信

次に，2つめは，「⑪当該記録媒体に記録された当該著作物の複製物のうち当該URLに係るものを用いて自動公衆送信（送信可能化を含む。）を行うこと」である。これは，著作物の複製物を検索結果として表示することを認めたものである。

検索サービスが，ユーザの求める情報が所在しているURLを提供する場合に，URLの文字列を提供するだけでは，ユーザには，そのURLにどのような情報が所在しているのかわからず，ユーザは求める情報に効率的にたどり着くことはできない。そこで，前記⑨で記録された著作物の複製物を，自動公衆送信及び送信可能化することが認められているのである（なお，原条文では，「当該記録媒体に記録された当該著作物の複製物」について，括弧書で，「当該著作物に係る当該二次的著作物の複製物を含む。以下この条において『検索結果提供用記録』という。」と定められており，整理，編集した著作物も自動公衆送信及び送信可能化の対象になることが明確化されている）。

そして，前記⑪のような検索結果の表示については，あくまでも検索結果として，URLを提供するために行われることから，その表示は，「⑩公衆からの求めに応じ，当該求めに関する送信可能化された情報に係るURLの提供と併せて」行われる必要がある。

このうち，「公衆からの求め」については前記①，「送信可能化された情報」については前記②と同様である。ここで，URLの提供については，その方式は問わないものと考えられているから，そのURLの提供方法は，文字列として画面に表示するだけでなく，URLをリンクとして埋め込むことによる提供でもよい。

3 著作物を検索結果として表示することが，適法となるための条件

ただし，以上の各行為は，次の条件が満たされなくてはならない。

⑴ 必要な限度であること

前記⑨及び⑪の利用が認められるのは，「⑦当該検索及びその結果の提供を行うために必要と認められる限度」でなくてはならない。そのため，検索結果として著作物を表示できるのは，ユーザが求める情報が所在するURLを調査し，その結果を提供するために必要な限度でなければならず，この範囲を超えて，もともとのインターネット上の情報を代替してしまうような方法で著作物を表示することは認められない。したがって，検索サービスにおいて，ウェブサイトの全体やフルサイズの画像を表示することは制限されることになる。本設問の検索サービスを行うにあたって，類似画像を表示する場合は，その縮小画像（サムネイル）を提供することは可能であるが，フルサイズの画像を提供することはできないことになる。

⑵ 違法にアップロードされた著作物であることを知ったときには，検索結果に表示してはならないこと

また，検索サービスの提供者にとっては，著作物が適法にインターネットにアップロード（送信可能化）されたのか判断することは通常困難だから，前記⑨及び⑪の利用を行うことができる著作物については，送信可能化が適法に行われているかどうかは問われていない。したがって，違法に送信可能化された著作物であってもその対象とすることができる。

他方で，違法に送信可能化された著作物の流通に検索サイトが関わってしまうと，著作権侵害を助長してしまうことになる。そこで，著作権法47条の6のただし書は，検索サイトが情報を収集した後に，「⑫当該検索結果提供用記録に係る著作物に係る送信可能化が著作権を侵害するものであること（国外で行

われた送信可能化にあっては，国内で行われたとしたならば著作権の侵害となるべきものであること）を知ったときは，その後は，当該検索結果提供用記録を用いた自動公衆送信（送信可能化を含む。）を行ってはならない。」と定めている。したがって，違法にアップロードされた著作物については，違法であることを知った時点で，検索結果として提供することを中止しなければならない。

◆齋藤　浩貴＝嶋村　直登

Q 33 テレビ放送された番組・CMの情報の提供

1　当社のクラウドサーバ上で全チャンネルのテレビ放送を録画し，法人顧客が，危機管理や報道対応のために，後で検索して自由に視聴できるようにするサービスを提供することは可能でしょうか。

2　当社が，テレビ放送から，メタデータ（番組やCMの内容，出演者，BGMの曲名，紹介されたお店，商品，広告主の名称等の情報）を抽出し，データベース化したものをオンラインで法人顧客に提供するとともに，テレビ放送の全チャンネルを録画することができるレコーダを販売又はリースすることで，当該法人顧客が，危機管理や報道対応のために，当該機器を用いてテレビ番組を録画したうえで，メタデータを検索して，対応する録画済のテレビ番組・CMを自由に視聴できるようにするサービスを提供することは可能でしょうか。

回　答

1　そのようなサービスを，番組に関する著作権を有する者及びテレビ局（権利者）の許諾なく提供することは，著作権及び著作隣接権の侵害となります。

2　メタデータに含まれる個別の情報は，著作物（著作２条１項１号）に該当しない場合が多いと考えられ，著作物に該当しない場合には，自由に利用することができます。しかし，法人顧客が権利者の許諾なくレコーダにテレビ番組を録画することは著作権及び著作隣接権の侵害となるため，設問２のサービス事業者が，法人顧客に，メタデータの提供と合わせて，テレビ放送を録画するためのレコーダを提供する場合には，サービス事業者が著作物の複製主体とみなされ，又は不法行為責任を負うことになる可能性が否定できません。そのため権利者の許諾なく，そのようなサービスを行うことは，著作権及び著作隣接権の侵害の責任を負うことになる可能性があるといえます。

▶解　説

Ⅰ　設 問 1

テレビ番組は，「映画の著作物」（著作2条3項）等の著作物として保護されるだけでなく，テレビ番組を放送するテレビ局（放送事業者）は，テレビ番組の著作権とは別途，テレビ局の行う放送について，著作隣接権（放送事業者の権利）を有している。放送事業者の権利としては，放送を受信して録画する方法による複製についての複製権（著作98条），及び放送を受信してさらに送信可能化を行う行為についての送信可能化権（著作99条の2）等がある。

したがって，法人事業者に後で視聴させることを目的にして，番組に関する著作権を有する者及びテレビ局（権利者）の許諾なく，テレビ番組をクラウドサーバ上に録画することは，複製権（著作21条・98条）の侵害になる。また，法人事業者に，インターネット経由でテレビ番組を視聴させることは，番組に関する著作権を有する者の公衆送信権（著作23条）の侵害になる★1（以上，実務編Q35参照）。そのため，設問1のようなサービスを，権利者の許諾なく提供することはできない。

Ⅱ　設 問 2

設問2のサービスについて，メタデータの抽出及び提供を行うことの問題点について検討し，続いて，録画機器を提供することの問題点について検討する。

1　メタデータの「著作物」該当性

テレビ番組のうち，「著作物」である映像，画像及び音声等ではなく，単にテレビ番組・CMの内容，出演者，BGMの曲名，紹介されたお店，商品，広告主の名称等の個別の情報（これらを総称して「メタデータ」という）については，客観的な事実そのものであるため，ほとんどの場合，「著作物」ではない（実務編Q26参照）。したがって，これらの情報については，自由に利用できる場合がほとんどであると考えられる。

ただし，メタデータであっても，テレビ・CMの内容を説明する記述に創作的な表現が含まれている場合には，「言語の著作物」（著作10条1項1号）に該当することとなり，メタデータが集積されたものについて，メタデータの選択又は配列もしくは体系的な構成に，思想又は感情が創作的に表現されている場合には，「編集著作物」（著作12条1項）又は「データベースの著作物」（著作12条の2第1項）に該当することとなる可能性が皆無とはいえない。

この点，メタデータの著作物性について判断した裁判例等は見当たらないものの，自社でメタデータを作成抽出する場合に，メタデータとして抽出するデータが，番組の著作物性のあるような内容にまで及ぶことがないように注意する必要がある。また，第三者が作成したメタデータを複製する場合には，著作権法上の問題がないかどうか，さらには著作権法上問題がないとしても，不法行為責任が生じるおそれがないか（基礎編Q18参照）に留意する必要がある。

2　メタデータを作成抽出する過程での留意点

サービス事業者が，テレビ放送から，メタデータを作成抽出する作業を行うにあたっては，たとえ一時的であっても，権利者の許諾なく，テレビ番組を録画保存して作業を行うことはできないと解される。テレビ番組の録画は，複製（著作2条1項15号）に該当するが，法人には私的使用目的複製の権利制限規定の適用がなく，他に適用のある権利制限規定もないため，権利者の許諾なくして録画を行うことはできないからである。

したがって，メタデータを作成抽出するにあたっては，権利者の許諾がない限り，録画等を経ることなく，リアルタイムで行わなければならない。また，正規の番組配信（見逃し配信等）を活用することも考えられるが，現状全ての番組が配信されているわけではない。そのため，メタデータの作成抽出作業は，現実的にはかなり困難であるものと思われる。

なお，著作権法47条の7により，コンピュータによる統計的な解析のためであれば，「多数の著作物その他の大量の情報」から，「当該情報を構成する言語，音，影像その他の要素に係る情報を抽出」し，「比較，分類その他の統計的な解析」を行うために，必要な範囲で記録媒体への複製をすることも認められている。しかし，本件では，「比較，分類その他の統計的な解析」には該当しないことから，著作権法47条の7の適用はない。

ただし，作成抽出作業をコンピュータによって行う場合に，コンピュータが，リアルタイムかつ自動的に，テレビ放送からメタデータを抽出することができるのであれば，当該コンピュータのメモリ上に，一時的にテレビ番組を記録することができる（著作47条の８）。したがって，仮にAIによって，メタデータをリアルタイムで自動抽出するような技術を用いるのであれば，そのような技術によりメタデータを集積することには著作権法上の問題は生じないことになると考えられる。

3　録画機器をメタデータのサービスとともに法人顧客に提供することについて

事業者が，録画機器を法人顧客に提供し，当該法人顧客が，危機管理や報道対応のために，テレビ放送を録画（複製）する場合，テレビ放送の複製の主体は誰になるか。

複製の主体について，〔ロクラクⅡ事件〕最高裁判決☆1は，「複製の主体の判断に当たっては，複製の対象，方法，複製への関与の内容，程度等の諸要素を考慮して，誰が当該著作物の複製をしているといえるかを判断」し，「単に複製を容易にするための環境等を整備しているにとどまらず，その管理，支配下において，放送を受信して複製機器に対して放送番組等に係る情報を入力するという，複製機器を用いた放送番組等の複製の実現における枢要な行為」をしていた者が，複製の主体になると判示している（実務編Q35参照）。

また，〔選撮見録（よりどりみどり）事件〕大阪高裁判決☆2では，「現実の複製，公衆送信・送信可能化行為をしない者であっても，その過程を管理・支配し，かつ，これによって利益を受けている等の場合には，その者も，複製行為，公衆送信・送信可能化行為を直接に行う者と同視することができ」ると判示している。

設問２では，テレビ放送を録画することができるレコーダは，当該機能に関する限りでは，家庭用としても一般的に広く販売されている機器と同様の機能を有するものであるから，サービス事業者が，そうした録画機器を法人顧客に提供することだけでは，「複製の実現における枢要な行為」に該当したり，また，複製の過程の「管理，支配」に該当したりするとは考えにくい。しかし，当該法人顧客は，単にテレビ放送の録画をするのではなく，事業者が提供するメタデータと組み合わせることで，メタデータにより検索可能となることを前提として，事業者が提供する機器を利用して，テレビ放送を録画していることからすると，サービス事業者が録画に果たしている役割は，必ずしも小さいものとはいえないため，事業者が複製の主体であると評価される可能性も否定できない。

以上のように，サービス事業者が録画機器を法人顧客に提供した場合，当該法人顧客が行う録画の主体は，当該法人顧客であると判断される可能性は高いが，サービス事業者が複製の主体であると判断され，複製権侵害の責任を問われる可能性も否定できない。

4　著作権侵害の教唆・幇助について

複製の主体が法人顧客であると判断される場合であっても，当該法人顧客が，テレビ放送を録画することは，著作物の複製に該当する。そして，法人には，私的使用目的の複製に関する権利制限規定が働かないことから，法人顧客が，権利者の許諾なくテレビ放送の全番組を録画することは，複製権の侵害となる。

その場合に，サービス事業者自身は，複製に関与していないものの，サービス事業者としては，複製権の侵害に用いられることがわかっていながら，メタデータによって録画した番組の検索視聴ができることを可能にするサービスを継続的に提供することを約しつつ，録画機器を法人顧客に提供したことを理由に，著作権侵害の教唆・幇助（民719条）が成立する可能性が高い。〔ビデオメイツ事件〕最高裁判決☆3では，カラオケ装置のリース業者は，カラオケ店を営む顧客に対し，音楽に関する著作権の管理事業者であるJASRACと著作物使用許諾契約を締結すべきことを告知するだけでなく，当該契約を締結し又は申込みをしたことを確認したうえでカラオケ装置を引き渡すべき条理上の注意義務を負うと判示し，この注意義務に違反して，JASRACとの契約をしていることを確認することなくカラオケ装置を顧客に引き渡した業者の損害賠償責任を認めている。この判決に照らして考えると，設問２でも，サービス事業者が損害賠償責任を負うことになる可能性が高いと考えられる。

◆齋藤　浩貴＝嶋村　直登

▶▶判　例

☆1　最判平23・1・20民集65巻1号399頁・判タ1342号100頁・判時2103号128頁〔ロクラクⅡ事件〕。事案及び判示の概要については，実務編Q35を参照。

☆2　大阪高判平19・6・14判時1991号122頁〔選撮見録（よりどりみどり）事件〕。

マンション等の集合住宅向けに，マンションの居住者が，自由にテレビ番組の録画及び再生をできるようにするための装置（選撮見録）の販売及び設置を行っている業者Yに対し，テレビ局であるXらが，同装置の使用差止め等を請求した事案。

大阪高裁は，次のとおり，同装置の販売及び設置業者が複製の主体に該当するとの判断を示し，Xらの請求を認めた。

「現実の複製，公衆送信・送信可能化行為をしない者であっても，その過程を管理・支配し，かつ，これによって利益を受けている等の場合には，その者も，複製行為，公衆送信・送信可能化行為を直接に行う者と同視することができ，その結果，複製行為，公衆送信・送信可能化行為の主体と評価し得るものと解される。」

「Y商品〔注：選撮見録〕においては販売の形式が採られており，Y自身は直接に物理的な複写等の行為を行うものではないが，Y商品における著作権，著作隣接権の侵害は，Yが敢えて採用した放送番組に係る単一のファイルを複数の入居者が使用するというY商品の構成自体に由来するものであり，そのことは使用者には知りようもないことがらであり，使用者の複製等についての関与も著しく乏しいから，その意味で，Yは，Y商品の販売後も，使用者による複製等（著作権，著作隣接権の侵害）の過程を技術的に決定・支配しているものということができる。のみならず，Y商品の安定的な運用のためには，その販売後も，固定IPアドレスを用いてのリモートコントロールによる保守管理が必要であると推認される上，Yは，Y商品の実用的な使用のために必要となるEPGを継続的に供給するなどにより，使用者による違法な複製行為等の維持・継続に関与し，これによって利益を受けているものであるから，自らコントロール可能な行為により侵害の結果を招いている者として，規範的な意味において，独立して著作権，著作隣接権の侵害主体となると認めるのが相当である。」

☆3　最判平13・3・2民集55巻2号185頁・判タ1058号107頁・判時1744号108頁〔ビデオメイツ事件〕。

Yはカラオケ装置のリース業者で，Aらの経営するカラオケパブにカラオケ装置を設置した。リース契約の書面にはX（本音楽著作権協会＝JASRAC）との著作物使用許諾契約については借主の責任で対処するようにという旨の記載があり，Yは本件リース契約締結時にAらに対し口頭でも説明したが，カラオケ装置の引渡しに際し，Aらが著作物使用許諾契約の締結又は申込みを確認することまではしていなかった。AらはXの許諾を受けることなく営業を続けたため，XがAら及びYに対し使用料相当額の賠償を請求した。

最高裁は次のとおり判示して，Aに損害賠償責任があることを認め，Xの請求を認容した。

「カラオケ装置のリース業者は，カラオケ装置のリース契約を締結した場合において，当該装置が専ら音楽著作物を上映し又は演奏して公衆に直接見せ又は聞かせるために使用されるものであるときは，リース契約の相手方に対し，当該音楽著作物の著作権者との間で著作物使用許諾契約を締結すべきことを告知するだけでなく，上記相手方が当該著作権者との間で著作物使用許諾契約を締結し又は申込みをしたことを確認した上でカラオケ装置を引き渡すべき条理上の注意義務を負うものと解するのが相当である。けだし，（1）カラオケ装置により上映又は演奏される音楽著作物の大部分が著作権の対象であることに鑑みれば，カラオケ装置は，当該音楽著作物の著作権者の許諾がない限り一般的にカラオケ装置利用店の経営者による……著作権侵害を生じさせる蓋然性の高い装置ということができること，（2）著作権侵害は刑罰法規にも触れる犯罪行為であること（著作権法119条以下），（3）カラオケ装置のリース業者は，このように著作権侵害の蓋然性の高いカラオケ装置を賃貸に供することによって営業上の利益を得ているものであること，（4）一般にカラオケ装置利用店の経営者が著作物使用許諾契約を締結する率が必ずしも高くないことは公知の事実であって，カラオケ装置のリース業者としては，リース契約の相手方が著作物使用許諾契約を締結し又は申込みをしたことが確認できない限り，著作権侵害が行われる蓋然性を予見すべきものであること，（5）カラオケ装置のリース業者は，著作物使用許諾契約を締結し又は申込みをしたか否かを容易に確認することができ，これによって著作権侵害回避のための措置を講ずることが可能であることを併せ考えれば，上記注意義務を肯定すべきだからである。」

▶▶注　記

★1　放送事業者の送信可能化権（著作99条の2）は，受信して直ちに再送信する行為についてのみ及ぶため，テレビ局の放送事業者の権利は，録画段階で複製権（著作98条）が働くものの，録画したものを送信する段階では働かない。

第10節　私的使用目的利用の支援サービス

Q34　書籍の自炊代行サービス

個人のお客様が所蔵している書籍を，当社に送付していただき，裁断のうえスキャンして，スキャンした電子データをお客様に提供する，いわゆる自炊代行サービスのビジネスをすることは可能でしょうか。

回　答

個人が所蔵している書籍を，事業者が当該個人の依頼を受けて，スキャンすることは，事業者による書籍の複製行為に当たります。そのため，私的使用目的複製を適法とする著作権法30条１項は適用にならず，書籍に関する著作権（複製権）が及びます。したがって，書籍の著作者の許諾を得ずに自炊代行サービスをビジネスとして行うと，著作権侵害になります。

▶解　説

Ⅰ　問題の所在

電子複製機器及び情報処理端末の高度化により，紙の出版物である書籍を個人がスキャンして，電子端末で閲読可能な書籍データとして収蔵することが可能となった。

書籍を電子データ化すると，保管が容易となり，携帯端末で閲覧ができるようになる。また，データがテキスト化されていると，書籍の内容を検索することもできるところから，電子データ化された書籍に対するニーズが増大している。

しかし，現状では，電子書籍として販売されているタイトルには限りがある。また，既に個人が蔵書として所有している書籍については，あらためて電子書籍を購入すると，同じ本を２冊買うのと同様の経済的負担が生じることになってしまう。そこで，既に蔵書として所有している書籍を電子化する要望が広く生じている。

蔵書の電子データ化は，蔵書の所有者である個人が，自分で行うことが可能である。その場合には一般的に，パソコン，スキャナ及び裁断機が必要である。裁断機は，スキャンを効率的に行うために，書籍をページ単位にばらし，オートシードフィーダでスキャナに供給するために用いられる。

書籍を個人が電子データ化する行為は，データを自分で吸い出す，という行為であることから俗に「じすい」と呼ばれ，「自炊」の字を当てていたのが定着して，一般的に「自炊」と呼称されるようになった。

自炊を個人自らが行うためには，自分でパソコン，スキャナ，及び裁断機を調達しなければならないし，かなりの時間と労力を要する。そのため，自炊を事業者に代行してもらいたいとのニーズが生じるところとなり，実際に，自炊を代行する事業者がサービスを始めるところとなった。

自炊は，個人が自ら行う限りにおいては，私的使用目的複製として，著作権法30条１項により合法である。

この自炊を事業者が個人の依頼を受けて代行することも，著作権法30条１項により合法と解釈することはできないのだろうか。これがここでの検討課題である。

Ⅱ　自炊支援サービスの適法性

1　自炊行為を支援するビジネスの種類

自炊行為を支援するビジネスにはいくつかの種類がある。大別して①自炊に使用するための裁断機，スキャナ等の機器の販売又はレンタル，②自炊をするための裁断機，スキャナ等を設置した場所を提供し，来場者に使用してもらうサービス（自炊をするための場を提供するサービス），③（②に加えて）裁断済みの書籍をその場で貸し出し，利用者が当該書籍をその場で電子データ化して，当該データを持ち帰ることができるようにするサービス（裁断済書籍提供サービス），

④利用者に書籍を送付してもらい，送付された書籍を事業者が裁断，スキャンして電子データ化し，当該データを利用者に提供するサービス（自炊代行サービス）の４種類が考えられる。

①については，スキャナや裁断機は，そもそも汎用機であるから，その販売もレンタルも（たとえ著作権法30条１項の適用のない事業者に対して行う場合であっても）当然に合法である。他の３つの種類のサービスについて，以下において解説する。

2　自炊をするための場を提供するサービス

②の自炊するための場を提供するサービスについては，事業者は書籍を提供せず，利用者が書籍を持ち込み，場に設置された機器を利用者が操作して電子データ化するわけであるから，複製を行っているのは利用者だと評価されることに疑いはない。したがって，そのような場を提供するサービスは，利用者が私的使用目的複製として適法に行うことのできる行為を支援するサービスと評価されることになり，適法に行うことができる。

なお，著作権法30条１項１号は，公衆の使用に供することを目的として設置されている自動複製機器を用いて複製する場合については，私的使用目的複製であっても，複製権が及ぶとしている。しかし，附則５条の２により，当分の間，この著作権法30条１項１号に規定する自動複製機器には，もっぱら文書又は図画の複製に供するものを含まないとされているため，書籍の複製に供するものである，自炊用のスキャナ等の装置には，30条１項１号は適用されない。この附則は，「当分の間」とあるとおり，同号が新設された昭和59年に，暫定措置という位置づけで設けられた規定である。しかし，この附則は以来長く廃止されないままとなっており，本稿執筆時点で廃止される見込みは生じていない。

3　裁断済書籍提供サービス

③の裁断済みの書籍を提供するサービスについては，２つの点で著作権侵害とならないかどうかを検討する必要がある。

一つは，裁断済みの書籍を利用者に提供する行為が貸与権（著作26条の３）★[1]の対象となる「貸与」に当たることにならないか，という点である。この点については，漫画喫茶等のように，事業者の営業店舗内で客に書籍を閲覧させる行為については，書籍の占有を客に移転していないため，「貸与」には当たらず，貸与権は及ばないとする見解が支配的である★2。裁断済書籍提供サービスでも，客が店舗内で複製するということであれば，やはり書籍の占有は事業者から移転していないということで，貸与権は及ばないと評価される可能性が高いといえる。

もう一つは，裁断済書籍を店が提供する場合にも，客が持参した書籍をスキャンする場合と同様に，複製を行う主体は事業者ではなく客である，と評価できるかどうかということである。この点に関しては，〔ロクラクII事件〕最高裁判決☆1が示した基準によれば，事業者が複製の主体であると判断される可能性もある。同判決では，「複製の主体の判断に当たっては，複製の対象，方法，複製への関与の内容，程度等の諸要素を考慮して，誰が当該著作物の複製をしているといえるかを判断するのが相当であるところ，上記〔同最判の事案〕の場合，サービス提供者は，単に複製を容易にするための環境等を整備しているにとどまらず，その管理，支配下において，放送を受信して複製機器に対して放送番組等に係る情報を入力するという，複製機器を用いた放送番組等の複製の実現における枢要な行為をしており，……サービス提供者を複製の主体というに十分である」として，事業者が複製行為の主体であると判断している。同判決の考え方からすれば，裁断済書籍提供サービスも，「単に複製を容易にするための環境等を整備しているにとどまらず，その管理，支配下において，購入した書籍を裁断して準備した上で客に提供するという，複製機器を用いた書籍の複製の実現における枢要な行為をしている」として，複製の主体であると判断される可能性は十分にあると考えられる。

裁断済書籍提供サービスに関する裁判例はないため，裁断済書籍提供サービスを書籍の著作権者の許諾なく提供することが，著作権の侵害とならないかどうかは，確定的な判断ができない状況にあるというべきであろう。

4 自炊代行サービス

④の自炊代行サービスについては，事業者がデータ化の注文を受けた書籍の著作権者の複製権を侵害するかどうかが裁判で争われた（〔自炊サービス事件〕知財高裁判決☆2）。この裁判（知財高裁で判決がなされ，上告受理申立ても最高裁により不

受理とされた）により，複製を行っているのは事業者であると判断され，著作権法30条１項は適用にならないということが明確となった。注文を受けた書籍の著作権者から許諾を受けていない場合，自炊代行サービスを提供することは，事業者による著作権（複製権）の侵害となってしまうのである。

◆齋藤　浩貴

▶▶判　例

☆１　最判平23・１・20民集65巻１号399頁・判タ1342号100頁・判時2103号128頁〔ロクラクⅡ事件〕。事案と判旨は実務編Q35参照。

☆２　知財高判平26・10・22判タ1414号227頁・判時2246号92頁〔自炊サービス事件〕。

上記④のタイプの自炊代行サービスを行う業者Yに対して，小説家，漫画家，又は漫画原作者である７名（Xら）が，Yが注文を受けた書籍には，Xらが著作権を有する作品が多数含まれている蓋然性が高く，今後注文を受ける書籍にも含まれる蓋然性が高いから，Xらの著作権（複製権）が侵害されるおそれがあるなどと主張して，Yに対し差止め及び損害賠償を請求した。

知財高裁は，次のとおり判示して，複製を行っているのはＹであり，著作権法30条１項は適用にならないから，YはXらの著作権（複製権）を侵害するとして，差止請求及び弁護士費用相当額の賠償を認容した。

「裁断した書籍をスキャナーで読み込み電子ファイル化する行為が，本件サービスにおいて著作物である書籍について有形的再製をする行為，すなわち『複製』行為に当たることは明らかであって，この行為は，本件サービスを運営するYのみが専ら業務として行っており，利用者は同行為には全く関与していない。」

「利用者がYを自己の手足として利用して書籍の電子ファイル化を行わせていると評価し得る程度に，利用者がYによる複製行為を管理・支配しているとの関係が認められないことは明らかであって，Yが利用者の『補助者』ないし『手足』ということはできない。」

「著作権法30条１項は，個人の私的な領域における活動の自由を保障する必要性があり，また閉鎖的な私的領域内での零細な利用にとどまるのであれば，著作権者への経済的打撃が少ないことなどに鑑みて規定されたものである。そのため，同条項の要件として，著作物の使用範囲を『個人的に又は家庭内その他これに準ずる限られた範囲内において使用することを目的とする』（私的使用目的）ものに限定するとともに，これに加えて，複製行為の主体について『その使用する者が複製する』との限定を付すことによって，個人的又は家庭内のような閉鎖的な私的領域における零細な複製のみを許容し，私的複製の過程に外部の者が介入することを排除し，私的複製の量を抑制するとの趣旨・目的を実現しようとしたものと解される。そうすると，本件サービスにおける複製行為が，利用者個人が私的領域内で行い得る行為にすぎず，本件サービスにおいては，利用者が複製する著作物を決定するものであったとしても，独立した複製代行業者として本件サービスを営むYが著作物である書籍の電子ファイル化という複製をすることは，私的複製の過程に外部の者が介入することにほかならず，複製の量が増大し，私的複製の量を抑制するとの同条項の趣旨・目的が損なわれ，著作権者が実質的な不利益を被るおそれがあるから，『その使用する者が複製する』との要件を充足しないと解すべきである。」

なお，Yは最高裁に上告受理の申立てをしたが，上告は受理されなかった。

▶▶注　記

★1　貸与権は昭和59年の著作権法の改正で著作者に与えられたものであるが，楽譜を除く書籍・雑誌の貸与には，当時の社会状況から，当分の間の暫定措置として，適用されないとされていた。しかし，平成16年の著作権法改正によって，暫定措置が廃止され，原則に戻って，書籍・雑誌の貸与にも貸与権が及ぶようになっている。

★2　中山信弘『著作権法〔第2版〕』(有斐閣，2014) 276頁。

Q35 テレビの遠隔視聴支援サービス

当社のサーバで録画したテレビ番組を，利用者のスマートフォンやタブレット等様々なインターネット端末で視聴可能にするサービスを提供したいと思いますが，そのようなビジネスをすることは可能でしょうか。

テレビの受信・録画・インターネット送信を行うサーバについては，利用者ごとに１台ずつ用意し，利用者の所有ということにして，当社にてサーバを預かるという仕組みにした場合はどうでしょうか。

回 答

そのようなビジネスを，テレビ局及び番組に関する著作権を有する者（権利者）の許諾なく提供することは，著作権及び著作隣接権の侵害となります。利用者各自の所有するサーバを貴社が預かる仕組みとする場合でも，テレビ番組の複製及び利用者へのインターネット送信を行う主体は貴社であると解釈されることになりますので，そのようなビジネスを権利者の許諾なく提供することはできません。

▶解　説

Ⅰ テレビ番組に働く権利

テレビ番組は，「映画の著作物」（著作２条３項）として保護されている。テレビ番組の著作権は，テレビ局が自社制作している場合にはテレビ局が保有しているが，放送しているテレビ局とは別に著作権者がいて，テレビ局は放送の権利の許諾を受けているだけである場合も少なくない（典型例としては，劇場用映画や海外のドラマを放送する場合）。また，テレビ番組には，番組に使用されている音楽のように，「映画の著作物」としての番組とは別途著作権が働く著作物が数多く含まれている。

このように，放送されるテレビ番組については，これに関連して著作権を有する，テレビ局をはじめとする多くの著作権者がいるが，これらの著作権者は，放送されるテレビ番組について，複製権（著作21条），公衆送信権（著作23条）等の権利を有している。

このように，テレビ番組は，テレビ局等の番組の著作権者が保有する著作権によって保護されているから，事業者が，著作権の保有者の許諾を得ずに，インターネットを通じてユーザに視聴させることを目的にして，テレビ番組をサーバ上に録画すると，複製権の侵害になってしまうし，ユーザの端末で視聴できるようにサーバからインターネットを通じて送信すると，公衆送信権の侵害になってしまう。

また，テレビ番組を放送するテレビ局（放送事業者）は，テレビ番組の著作権とは別途，テレビ局の行う放送について，著作隣接権を有している。これにより，テレビ局は自ら著作権を保有せず，著作権者から放送の許諾を受けて放送しているにすぎないテレビ番組についても，放送を受信して録画する方法による複製についての複製権（著作98条），及び放送を受信してさらに送信可能化を行う行為についての送信可能化権（著作99条の２）を有している。

このように，テレビ番組は，放送事業者の著作隣接権によっても保護されているから，事業者が，テレビ局の許諾を得ずに，インターネットを通じてユーザに視聴させることを目的にして，テレビ番組をサーバ上に録画すると，複製権の侵害になってしまう。また，録画しない方式で，受信した番組をリアルタイムでインターネットを通じて送信すると，送信可能化権の侵害になってしまうことになる。

Ⅱ　個人によるテレビ番組のプレイスシフティング

インターネットの送受信機器に関する技術の進歩と機器の低廉化により，テレビ放送を受信して，これをインターネットを通じて再送信し，個人の保有するインターネット端末で受信することができるようにする機器（個人用TV遠隔視聴機器）が販売されたことがある。これは，例えば，地方の都市出身のサッカーファンが，地元のクラブチームのホームゲーム（地元のローカルテレビ局でしか放送していないとする）を単身赴任している他の都市で見たい，といったような場合に，この個人用TV遠隔視聴機器を購入し，テレビの受信機能とインターネットへの送信機能のあるサーバ（親機）を地元の本宅に設置して，手持ちの端末で他の都市でインターネット経由で放送を見るということが可能となる，というような機器である。このようなテレビの視聴の仕方は，テレビの録画をタイムシフティングというのになぞらえて，プレイスシフティングと呼ばれたりした。このような機器には，録画機能があるものと，録画機能がないものがあった。

このような機器は，個人が自宅に設置して，当該個人ないしはその家族程度の範囲の者が受信して使用する場合には，録画機能がある親機で行う録画は，私的使用目的複製となるため，著作権，著作隣接権が制限される（著作30条1項・102条1項）。また，親機からの，設置者の家族程度の範囲の者が視聴するための番組の再送信は，公衆によって受信されることを目的とするものではないので，公衆送信権（著作23条），送信可能化権（著作99条の2）の対象にはそもそも当たらないことになる。したがって，そのような範囲での個人用TV遠隔視聴機器の利用は，権利者の許諾を得ずに行うことができるし，個人用TV遠隔視聴機器の販売はもとより適法だということになる。

Ⅲ 事業者によるプレイスシフティングの受託サービス

個人用TV遠隔視聴機器を個人が自宅等に設置して利用することは上述のとおり適法であるところから，個人用TV遠隔視聴機器の親機を，各利用者個人から預かったということにして，事業者の用意する場所（アンテナ接続とインターネット接続が提供される）に設置し，インターネット経由でテレビの遠隔視聴を可能にするサービスを提供する事業者が現れた（図2－35－1　プレイスシフティング受託サービス）。サービス事業者は，次のような法的解釈で，テレビ局等の権利者の許諾を得なくても違法ではないと主張していた。

録画機能を有する個人用TV遠隔視聴機器を使用したサービスでは，端末を操作してインターネット経由で番組の録画予約をしているのは各利用者であるから，親機にテレビ番組を録画しているのはサービス事業者ではなく各利用者であるし，その後の親機から端末への送信も，各利用者の端末の操作に基づき行われるので，端末への送信をしているのもサービス事業者ではなく各利用者だというのである。よって，録画は私的使用目的複製として適法であるし，録

図２－35－１　プレイスシフティング受託サービス

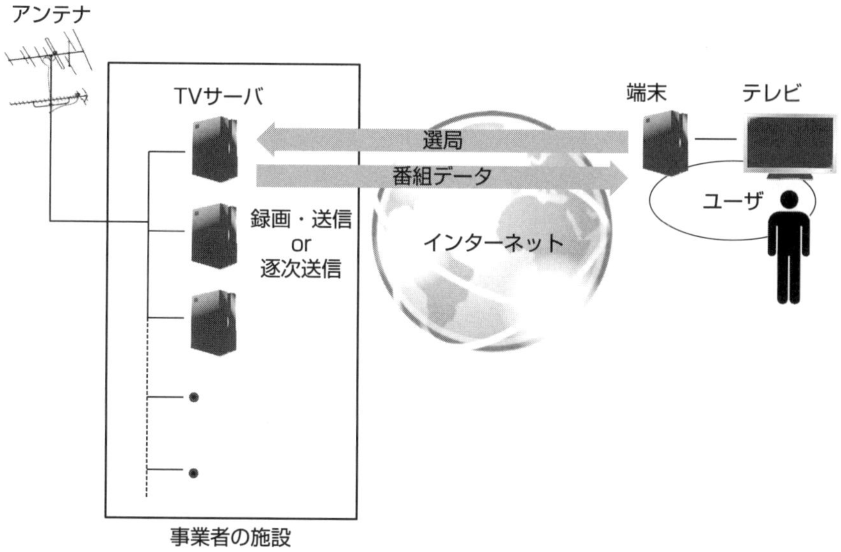

画した番組の利用者への送信は，利用者自身への送信となるので公衆送信ではない，とうのがサービス事業者の主張であった。

また，録画機能を有しない個人用TV遠隔視聴機器を使用したリアルタイム遠隔視聴のサービスでも同様に，次のような法的解釈で，その合法性を主張していた。端末を操作して親機に番組の再送信をさせているのはサービス事業者ではなく，利用者各自であるから，利用者自身への送信となるので，公衆送信ではないというのである。よって，番組の利用者への再送信は，利用者自身への送信となるので公衆送信ではない，というのがサービス事業者の主張であった。

こうしたサービスについては，いずれの方式についても，テレビ局が権利者としてその差止請求をして，裁判で争われた。下級審ではサービス事業者の主張が認められていたが，結局最高裁では，こうしたサービスにおいては，利用者ではなくサービス事業者が録画及びインターネットを通じた再送信の主体であるとの判断が示された（〔ロクラクⅡ事件〕最高裁判決☆1，〔まねきTV事件〕最高裁判決☆2）。

このうち前掲（☆２）〔まねきTV事件〕最高裁判決においては，このようなサービスにおいては，親機は利用者一人に１台ずつが割り当てられているので，送信はその親機についてサービスの契約をした利用者だけに送信されるため，「公衆」への送信には当たらないのではないか，との疑問も提示された。しかし，法律上の「公衆」の概念は不特定の者（著作権法上はこれに加えて特定少数の者も含む〔著作２条５項〕）とされており，送信行為を行うのは機器ではなく事業者であるから，事業者から見ると利用者は不特定の者と解され，公衆に該当することになる，と最高裁は判断している。

これら２つの最高裁判決により，サービス事業者が録画（複製）及び利用者へのインターネット送信（公衆送信）を行っていると判断されたため，テレビ局等の権利者の許諾なくこのようなサービスを行うことはできないということが明確になっている。

◆齋藤　浩貴

▶▶判　例

☆１　最判平23・１・20民集65巻１号399頁・判タ1342号100頁・判時2103号128頁〔ロクラクⅡ事件〕。

事業者Yは，録画機能付き個人用TV遠隔視聴機器「ロクラクⅡ」の親機を日本国内に設置し，テレビアンテナを接続するとともに，これに対応する子機を利用者に貸与することによって，日本国内で放送されるテレビ番組を当該利用者が録画視聴できるようにするサービスを行っていた。Xら（テレビ局）は，Yの行為はXらの有する著作権（複製権）及び著作隣接権（複製権）を侵害するとして，差止め及び損害賠償を請求した。

最高裁は，次のように判示して，Yが録画の主体であることを認めた。

「放送番組等の複製物を取得することを可能にするサービスにおいて，サービスを提供する者（以下『サービス提供者』という。）が，その管理，支配下において，テレビアンテナで受信した放送を複製の機能を有する機器（以下『複製機器』という。）に入力していて，当該複製機器に録画の指示がされると放送番組等の複製が自動的に行われる場合には，その録画の指示を当該サービスの利用者がするものであっても，サービス提供者はその複製の主体であると解するのが相当である。すなわち，複製の主体の判断に当たっては，複製の対象，方法，複製への関与の内容，程度等の諸要素を考慮して，誰が当該著作物の複製をしているといえるかを判断するのが相当であるところ，上記の場合，サービス提供者は，単に複製を容易にするための環境等を整備しているにとどまらず，その管理，支配下において，放送を受信して複製機器に対して放送番組等に係る情報を入力するという，複製機器を用いた放送番組等の複製の実現における枢要な行為をしており，複製時におけるサービス提供者の上記各行為がなければ，当該サービスの利用者が録画の指示をしても，放送番組等の複製をすることはおよそ不可能なのであり，サービス提供者を複製の主体というに十分であるからである。」

差戻審の知財高判平24・1・31判タ1404号304頁・判時2141号117頁では，Xの請求を一部認容して，サービスの差止めを命じた。最決平25・2・13（平成24年（オ）第829号・平成24年（受）第1005号）（棄却・不受理）により確定した。

☆2　最判平23・1・18民集65巻1号121頁・判タ1342号105頁・判時2103号124頁〔まねきTV事件〕。

事業者Yは，ソニー製の個人用TV遠隔視聴機器であるロケーションフリーテレビのベースステーションを利用者から預かってYの事業所に設置し，パソコン等を有する利用者がインターネット回線を通じてテレビ番組を視聴できるようにするサービスを，「まねきTV」という名称で提供していた。これに対して，Xら（テレビ局）が，本件サービスは，本件放送番組に係る著作権（公衆送信権）及び本件放送に係る著作隣接権（送信可能化権）の侵害に当たると主張して，差止め及び損害賠償を請求した。

最高裁は次のように判示して，Yが自動公衆送信の主体であることを認めた。

「自動公衆送信が，当該装置に入力される情報を受信者からの求めに応じ自動的に送信する機能を有する装置の使用を前提としていることに鑑みると，その主体は，当該装置が受信者からの求めに応じ情報を自動的に送信することができる状態を作り出す行為を行う者と解するのが相当であり，当該装置が公衆の用に供されている電気通信回線に接続しており，これに継続的に情報が入力されている場合には，当該装置に情報を入力する者が送信の主体であると解するのが相当である。」

「これを本件についてみるに，各ベースステーションは，インターネットに接続することにより，入力される情報を受信者からの求めに応じ自動的にデジタルデータ化して送信する機能を有するものであり，本件サービスにおいては，ベースステーションがインターネットに接続しており，ベースステーションに情報が継続的に入力されている。Yは，ベースステーションを分配機を介するなどして自ら管理するテレビアンテナに接続し，当該テレビアンテナで受信された本件放送がベースステーションに継続的に入力されるように設定した上，ベースステーションをその事務所に設置し，これを管理しているというのであるから，利用者がベースステーションを所有しているとしても，ベースステーションに本件放送の入力をしている者はYであり，ベースステーションを用いて行われる送信の主体はYであるとみるのが相当である。そして，何人も，Yとの関係等を問題にされることなく，Yと本件サービスを利用する契約を締結することにより同サービスを利用することができるのであって，送信の主体であるYからみて，本件サービスの利用者は不特定の者として公衆に当たるから，ベースステーションを用いて行われる送信は自動公衆送信であり，したがって，ベースステーションは自動公衆送信装置に当たる。そうすると，インターネットに接続している自動公衆送信装置であるベースステーションに本件放送を入力する行為は，本件放送の送信可能化に当たるというべきである。」

差戻審の知財高判平24・１・31判タ1384号325頁・判時2142号96頁は，Xらの請求を一部認容して，本件サービスの差止めを命じた。最決平25・２・13（平成24年（オ）第831号・平成24年（受）第1007号）（棄却・不受理）により確定した。

第11節　動画投稿サイト

Q 36 動画投稿サイトの運営者の責任

当社は，ユーザから動画を投稿してもらう動画投稿サイトを開設しようと考えています。ユーザの投稿動画が著作権を侵害するものであった場合には，当社も著作権法上の責任を問われることを懸念しています。当社が責任を問われるリスクを低減させるためにはどのような対応をとればよいでしょうか。

回　答

ユーザが，貴社の動画投稿サイト上に，著作権を侵害するような動画を投稿した場合には，ユーザが著作権侵害の責任を負うのが原則です。しかし，貴社が，そうした動画を削除せずに放置する等の一定の場合には，貴社も著作権法上の責任を問われることがあり得ます。

そうしたリスクを低減させるためには，事前の対策として，①貴社はユーザに対して著作権を侵害する動画を投稿しないよう注意喚起をすること，②JASRAC等の著作権管理業者等から包括的な利用の許諾を受けておくこと，③フィンガープリント等の技術的措置により，権利侵害コンテンツを排除すること，事後の対策として，④権利者から著作権を侵害するものであるとの指摘を受けた場合には，著作権侵害であると判断される動画については速やかに削除すること，⑤定期的にアップロードされている動画を確認し，著作権侵害のおそれがある動画は削除すること，⑥著作権侵害の動画を投稿したユーザのアカウントを停止すること等の対策が考えられます。

なお，権利侵害の判断が困難な場合には，削除しておいた方が無難である。

▶解　説

Ⅰ　動画投稿サイトとは

動画投稿サイトとは，動画の投稿及び視聴を可能とするウェブサイトをいう。日本においては，Google社のYoutubeや，ドワンゴ社のニコニコ動画等のサービスが有名である。

他方で，著作権法の知識に乏しいユーザや，場合によっては悪意のあるユーザから，DVD，映画やテレビ番組が動画投稿サイトに投稿されることも残念ながら少なからず見受けられるところである。

原則として，著作物が権利者に無断で電子掲示板や動画投稿サイトに投稿された場合，その責任を負うのは，投稿者であるものの，一定の場合には動画投稿サイトの運営者も法的責任を問われることがある。実際，民事責任について判断した裁判例は，次に紹介するとおり複数存在する。

Ⅱ　動画投稿サイトの運営者の責任

1　問題の所在

ユーザが，著作物である動画（著作２条３項・10条１項７号）を，権利者に無断でインターネットにアップロードし，他のユーザがその動画を閲覧したり，ダウンロードできる状態にしたりすることは，複製権（著作21条），公衆送信権（著作23条）等の著作権の侵害行為となる。

他方で，ユーザが著作権侵害行為をしていても，動画投稿サイトの運営者は，ユーザが違法な動画をアップロードし，他のユーザがその動画を視聴又はダウンロードすることができるシステムを提供しているにすぎず，違法な動画のアップロードを行っているわけではないため，動画投稿サイトの運営者は，直接著作権の侵害行為をしているわけではない。

しかし，次に述べる裁判例のとおり，ユーザの著作権を侵害する投稿を放置した等の事例では，動画投稿サイトの運営者にも，著作権侵害の責任が認められたことがある。

2 裁判例

⑴ 〔TVブレイク事件〕知財高裁判決☆1

〔TVブレイク事件〕では，動画投稿サイトに，多数の著作権侵害をする動画が投稿されていたにもかかわらず，動画投稿サイトの運営者がそれらの動画の削除をしていなかった事案について，知財高裁は，「ユーザによる複製行為により，本件サーバに蔵置する動画の中に，本件管理著作物の著作権を侵害するファイルが存在する場合には，これを速やかに削除するなどの措置を講じるべきである」と判示した。

そして，当該動画投稿サイトの運営者が，ユーザの複製行為を誘引し，複製権を侵害する動画が多数投稿されることを認識しながら，削除せず，放置したことにつき，知財高裁は，当該動画投稿サイトの運営者は，ユーザによる複製行為を利用して，自ら複製行為を行い，複製権を侵害する主体であると評価できると判断して，動画投稿サイトの運営者に対して著作権侵害を認めた。

⑵ 〔小学館v. 2ちゃんねる事件〕東京高裁判決☆2

また，動画投稿サイトの事例ではないものの，〔小学館v. 2ちゃんねる事件〕では，雑誌の文章の一節が権利者に無断で掲示板にアップロードされたことから，これを見つけた雑誌の編集者が，掲示板の管理者に対して，掲示板からの文章の削除を求めたにもかかわらず，当該管理者がこれを拒否した事件について，東京高裁は，「インターネット上においてだれもが匿名で書き込みが可能な掲示板を開設し運営する者は，著作権侵害となるような書き込みをしないよう，適切な注意事項を適宜な方法で案内するなどの事前の対策を講じるだけでなく，著作権侵害となる書き込みがあった際には，これに対し適切な是正措置を速やかに取る態勢で臨むべき義務がある。掲示板運営者は，少なくとも，著作権者等から著作権侵害の事実の指摘を受けた場合には，可能ならば発言者に対してその点に関する照会をし，更には，著作権侵害であることが極めて明白なときには当該発言を直ちに削除するなど，速やかにこれに対処すべきものである。」との判断を示した。そして，掲示板の管理者は，著作権の権利侵害を存続させ，又は存続可能な状態にさせたことにつき，故意又は過失により著作権侵害に加担していたものと判断して，管理者に対して，著作権の侵害を認めた。

3 プロバイダ責任制限法との関係

なお，ウェブサイトの管理者は，ユーザがそのウェブサイトに投稿したコンテンツに関し，一定の免責が認められている。すなわち，特定電気通信役務提供者の損害賠償責任の制限及び発信者情報の開示に関する法律（いわゆる「プロバイダ責任制限法」）３条１項各号は，次に述べるとおり，ウェブサイトの管理者が，「情報の発信者である場合」を除いて，権利を侵害する情報を流通させた場合の責任について制限を行っている。

具体的には，ウェブサイトの管理者が，①情報の流通によって他人の権利が侵害されていることを知っていたとき（１号），又は②情報の流通を知っていた場合であって，当該特定電気通信による情報の流通によって他人の権利が侵害されていることを知ることができたと認めるに足りる相当の理由があるとき（２号），のいずれかの要件を満たさない場合には，そうした情報の流通による責任を負わないものと規定されている。

しかし，前掲（☆１）〔TVブレイク事件〕知財高裁判決では，当該ウェブサイトが，著作権侵害を誘引，招来，拡大させ，かつ，これにより利得を得る者であることを理由に，当該ウェブサイト自身が，サーバに，情報を「記録又は入力した」もの，すなわち，「発信者」（特定電通賠責２条４号）と評価することができると判断されており，この免責規定の適用はないものと判断されている（なお，〔小学館v.２ちゃんねる事件〕の事案については，プロバイダ責任制限法施行前の事案であるため，この点の判断はなされていない）。

4 ま と め

したがって，以上の裁判例に照らすと，著作権を侵害する違法な動画が投稿された場合には，ユーザだけでなく，動画投稿サイトの管理者についても，著作権法上の責任を負うおそれがある。

Ⅲ 権利侵害のリスクを低減させる対策

そのため，貴社としては，ユーザが著作権を侵害する動画を違法にアップロードしないよう，事前の対策を施すとともに，もしも違法な動画がアップロードされた場合には，事後の対策として，削除等の適切な措置を講じなければならない★1。

1 事前の対策

まず，事前の対策として，①貴社はユーザに対して著作権を侵害する動画を投稿しないよう注意喚起をすることが挙げられる。利用規約で明示することや，アップロード時に，著作権を侵害する動画でないことをチェックマーク等で確認させたうえで，アップロードさせることが考えられる。

また，②サービスで取り扱うコンテンツについてはあらかじめJASRAC等の著作権管理権者等との間で包括的な利用の許諾を受けておくことも考えられる。

さらに，③フィンガープリント等の技術的措置により権利侵害コンテンツを排除することが考えられる。具体的な手法には，権利者に，あらかじめオリジナルの映像・音声データを登録してもらい（フィンガープリントと呼ばれる），投稿された動画をそれらのデータと比較し，著作権を侵害した動画が投稿されないよう自動でチェックする手法である。

2 事後の対策

次に，事後の対策として，④権利者から著作権を侵害するものであるとの指摘を受けた場合に，実際に，著作権侵害であると判断される動画については速やかに削除することが考えられる（ノーティスアンドテイクダウンと呼ばれる）。これは，権利者からの削除要請を受け付ける窓口を設け，権利者から指摘を受けた場合には，著作権の侵害であると判断できる動画については，速やかに削除することになる。

また，⑤定期的にアップロードされている動画を確認し，著作権侵害のおそれがある動画は削除することや，⑥著作権侵害の動画を投稿したユーザのアカウントを停止することも有効な対策であると考えられる。

Ⅳ 権利侵害が不明な場合の動画の対応

動画投稿サイトの管理者が，権利者から，投稿動画について，著作権侵害を理由に削除するよう求められた場合に，その投稿動画が，著作権を侵害しているといえるかどうか明らかでない場合がある。例えば，国内のテレビ番組や映画等で公開されている作品が，非公式に動画投稿サイトに投稿されていれば，その動画が著作権を侵害するものであることは比較的明白といえるが，外国の作品や，同人誌・個人的な作品等については，必ずしも判断が容易とはいえない。

この場合には，どのような対応をとるかはケース・バイ・ケースであるものの，「迷ったら削除」という対応の方がよいと考えられる。

というのも，プロバイダ責任制限法3条2項においては，ウェブサイトの管理者が，インターネット上に投稿された情報の削除や非表示措置を行った場合に，一定の免責を認めているからである（1号・2号）。また，削除を請求してきた側は，削除しなければサービス提供事業者を訴えると警告してきているのが通常であるから，これを無視して放置した場合には，訴訟を提起される可能性が高いのに対し，削除しても，削除された側から直ちに訴訟を提起される可能性が高いとはいえないからである。さらに，削除請求者と動画投稿サイトの管理者との間では，契約関係がないのが通常であるため，契約によって訴訟リスクを低減させることはできないのに対し，投稿した動画を削除される者とサービス提供事業者との間にはサービスの利用規約等により契約関係があるため，利用規約等において，例えば，権利侵害のおそれがあった場合には削除したり，サービスの提供を中止したりできることを幅広に定めておくことにより，削除された者からの訴訟リスクを低減させることも可能だからである。

◆上村　哲史＝嶋村　直登

▶▶判　例

☆1　知財高判平22・9・8判タ1389号324頁・判時2115号102頁〔TVブレイク事件〕。

☆2　東京高判平17・3・3判タ1181号158頁・判時1893号126頁〔小学館 v. 2ちゃんねる事件〕。

▶▶注　記

★1　これらの対策をすべて実施すれば，確実に免責されるというわけではなく，これらの対策をすべて実施しなければ，責任を追及されるというわけでもない。あくまでも，総合的な事情を考慮することが必要である。

第12節 リンク

Q 37 サイトや動画へのリンク

1 当社のメールマガジンで，当社のビジネスに関連する他社のウェブサイトのコンテンツを，当該サイトにリンクを張る形で紹介したいと考えています。他社のウェブサイトにリンクを張る場合の留意点を教えてください。

2 当社のウェブサイトにおいて，動画投稿サイトに投稿されている動画にリンクを張って配信したいと考えています。その場合の留意点を教えてください。

回 答

1 設問1について

他社のウェブサイトにリンクを張る行為は著作権侵害とはならないと考えられますので，当該他社の許諾を得る必要は原則としてありません。ただし，リンク先のウェブサイトがリンクを張ることを禁止したり，リンクに関して一定の条件を付していて，これにリンクを張ろうとする者が同意している場合には，当該サイト運営者との間の債権的合意に基づき，リンクを張る行為が禁止されたり，リンクに関して一定の条件が課される可能性があります。

2 設問2について

動画投稿サイトに投稿されている動画にリンクを張る行為は，著作権侵害とはならないと考えられますので，動画投稿サイトや動画の投稿者の許諾を得る必要は原則としてありません。ただし，例えば，当該動画が違法にアップロードされた動画であることを知りながらリンクを張った場合などには著作権侵害の幇助行為として不法行為となる可能性もあります。

また，リンクを張った動画が適法なものであったとしても，その動画に使用されている音楽著作物に関しては別途JASRACから権利主張を受ける場合がありますので，留意が必要です。

▶解　説

Ⅰ　設問１について

1　ウェブサイトにリンクを張る行為と著作権法上の権利

メールマガジンにおいて，他社のウェブサイトのURLを記載して，当該URLをクリックするとリンク先のウェブサイトが表示されることは一般に広く行われている。この場合，当該URLをクリックすることにより，リンク先のウェブサイトが表示されることになるが，ユーザはリンク先のウェブページのデジタルデータを当該ページのサーバから直接送信を受けるのであり，リンク元のウェブページに送信されるわけでもなく，蓄積されるわけでもない。それゆえ，リンクを張る行為自体により，公衆送信や複製が行われるわけではなく，リンクを張る行為自体が著作権を侵害することはないと考えられる。

また，メールマガジンの態様において，リンク先のウェブサイトが表示されること自体が，氏名表示権や同一性保持権などの著作者人格権を侵害することも通常は考えにくい（詳細は基礎編Q19を参照）。

したがって，他社のウェブサイトにリンクを張る行為は著作権侵害や著作者人格権侵害とはならないと考えられ，当該他社の許諾を得る必要は原則としてない。

2　リンク先のサイトでリンクを禁止したり一定の条件を付している場合

リンク先のウェブサイトでリンクを禁止したり，リンクの際に一定の条件を付している場合にはリンクを張る行為は認められるのか。前記1のとおり，サイトにリンクを張る行為は著作権法上の問題は生じないと考えられるため，ウェブサイト運営者が著作権に基づきリンクを張る行為を禁止する権利は存在しない。

もっともリンクを張ろうとした者が，ウェブサイトの閲覧時に同意ボタンにクリックするなどして，当該条件に同意をしていた場合には，債権的合意によりリンクを張る行為に関して禁止されたり一定の制限を受ける可能性がある。他方，単にウェブサイト上に，リンクを張ることを禁止する旨やリンクに際して一定の条件が記載されていても，当該記載があるだけでは，これに拘束されることはない（詳細は実務編Q39を参照）。

Ⅱ　設問2について

1　動画にリンクを張る行為と著作権法上の権利

動画投稿サイトに投稿されている動画にリンクを張る場合，当該動画が掲載されているURLをウェブサイトに貼り付け，当該URLをクリックするのではなく，リンク先の動画投稿サイトの埋め込みコードを自己のウェブサイトに記載することによって，自己のウェブサイト上に動画を表示する方法が採用されることが増えている。

動画が掲載されているURLをウェブサイトに貼り付け，当該URLをクリックする方法であっても，ウェブサイト上に動画を埋め込むことによって，自己のウェブサイト上に動画を表示する方法であっても，基礎編Q19で解説したように，ユーザはリンク先である動画投稿サイトから直接データの送信を受けることになり，自己のウェブサイトで公衆送信や複製が行われるわけではないため，著作権侵害とはならない。したがって，動画投稿サイトに投稿されている動画にリンクを張る場合でも，動画投稿サイトや動画投稿者の許諾を得る必要は原則としてない。

もっとも，ウェブサイト上に動画を埋め込む場合，動画の埋め込みの態様によっては，元々の動画に記載されていた動画の著作者名の表示が見えなくなったりすることも考えられ，この場合には，氏名表示権を侵害するとされる可能性もある。また，動画の一部が改変されたと見える場合には，同一性保持権の侵害が問題となる余地もある。

2 リンク先の動画が違法にアップロードされたものであった場合

前記1のとおり，リンクを張る行為により，公衆送信や複製が行われているわけではないことから，リンクを張る行為自体で著作権を侵害することにはならない。しかし，リンク先の動画投稿サイト運営者が違法に公衆送信を行ったとされる場合に，リンクを張る行為が当該違法行為の幇助行為として不法行為とならないかが問題となる。

この点に関して，裁判例では，無許諾でアップロードされた動画にリンクを張る行為が著作権侵害の幇助行為となる可能性を認めつつ，当該事案の結論としては，当該動画が許諾なしにアップロードされていることが，その内容や体裁上明らかではない著作物であることやアップロードが著作権者の許諾なしに行われたことを認識し得た時点で直ちに当該動画へのリンクを削除していることなどを理由として不法行為の成立を否定した事案が存在している☆1。

上記裁判例をふまえると，例えば，一見して許諾を得ることなく違法にアップロードされていることがわかる動画にリンクを張ったり，リンクを張った動画が無許諾でアップロードされたものであることを警告されたにもかかわらず，当該警告を無視してリンクを張ったままの状態にしておくことは，著作権侵害の幇助行為として違法とされる余地があるといえる。なお，ここではリンク先の動画が違法にアップロードされた場合を取り上げたが，著作権のある書籍や雑誌が著作権者に無断で掲載された電子掲示板に設問1の態様でリンクを張った場合などにも同様の問題が起こる★1。

3 動画中の音楽著作物の取扱い

一般社団法人日本音楽著作権協会（JASRAC）のウェブサイト★2では，「動画投稿（共有）サイトでの音楽利用」「動画投稿（共有）サイトにアップロードされている動画をタグ貼付・埋込の方法で外部のサイトで利用する場合」には，動画がアップロードされているのがJASRACとの許諾契約を締結している動画投稿（共有）サイトであったとしても，動画の貼り付け先が，個人が収入（広告収入を含む）を得ずに運営するサイトではない限り，貼り付け先のサイト運営者において改めて許諾契約を締結することが必要であるとされている。

前記1のとおり，動画投稿サイトに投稿されている動画にリンクを張る場合，リンクを張る行為は著作権を侵害しないとされているものの，JASRACの見解はこれとは異なる見解に立つものといえる。動画中にJASRAC管理楽曲が収録されている場合には，JASRACから当該楽曲に関して権利主張を受ける（権利処理を求められる）リスクがある場合があるため，留意する必要がある。

◆佐々木　奏

▶▶判　例

☆1　大阪地判平25・6・20判時2218号112頁〔ロケットニュース24事件〕。

基礎編Q19に記載した事案である。この事案において，リンクを張った行為が送信可能化（著作2条1項9号の5）に当たり，公衆送信権（著作23条1項）を侵害するかが問題となったことに加え，Yの行為が「送信可能化」そのものに当たらないとしても，「ニコニコ動画」にアップロードされていた本件動画（Xはアップロードすることを許諾していない）にリンクを張ることが公衆送信権侵害の幇助による不法行為が成立するかも問題となった。

大阪地裁は，「『ニコニコ動画』にアップロードされていた本件動画は，著作権者の明示又は黙示の許諾なしにアップロードされていることが，その内容や体裁上明らかではない著作物であり，少なくとも，このような著作物にリンクを貼ることが直ちに違法になるとは言い難い。そして，Yは，前記判断の基礎となる事実記載のとおり，本件ウェブサイト上で本件動画を視聴可能としたことにつき，Xから抗議を受けた時点，すなわち，『ニコニコ動画』への本件動画のアップロードが著作権者であるXの許諾なしに行われたことを認識し得た時点で直ちに本件動画へのリンクを削除している。」と述べて，結論として不法行為の成立を否定した。

▶▶注　記

★1　欧州司法裁判所では，2016（平成28）年4月7日，著作権者の許諾なく著作物が公衆により利用可能な状態に置かれたウェブサイトにリンクを設定することは，著作権者が許諾していないことを認識しているか否かにかかわらず，公衆伝達権を侵害する行為には当たらないとする意見書が出されており，海外の動向として参考となる。この意見書は，雑誌「Playboy」に掲載予定の写真が雑誌掲載前にインターネット上に無断で流出し，当該写真を無許諾でアップロードしていたウェブサイトに対し，GSメディア社のウェブサイトからリンクが設定されていたことから，オランダで「Playboy」を発行するSanoma Media社らがGSメディア社に対し著作権侵害等を理由に訴訟を提起した事案での判断に際して，オランダ最高裁から意見照会がなされたことによるものである（*GS Media BV v. Sanoma Media Netherlands BV and Others* (Case C-160/15)）。

海外では，上記事案のように違法コンテンツへのリンク設定がなされた場合のほか，アクセス制限があるウェブサイトに当該制限を回避してリンク設定する行為の適法性等も議論されており，日本でも同種事案の検討に際して参考となり得る。リンクに関する最近の海外（欧州，米国，豪州）の動向の詳細に関しては，作花文雄「リンキングに関する著作権問題の動向（CJEUにおける裁判例の形成と課題）―リンキング許容性の下における著作物利用行為性の生ずる『Context』の検証―」（コピライト658号〔2016〕26頁）を参照されたい。

★2　URL：http://www.jasrac.or.jp/info/network/pickup/movie.html

第13節　著作物性のない情報と不法行為

Q 38　ニュース記事の見出しのデッドコピー

当社では，ウェブサイトに掲載されたニュース記事の見出しと同じ語句のリンク見出しをメールマガジンに掲載して，当該メールマガジンのリンク見出しをクリックすることによりニュース記事を閲覧できるサービスを展開することを検討しています。このようなサービスを展開する場合には，法律上どのような問題があるでしょうか。

回　答

ニュース記事の見出しは，報道対象となる出来事等の内容を簡潔な表現で正確に読者に伝えるという性質から生じる制約のほか，使用し得る字数にも限界があることなどに起因して，著作物性が肯定されることは，必ずしも多くはないと考えられます。

著作物性が肯定される場合には，ニュース記事の見出しの著作権者（新聞社等）の許諾を得ることなく，利用することはできません。それゆえ，許諾を得ずにリンク見出しを掲載することは，著作権侵害となり，損害賠償請求や差止請求を受ける可能性があります。他方，著作物性が否定される場合でも，ニュース記事の見出しは相応の苦労・工夫により作成されたものであり，簡潔な表現により，それ自体から報道される事件等のニュースの概要について一応の理解ができるようになっていることなどから，当該ニュース記事の見出しの作成後間もない時期など情報の鮮度が高い時期に大量にそのままデッドコピーして用いるなどした場合には，法的保護に値する利益を侵害する行為に当たり，民法の一般不法行為（民709条）が成立するとして，損害賠償請求を受ける可能性があります。

▶解　説

Ⅰ　ニュース記事の見出しの著作物性

ニュース記事の見出しに著作物性が認められれば，それをコピー（複製）して自社のウェブサイトに掲載することは著作権侵害となる。それゆえ，そもそも，通常，限られた文字数で構成されるニュース記事の見出しに著作物性が認められるか否かをまずは検討する。

一般に，限られた文字数の短文などは，表現の選択の幅が狭く，他の表現を想定することができない場合や表現が平凡でありふれたものである場合には，創作性を欠くとして著作物性が否定されることが多い。

例えば，裁判例で争われたものとしては，古文単語の語呂合わせ（「朝めざましに驚くばかり」〔「あさまし」「めざまし」という古語の現代語訳が「驚くばかりだ」という意味の語呂合わせ〕の著作物性を肯定），交通標語（「ボク安心　ママの膝（ひざ）よりチャイルドシート」との標語の著作物性を肯定）などの事例が存在している☆1☆2。

ニュース記事の見出しに関しては，設問と同様の事案である〔読売ヘッドライン事件〕☆3において，第１審判決では，「①YOL見出しは，その性質上，簡潔な表現により，報道の対象となるニュース記事の内容を読者に伝えるために表記されるものであり，表現の選択の幅は広いとはいえないこと，②YOL見出しは25字という字数の制限の中で作成され，多くは20字未満の字数で構成されており，この点からも選択の幅は広いとはいえないこと，③YOL見出しはYOL記事の中の言葉をそのまま用いたり，これを短縮した表現やごく短い修飾語を付加したものにすぎないことが認められ，これらの事実に照らすならば，YOL見出しは，YOL記事で記載された事実を抜き出して記述したものと解すべきであり，著作権法10条２項所定の「事実の伝達にすぎない雑報及び時事の報道」に該当する」とし，創作的な表現とは認められないなどとして著作物性を否定した。

これに対し，控訴審判決でも，結論としては，ニュース記事の見出しの著作物性を否定したが，第１審判決とは異なる理由づけであった。すなわち，控訴審判決では，「ニュース報道における記事見出しであるからといって，直ちにすべてが著作権法10条２項に該当して著作物性が否定されるものと即断すべきものではなく，その表現いかんでは，創作性を肯定し得る余地もないではないのであって，結局は，各記事見出しの表現を個別具体的に検討して，創作的表現であるといえるか否かを判断すべきものである。」とし，控訴人が個別具体的に取り上げて著作物性があることを主張した，「マナー知らず大学教授，マナー本海賊版作り販売」「A・Bさん，赤倉温泉でアツアツの足湯体験」「道東サンマ漁，小型漁船こっそり大型化」「中央道走行車線に停車→追突など14台衝突，1人死亡」「国の史跡傷だらけ，ゴミ捨て場やミニゴルフ場…検査院」「『日本製インドカレー』は×…EUが原産地ルール提案」の6つの見出しに関していずれも著作物性を否定した。

Ⅱ　一般不法行為の成否

前記Ⅰのとおり，ニュース記事の見出しに関して著作物性が否定される場合には，それを複製しても著作権侵害は成立せず，著作権侵害に基づく損害賠償請求や差止請求の対象とはならない。もっとも，著作物性が否定され，著作権の対象とはならない場合でも，その利用に関して一般不法行為（民709条）が成立する余地がある（詳細は，基礎編Q18を参照されたい）。

設問同様にニュース記事の見出しの利用が問題となった〔読売ヘッドライン事件〕第1審判決では，一般不法行為の成立を否定している。具体的には，「原告自身がインターネット上で無償で公開した情報であり，……著作権法等によって，原告に排他的な権利が認められない以上，第三者がこれらを利用することは，本来自由であるといえる。不正に自らの利益を図る目的により利用した場合あるいは原告に損害を加えることにより利用した場合など特段の事情のない限り，インターネット上に公開された情報を利用することが違法となることはない。」と述べて，一般不法行為の成立を否定した。

これに対し，控訴審判決では，一般不法行為の成立を認めている。すなわち，「本件YOL見出しは，控訴人の多大の労力，費用をかけた報道機関としての一連の活動が結実したものといえること，著作権法による保護の下にあるとまでは認められないものの，相応の苦労・工夫により作成されたものであって，簡潔な表現により，それ自体から報道される事件等のニュースの概要について一応の理解ができるようになっていること，YOL見出しのみでも有料での取引対象とされるなど独立した価値を有するものとして扱われている実情があることなどに照らせば，YOL見出しは，法的保護に値する利益となり得るものというべきである。一方，前認定の事実によれば，被控訴人は，控訴人に無断で，営利の目的をもって，かつ，反復継続して，しかも，YOL見出しが作成されて間もないいわば情報の鮮度が高い時期に，YOL見出し及びYOL記事に依拠して，特段の労力を要することもなくこれらをデッドコピーないし実質的にデッドコピーしてLTリンク見出しを作成し，これらを自らのホームページ上のLT表示部分のみならず，２万サイト程度にも及ぶ設置登録ユーザーのホームページ上のLT表示部分に表示させるなど，実質的にLTリンク見出しを配信しているものであって，このようなライントピックスサービスが控訴人のYOL見出しに関する業務と競合する面があることも否定できないものである。

そうすると，被控訴人のライントピックスサービスとしての一連の行為は，社会的に許容される限度を越えたものであって，控訴人の法的保護に値する利益を違法に侵害したものとして不法行為を構成するものというべきである。」として，一般不法行為による損害賠償請求を認めた。

設問の事案でも控訴審判決と同様に，①反復継続し，ニュース記事の見出しの作成後間もない時期にデッドコピーないし実質的にデッドコピーをして，多数の会員にメールマガジンを配信していること，②両者のサービスが競合する面がある場合などには，一般不法行為が成立する可能性があるため，留意が必要であるといえる。

もっとも，〔読売ヘッドライン事件〕の後に判断が示された〔北朝鮮映画事件〕最高裁判決☆4の「〔著作権〕法が規律の対象とする著作物の利用による利益とは異なる法的に保護された利益を侵害するなどの特段の事情がない限り，不法行為を構成するものではない」という判断基準に従えば，一般不法行為の成立が認められる範囲はより限定的になったものと考えられる。

◆佐々木　奏

▶▶判　例

☆１　東京地判平11・１・29判タ994号249頁・判時1680号119頁〔古文単語語呂合わせ事件〕。

大学受験用参考書に掲載された古文単語の語呂合わせの著作物性が問題となった事

案である。東京地裁は，「著作権法の保護の対象となる著作物については，思想又は感情を創作的に表現したものであることが必要である。ところで，創作的に表現したものというためには，当該作品が，厳密な意味で，独創性の発揮されたものであることは必要でないが，作成者の何らかの個性の表現されたものであることが必要である。文章表現に係る作品において，ごく短いものや表現形式に制約があり，他の表現が想定できない場合や，表現が平凡，かつありふれたものである場合には，筆者の個性が現われていないものとして，創作的な表現であると解することはできない。」と一般論を述べたうえで，「朝めざましに驚くばかり」というXの語呂合わせに関して，「古語『あさまし』及び古語『めざまし』の二語について，その共通する現代語訳『驚くばかりだ』を一体的に連想させて，容易に記憶ができるようにする目的で，二つの古語のいずれにも発音が類似し，かつ，現代語訳と意味のつながる『朝目覚まし』という語句を選択して，これに『驚くばかりだ』を続けて，短い文章にしたものである。右語呂合わせは，極めて短い文であるが，二つの古語を同時に連想させる語句を選択するという工夫が凝らされている点において，Xの個性的な表現がされているので，著作物性を肯定することができる。」として著作物性を肯定している（42個の語呂合わせを検討して，そのうち9個について著作物性を肯定した）。

控訴審判決（東京高判平11・9・30判タ1018号259頁）でも，上記「朝めざましに驚くばかり」の著作物性を肯定する結論は維持されている。

☆2　東京地判平13・5・30判タ1060号249頁・判時1773号127頁〔チャイルドシート交通標語事件〕。

「ボク安心　ママの膝（ひざ）より　チャイルドシート」という交通標語の著作物性が問題となった事案である。東京地裁は，「著作権法による保護の対象となる著作物は，『思想又は感情を創作的に表現したものである』ことが必要である。『創作的に表現したもの』というためには，当該作品が，厳密な意味で，独創性の発揮されたものであることまでは求められないが，作成者の何らかの個性が表現されたものであることが必要である。文章表現による作品において，ごく短かく，又は表現に制約があって，他の表現がおよそ想定できない場合や，表現が平凡で，ありふれたものである場合には，筆者の個性が現れていないものとして，創作的に表現したものということはできない。」と一般論を述べたうえで，上記交通標語の著作物性の有無に関しては，「原告は，親が助手席で，幼児を抱いたり，膝の上に乗せたりして走行している光景を数多く見かけた経験から，幼児を重大な事故から守るには，母親が膝の上に乗せたり抱いたりするよりも，チャイルドシートを着用させた方が安全であるという考えを多くの人に理解してもらい，チャイルドシートの着用習慣を普及させたいと願って，『ボク安心　ママの膝（ひざ）より　チャイルドシート』という標語を作成したことが認められる。そして，原告スローガンは，3句構成からなる5・7・5調（正確な字数は6字，7字，8字）調を用いて，リズミカルに表現されていること，『ボク安心』という語が冒頭に配置され，幼児の視点から見て安心できるとの印象，雰囲気が表現されていること，『ボク』や『ママ』という語が，対句的に用いられ，家庭的なほのぼのとした車内の情景が効果的かつ的確に描かれているといえることなどの点に照らすならば，筆者の個性が十分に発揮されたものということができる。」として，その著作物性を肯定した。上記の著作物性に関する結論は，控訴審判決（東京高判平13・10・30判タ1092号281頁・判時1773号127頁〔交通安全スローガン事件〕）でも維持されている。

☆３　（第１審）東京地判平16・３・24判タ1175号281頁・判時1857号108頁，（控訴審）知財高判平17・10・６（平成17年（ネ）第10049号）裁判所ホームページ〔読売ヘッドライン事件〕。

☆４　最判平23・12・８民集65巻９号3275頁・判タ1366号93頁・判時2142号79頁〔北朝鮮映画事件〕事案及び判旨は，基礎編Q18を参照。

第14節　契約の成立と効力

Q 39　契約の成否

会員制ウェブサイトの利用規約に，ウェブサイトの内容は秘密であるため，転載禁止と記載されている場合に会員は従わなければならないでしょうか。

回　答

利用規約の内容が会員とウェブサイト開設者との間の契約に組み入れられないのであれば，転載禁止との記載は会員を拘束しません。もっとも，著作権者の許諾を得ることなく，複製して他の媒体に掲載することは権利制限規定が適用されない限り，複製権侵害となるため，著作権法上，当然のことを注意喚起として記載したものともいえます。他方，利用規約の内容が会員とウェブサイト開設者との間の契約に組み入れられるのであれば，会員とウェブサイト開設者との間の合意内容になりますので，転載禁止の趣旨が「引用」の要件を満たす場合を含めて複製を禁止する場合でも，直ちに無効となるわけではなく，会員は，原則としてこれに拘束されるものと考えられます。

▶解　説

Ⅰ　「転載禁止」の意味

「転載禁止」の意味は，一見すると，転載を禁止するということで一義的に明確であるようにも思われる。しかし，法的に考えてみると，単に，著作権者の許諾を得ることなく，複製して他の媒体に掲載することを禁止するという意味なのか（この意味であれば，著作権法上，当然のことを注意喚起として記載したにすぎない），それ以上に，例えば，著作権法上は著作権者の許諾を得ることなく複製することができる「引用」（著作32条１項）の要件を満たす場合までも含めて複製することを禁止するのかが必ずしも明確ではない。

以下ではこの点も留意しつつ検討をしていく。

Ⅱ　利用規約が契約に組み入れられる要件

利用規約の内容が会員とウェブサイト開設者との間の契約に組み入れられないのであれば，転載禁止との記載は，ウェブサイト開設者の一方的な意思表示にすぎないため，その内容は会員を拘束しない。それゆえ，ウェブサイト開設者が，「引用」（著作32条１項）の要件を満たす場合までも含めて複製を禁止するつもりであったとしても，会員を拘束することはなく，「引用」の要件を満たせば，著作権者の許諾を得ることなく利用することができる。そうすると，転載を禁止するとの記載は，著作権者の許諾を得ることなく，複製して他の媒体に掲載することは複製権侵害となり許されないという，著作権法上，当然のことを注意喚起として記載したものと評価できる★1。

他方，転載禁止との内容が会員とウェブサイト開設者との間で契約内容として合意されたのであれば，契約自由の原則からその契約は原則として有効となり，会員を拘束することになる。

そこで，いかなる場合に利用規約が契約内容として合意された（契約に組み入れられている）と評価できるか，その要件を検討する。利用規約が契約に組み入れられるための要件として，経済産業省が公表している「電子商取引及び情報財取引等に関する準則」によれば，①利用者がサイト利用規約の内容を事前に容易に確認できるように適切にサイト利用規約をウェブサイトに掲載して開示されていること，②利用者が開示されているサイト利用規約に従い契約を締結することに同意していると認定できることが必要であるとされている。

そして，サイト利用規約が契約に組み入れられると認められる場合の例としては，

①　ウェブサイトで取引を行う際に申込みボタンや購入ボタンとともに利用規約へのリンクが明瞭に設けられているなど，サイト利用規約が取引条件になっていることが利用者に対して明瞭に告知され，かつ利用者がいつで

も容易にサイト利用規約を閲覧できるようにウェブサイトが構築されていることによりサイト利用規約の内容が開示されている場合

② ウェブサイトの利用に際して，利用規約への同意クリックが要求されており，かつ利用者がいつでも容易にサイト利用規約を閲覧できるようにウェブサイトが構築されていることによりサイト利用規約の内容が開示されている場合

が挙げられている。

他方，サイト利用規約が契約に組み入れられないであろう場合の例としては，

③ ウェブサイト中の目立たない場所にサイト利用規約が掲載されているだけで，ウェブサイトの利用につきサイト利用規約への同意クリックも要求されていない場合

が挙げられている。

したがって，本設問においても利用規約が契約に組み入れられているか否かは上記の基準等をふまえ判断すべきといえる。

Ⅲ 無効となり得る場合

利用規約が契約内容に組み入れられる場合であっても，公序良俗（民90条）に違反する条項や強行法規（例えば，消費者契約法８条・９条・10条など）に違反する条項は無効となる。それでは，著作権制限規定の適用を排除する内容の契約等は無効となるのであろうか（いわゆる契約によるオーバーライドの問題）。設問との関係でいえば，転載を禁止するとした場合に，著作権法上，著作権者の許諾を得ることなくして行うことができる「引用」（著作32条１項）なども一切できないことになるのであろうか。

この点を議論した，平成19年１月の文化審議会著作権分科会報告書によれば，「今回の検討の対象としたソフトウェアや音楽配信，データベース，楽譜レンタルに関する契約にみられる条項について言えば，著作権法の権利制限規定に定められた行為であるという理由のみをもって，これらの行為を制限する契約は一切無効であると主張することはできず，いわゆる強行規定ではないと考えられる。これらをオーバーライドする契約については，契約自由の原則に基づき，原則としては有効であると考えられるものの，実際には，権利制限規

定の趣旨，ビジネス上の合理性，ユーザーに与える不利益の程度，及び不正競争又は不当な競争制限を防止する観点等を総合的にみて個別に判断することが必要であると考えられる。」「また，今回は個別の権利制限規定について具体的な検討はしなかったものの，例えば，第32条の引用や第42条の裁判手続き等における複製の規定も，これらをオーバーライドするあらゆる契約が一切無効であるとまでは言えず，この意味で強行規定ではないと考えられる。ただし，各権利制限規定が設けられている根拠には必要性や公益性という点で濃淡があり，これらは公益性の観点からの要請が大きいことから，オーバーライドする契約が有効と認められるケースは限定的であると考えられる。」とされており，著作権制限規定の適用を排除する内容の合意をしたとしても，強行法規違反として一律に無効となるわけではないとされている。

したがって，設問の事例でも，転載を禁止するという合意の趣旨が，著作権法上，著作権者の許諾なくして行うことができる「引用」（著作32条１項）も一切できないという趣旨であったとしても直ちに無効となるわけではないと考えられる。もっとも，「引用」に関しては表現の自由（憲21条）との関係もあることから，個別のケースごとに慎重な検討が必要であると考えられる。

◆佐々木　奏

▶▶注　記

★１　著作権法39条１項本文では，新聞紙又は雑誌に掲載して発行された政治上，経済上又は社会上の時事問題に関する論説について，他の新聞紙や雑誌への転載等を許諾なくして行うことができる旨を規定しており，同項ただし書では，転載禁止等の表示がある場合には許諾が必要な旨が定められている。もっとも，同規定は「新聞紙又は雑誌に掲載して発行された」ことが要件となっているため，ウェブサイトに掲載して発行された論説には適用はない。

第15節　類否判断

Q 40　オンラインゲーム制作における著作権侵害回避

競合他社のヒットしているオンラインゲームに対応して，当社も同ジャンルのオンラインゲームを制作したいと思います。具体的にどのような点に注意すればよいでしょうか。

回　答

貴社が新しく制作するオンラインゲーム（以下「貴社ゲーム」といいます）が，競合他社の既存のオンラインゲーム（以下「他社ゲーム」といいます）の複製又は翻案である場合には，貴社ゲームを制作・配信することは，著作権及び著作者人格権の侵害となります。

オンラインゲームにおいては，個別の影像のほか，画面遷移全体も，特に注意すべき比較要素です。これらの比較要素において，共通部分をできる限り少なくすれば，複製又は翻案と評価される可能性が低くなります。

ただし，共通する部分があったとしても，当該共通部分が，アイディアなど表現それ自体ではない部分であったり，又はありふれた表現であって創作性がなかったりする場合には，複製又は翻案とは評価されません。

▶解　説

I　オンラインゲームに働く権利

オンラインゲームの場合，配信プラットフォームの運営会社やゲーム制作会社が著作権者であり，ゲームの複製権（著作21条），翻案権（著作27条），当該ゲームの二次的著作物についての公衆送信権（著作28条・23条），同一性保持権（著作20条）等の権利を有している。

したがって，他社ゲームを複製して貴社ゲームを制作する行為は，複製権の侵害に当たり，そのような貴社ゲームをインターネット上で配信することは，公衆送信権の侵害に当たる。また，他社ゲームを翻案して貴社ゲームを制作する行為は，翻案権の侵害に当たり，そのような貴社ゲームをインターネット上で配信することは，二次的著作物に係る公衆送信権の侵害に当たる。他社ゲームを改変する場合には，同一性保持権の侵害にも当たる。

Ⅱ 翻案又は複製の判断基準・判断手法

〔江差追分事件〕最高裁判決（基礎編Q11☆3）は，言語の著作物について，翻案とは，「既存の著作物に依拠し，かつ，その表現上の本質的な特徴の同一性を維持しつつ，具体的表現に修正，増減，変更等を加えて，新たに思想又は感情を創作的に表現することにより，これに接する者が既存の著作物の表現上の本質的な特徴を直接感得することのできる別の著作物を創作する行為をいう。」とし，「既存の著作物に依拠して創作された著作物が，思想，感情若しくはアイディア，事実若しくは事件など表現それ自体でない部分又は表現上の創作性がない部分において，既存の著作物と同一性を有するにすぎない場合には，翻案には当たらないと解するのが相当である。」と判示する。そのうえで，同判決は，まず，同一性のある部分（共通点）を認定し，次に，当該同一性のある部分（共通点）に表現上の創作性があるか否かを判断し，最後に，表現上の本質的な特徴を直接感得できるか，という順で判断している。この判断基準と判断手法は，言語の著作物に限らず，その後の多くの下級審裁判例で踏襲されている。

また，基礎編Q11で説明したとおり，上記の「既存の著作物の表現上の本質的な特徴を直接感得すること」ができるかという判断基準は，複製にも妥当する。複製と翻案の違いは，新たな創作的表現の付加の有無である（新たな創作的表現が付加されていない場合が複製，付加されている場合が翻案である）。

Ⅲ　参考裁判例

オンラインゲームの複製権又は翻案権侵害が問題となった最近の裁判例として，次の２件がある。

1　〔釣りゲーム事件〕知財高裁判決☆[1]

〔釣りゲーム事件〕知財高裁判決☆[1]では，魚釣りをモチーフにした携帯電話機用インターネット・ゲームについて，翻案権侵害等が問題となった。

同事件ではまず，🗀図２－40－１　**魚の引き寄せ画面**に係る類似性が問題となり，知財高裁は，「水面より上の様子が画面から捨象され，水中のみが真横から水平方向に描かれている点，水中の画像には，画面のほぼ中央に，中心からほぼ等間隔である三重の同心円と，黒色の魚影及び釣り糸が描かれ，水中の画像の背景は，水の色を含め全体的に青色で，下方に岩陰が描かれている点，釣り針にかかった魚影は，水中全体を動き回るが，背景の画像は静止している点」といった，影像における共通点を認めつつ，これらの点はいずれも，「表現それ自体ではない部分又は表現上の創作性がない部分にすぎず，また，その具体的表現においても異なるものである」から，これらの点から，Xゲームの画面の表現上の本質的な特徴を直接感得することはできず，翻案に当たらないと判断した。

また，同事件では，「主要画面の変遷」に係る類似性も問題となった。知財

🗀図２－40－１　魚の引き寄せ画面

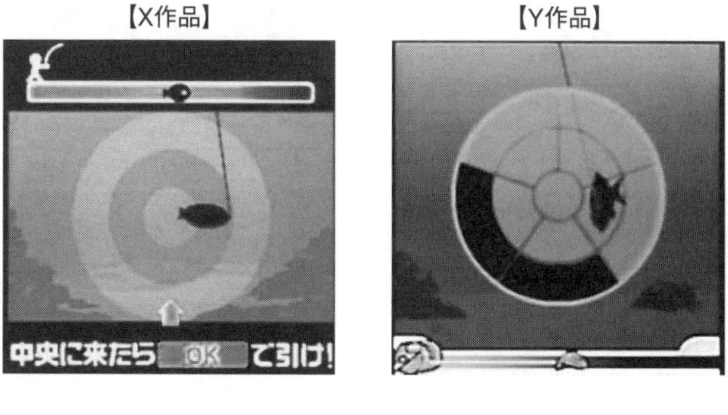

高裁は，「画面の選択と変遷」（画面遷移全体）について，「①『トップ画面』→②『釣り場選択画面』→③『キャスティング画面』→『魚の引き寄せ画面』→④『釣果画面（釣り上げ成功時）』又は『釣果画面（釣り上げ失敗時）』の順に変遷し，上記④『釣果画面（釣り上げ成功時）』又は『釣果画面（釣り上げ失敗時）』から上記①の『トップ画面』に戻ることなくゲームを繰り返すことができる点において，共通する」と認定したが，これらの画面の選択と順序は，「釣りゲームにおいてありふれた表現方法にすぎないものということができる」から，Xゲームの表現上の本質的な特徴を直接感得することはできないとした（その他，トップ画面等，個々の画面の類似性についても検討しているが，結論として翻案の該当性を否定した）。

2 〔プロ野球ドリームナイン事件〕知財高裁判決☆2

〔プロ野球ドリームナイン事件〕知財高裁判決☆2では，プロ野球をモチーフにしたSNS（ソーシャル・ネットワーキング・サービス）上のゲームについて，複製権及び翻案権等の侵害が問題となった。同事件では，選手カード（プロ野球選手が描かれたアイテム）及び選手ガチャ（選手カードを入手する手段）等の個別表現，並びにゲーム全体についての類似性が問題となった。

図2－40－2　翻案権侵害が肯定された選手カード

Xゲーム　　Yゲーム

1　中島裕之選手

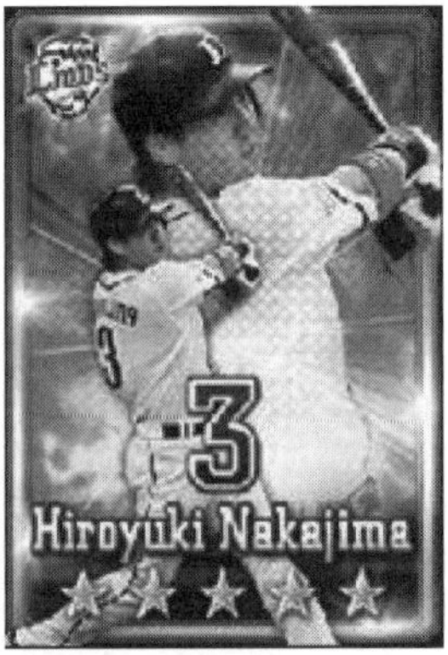

2　ダルビッシュ有選手

＜共通点＞
① 本体写真（選手の写真）について，その具体的なポーズ，大きさ及びそのカード上の配置
② 本体写真の上半身を大きく拡大し，本体写真よりも多少色を薄くした背景写真が，多色刷りで残像のように二重表示されていること及びそのカードにおける配置
③本体写真の下部に，本体写真と背景写真の間に入るように炎が描かれるとともに，全体の背景としても炎が描かれ，カード中央から外方向へ放射線状の閃光を現すような黄色又は白の直線的な線（後光）が四方へ向けて描かれているという点
④ カード左上には所属するチームのロゴマークが記載されている点
＜相違点＞
① 背番号の数字及び選手の氏名の記載部分の表現や金星の数
② 下の背景部分の選手カードの所属球団を表す色がXゲームの選手カードには存在するのに，Yゲームの選手カードには存在しない
③ 二重表示の写真の具体的な大きさや具体的な色味
④ 炎の具体的な色味，及び閃光を強調する楕円形状の光の玉がYゲームの選手カードには存在するのに，Xゲームの選手カードには存在しないこと

知財高裁は，４枚の選手カード（中島選手，ダルビッシュ選手，坂本選手，今江選手）のうち，中島選手，ダルビッシュ選手の２選手カードについて，上記のとおり，共通点と相違点を認定した。そして，各相違点は存在するものの（した

がって複製権侵害は成立しない)，共通点から受ける印象を凌駕するものとはいえず，YゲームのカードからⅩゲームのカードの表現上の本質的特徴を感得できるとして，翻案権侵害を認めた。

他方，知財高裁は，坂本選手，今江選手の2選手カードについては，以下のとおり，それぞれ共通点と相違点を認定したうえで，表現上の本質的特徴を異にするとして複製権又は翻案権侵害を認めなかった。

□図2－40－3　翻案権侵害が否定された選手カード

Xゲーム　　　　　　　　　Yゲーム

3　坂本勇人選手

＜共通点＞
① 本体写真のポーズ
② 背景として炎が描かれていること
③ カード左上には所属するチームのロゴマークが記載されている点

＜相違点＞
① 背番号の数字及び選手の氏名の記載部分の表現や金星の数
② 下の背景部分の選手カードの所属球団を表す色がXゲームの選手カードには存在するのに，Yゲームの選手カードには存在しない
③ 本体写真の大きさ及びカードにおける配置
④ Xゲームの同選手カードでは，二重表示がないのに対し，Yゲームの同選手カードでは，本体写真の上半身を大きく拡大し，本体写真よりも多少色を薄くした背景写真が多色刷りで残像のように二重表示されている点

⑤　炎の具体的な描き方

図２－40－４　翻案権侵害が否定された選手カード

Xゲーム　　　　　　　　　　Yゲーム

４　今江敏晃選手

＜共通点＞

①　本体写真が，打席でスイング前の状態を今江選手の右側から撮った全身写真であるという点，その大きさ及びカードにおけるおおよその配置

②　本体写真の上半身を大きく拡大し，本体写真よりも多少色を薄くした背景写真が，多色刷りで残像のように二重表示されていること及びそのカードにおける配置

③　本体写真の下部に，本体写真と背景写真の間に入るように炎が描かれるとともに，全体の背景としても炎が描かれ，カード中央から外方向へ放射線状の閃光を現すような黄色又は白の直線的な線（後光）が四方へ向けて描かれているという点

④　カード左上には所属するチームのロゴマークが記載されている点

＜相違点＞

①　本体写真のポーズ

②　背番号の数字及び選手の氏名の記載部分の表現や金星の数

③　下の背景部分の選手カードの所属球団を表す色がXゲームの選手カードには存在するのに，Yゲームの選手カードには存在しない

④　二重表示の写真の具体的な大きさや具体的な色味

⑤ 炎の具体的な色味，及び閃光を強調する楕円形状の光の玉がYゲームの選手カードには存在するのに，Xゲームの選手カードには存在しないこと

Ⅳ オンラインゲーム制作にあたっての留意点

上記Ⅲの２件の裁判例では，個別の影像や画面遷移全体といったゲームの要素について，両ゲームにおける同一性のある部分（共通点）が認定され，当該同一性のある部分（共通点）が創作的表現であるか否かが判断され，最終的に，表現上の本質的な特徴を直接感得できるか否かが判断されている。上記Ⅱの〔江差追分事件〕最高裁判決（基礎編Q11☆３）の判断基準と判断手法が踏襲されているといえよう。

したがって，オンラインゲームを制作するにあたってはまず，個別の影像や画面遷移全体といったゲームの要素において，他社ゲームと共通する部分をできる限り少なくするよう，留意すべきである。

ただし，同一性のある部分（共通点）であっても，それが，思想又は感情の表現ではなく，単なるアイディアである場合には，複製又は翻案には当たらない。

問題となる要素が思想又は感情の表現なのか，それとも単なるアイディアなのかの線引きは困難なことも多いが（表現とアイディアの区別につき，基礎編Q８参照），例として，前掲（☆１）〔釣りゲーム事件〕知財高裁判決では，「魚の引き寄せ画面」について，「水中を真横から水平方向に描き，魚影が動き回る際にも背景の画像は静止している」という，水中の様子を描く手法は，アイディアであると判断している。また，同じく「魚の引き寄せ画面」において「三重の同心円を採用すること」について，「従前の釣りゲームにはみられなかったものである」としつつも，「弓道，射撃及びダーツ等における同心円を釣りゲームに応用したものというべきであって，釣りゲームに同心円を採用すること自体は，アイディアの範疇に属する」と判示している。

また，同一性のある部分（共通点）が，思想又は感情の表現であっても，「ありふれた表現」であって創作性が認められない場合には，複製又は翻案に当たらない。「ありふれた表現」であるか否かの判断にあたっては，前掲（☆１）

〔釣りゲーム事件〕知財高裁判決，前掲（☆2）〔プロ野球ドリームナイン事件〕知財高裁判決では，従来の類似ゲームにおける表現方法を参酌し，似た表現が広く使われている場合には，「ありふれた表現」であると判断している。したがって，特定の他社ゲームと同一性のある表現を使わざるを得ない場合には，当該他社ゲームより前から存在する類似ゲームにおいても似た表現が使用されていないか，検討するとよい。使用されている例が多ければ多いほど，「ありふれた表現」であるとして，非侵害と判断される可能性が高くなるだろう。

◆上村　哲史＝呂　佳叡

▶▶判　例

☆1　知財高判平24・8・8判タ1403号271頁・判時2165号42頁〔釣りゲーム事件〕。

SNS（ソーシャル・ネットワーキング・サービス）ウェブサイト「GREE」において携帯電話機用インターネット・ゲーム「釣り★スタ」（以下「Xゲーム」という）を製作し公衆送信しているXが，同じくSNSウェブサイト「モバゲータウン」において携帯電話機用インターネット・ゲームである「釣りゲータウン2」（以下「Yゲーム」という）を共同で製作し公衆送信しているYらに対し，Yゲームは，Xゲームに係るXの著作権（翻案権，著作権法28条による公衆送信権）及び著作者人格権（同一性保持権）を侵害するなどとして，Yゲームの影像の複製及び公衆送信の差止め，損害賠償等を請求した。

知財高裁は，本文記載の理由により，著作権及び著作者人格権の侵害を認めず，原告の請求を棄却した。

☆2　知財高判平27・6・24（平成26年（ネ）第10004号）裁判所ホームページ〔プロ野球ドリームナイン事件〕。

SNS（ソーシャル・ネットワーキング・サービス）において「プロ野球ドリームナイン」というタイトルのゲーム（以下「Xゲーム」という）を提供・配信しているXが，Yが「大熱狂!!プロ野球カード」というタイトルの別ゲーム（以下「Yゲーム」という）を提供・配信する行為は，Xの著作権（複製権，翻案権及び公衆送信権）侵害に当たるなどとして，ゲームの配信差止め及び損害賠償を求めた。知財高裁は，本文記載のとおり，2選手の「選手カード」については翻案権侵害を認め，損害賠償を命じた。

事項索引

＊基＝第１章基礎編，実＝第２章実務編

判例索引

＊基＝第１章基礎編，実＝第２章実務編

最高裁判所
最判昭43・2・27民集22巻2号399頁・判タ219号91頁・判時516号36頁〔しょうざん事件〕 ········ 基Q3
最判昭44・12・24刑集23巻12号1625頁・判タ242号119頁・判時577号18頁〔京都府学連デモ事件〕
 ·· 実Q24
最大判昭50・4・30民集29巻4号572頁・判タ321号40頁・判時777号8頁〔薬事法距離制限事件〕
 ·· 実Q27
最判昭55・3・28民集34巻3号244頁・判タ415号100頁・判時967号45頁〔パロディ事件第1次上告審〕
 ·· 基Q13，基Q16，基Q17
最判平4・9・22集民165号407頁・判タ800号169頁・判時1437号139頁〔大森林事件〕 ········ 基Q3
最判平10・7・17集民189号267頁・判タ984号83頁・判時1651号56頁〔雑誌「諸君！」事件〕
 ·· 基Q16，実Q12
最判平13・3・2民集55巻2号185頁・判タ1058号107頁・判時1744号108頁〔ビデオメイツ事件〕
 ·· 実Q33
最判平13・6・28民集55巻4号837頁・判タ1066号220頁・判時1754号144頁〔江差追分事件〕
 ·· 基Q11，基Q16，実Q12
最判平14・1・29集民205号289頁・判タ1086号114頁・判時1778号56頁 ······················· 実Q29
最判平14・4・25民集56巻4号808頁・判タ1091号80頁・判時1785号3頁〔中古ゲームソフト事件〕
 ·· 基Q10
最判平15・3・14民集57巻3号229頁・判タ1126号97頁・判時1825号63頁〔長良川リンチ殺人事件報道訴訟〕
 ··· 基Q4
最判平16・2・13民集58巻2号311頁・判タ1156号101頁・判時1863号25頁〔ギャロップレーサー事件〕
 ·· 実Q27
最判平17・7・14民集59巻6号1569頁・判タ1191号220頁・判時1910号94頁 ················· 基Q18
最判平17・11・10民集59巻9号2428頁・判タ1203号74頁・判時1925号84頁 ······ 基Q4，実Q24，実Q28
最判平18・1・20民集60巻1号137頁・判タ1205号108頁・判時1925号150頁〔天理教事件〕 ······· 実Q27
最判平22・4・13民集64巻3号758頁・判タ1326号121頁・判時2082号59頁 ····················· 基Q1
最判平23・1・18民集65巻1号121頁・判タ1342号105頁・判時2103号124頁〔まねきTV事件〕
 ·· 実Q30，実Q35
最判平23・1・20民集65巻1号399頁・判タ1342号100頁・判時2103号128頁〔ロクラクⅡ事件〕
 ·· 実Q30，実Q33，実Q34，実Q35
最判平23・4・28民集65巻3号1499頁・判タ1347号89頁・判時2115号50頁 ····················· 実Q29
最判平23・12・8民集65巻9号3275頁・判タ1366号93頁・判時2142号79頁〔北朝鮮映画事件〕

359

……基Q 5，基Q18
最判平24・2・2民集66巻2号89頁・判タ1367号97頁・判時2143号72頁〔ピンク・レディー事件〕
……基Q 4，実Q18，実Q24，実Q25，実Q28
最判平24・3・23集民240号149頁・判タ1369号121頁・判時2147号61頁……基Q 1

高等裁判所

東京高判昭51・5・19無体8巻1号200頁・判時815号20頁〔パロディ・モンタージュ写真事件〕
……基Q17
東京高判昭60・10・17無体17巻3号462頁・判タ569号38頁・判時1176号33頁〔レオナール・フジタ事件〕
……基Q13
東京高判昭62・2・19無体19巻1号30頁・判タ629号221頁・判時1225号111頁〔当落予想表事件〕
……基Q 6，実Q26
大阪高判平2・2・14LEX/DB27815252〔ニーチェア事件〕……基Q 7
東京高判平3・12・17知財集23巻3号808頁・判時1418号120頁〔木目化粧紙原画事件〕……基Q 7，基Q18
大阪高判平6・2・25知財集26巻1号179頁・判タ846号244頁・判時1500号180頁〔野川グループ事件〕
……基Q 8
東京高判平6・10・27知財集26巻3号1151頁・判時1524号118頁〔ウォールストリートジャーナル事件〕
……基Q17
東京高判平7・5・16知財集27巻2号285頁〔出る順宅建事件〕……実Q26
東京高判平9・9・25行集48巻9号661頁・判タ994号147頁・判時1631号118頁〔全米女子オープン事件〕
……実Q18
東京高判平11・9・30判タ1018号259頁……実Q38
東京高決平12・9・11（平成12年（ラ）第134号）裁判所ホームページ〔国語テスト事件〕……実Q 3
東京高判平13・6・21判タ1087号247頁・判時1765号96頁〔西瓜の写真事件〕……基Q11，実Q 5
東京高判平13・10・30判タ1092号281頁・判時1773号127頁〔交通安全スローガン事件〕……基Q 6，実Q38
東京高判平14・2・18判時1786号136頁〔照明器具カタログ事件〕……基Q 5，実Q10
東京高判平14・4・11（平成13年（ネ）第3677号・平成13年（ネ）第5920号）裁判所ホームページ〔絶対音感事件〕……基Q13，基Q15
仙台高判平14・7・9判タ1110号248頁・判時1813号150頁〔ファービー人形刑事事件〕……基Q 7
東京高判平14・9・6判タ1110号211頁・判時1794号3頁〔どこまでも行こう・記念樹（小林亜星対服部克久）事件〕……基Q11
東京高判平14・11・27判タ1141号261頁・判時1814号140頁〔伊庭貞剛新聞記事引用事件〕……実Q12
名古屋高判平16・3・4判時1870号123頁〔社交ダンス教室事件〕……実Q16
大阪高判平16・9・29（平成15年（ネ）第3575号）裁判所ホームページ〔百年耐久・檜の家事件〕
……基Q 6
東京高判平17・3・3判タ1181号158頁・判時1893号126頁〔小学館 v. 2 ちゃんねる事件〕……実Q36
知財高判平17・5・25（平成17年（ワ）第10038号）裁判所ホームページ……実Q26
大阪高判平17・7・28判タ1205号254頁・判時1928号116頁〔おまけフィギュア事件〕……基Q 7
知財高判平17・10・6（平成17年（ネ）第10049号）裁判所ホームページ〔読売ヘッドライン事件〕
……基Q18，実Q26，実Q28，実Q38
知財高判平17・10・27（平成17年（ネ）第10013号）裁判所ホームページ〔超時空要塞マクロス事件〕
……基Q 3
知財高判平18・3・15（平成17年（ネ）第10095号）裁判所ホームページ〔通勤大学法学コース事件〕
……基Q18

知財高判平18・3・29判タ1234号295頁〔ホームページ上の広告販売用商品写真の著作物性事件〕……基Q6，実Q5，実Q19
大阪高判平19・6・14判時1991号122頁〔選撮見録（よりどりみどり）事件〕……実Q33
知財高判平22・9・8判タ1389号324頁・判時2115号102頁〔TVブレイク事件〕……実Q36
知財高判平22・10・13判タ1340号257頁・判時2092号135頁〔絵画鑑定書事件〕……基Q13，基Q16，基Q17，実Q12，実Q13
知財高判平23・4・19（平成23年（ネ）第10005号）裁判所ホームページ……実Q26
知財高判平23・5・10判タ1372号222頁〔廃墟写真事件〕……基Q11
知財高判平23・5・26判時2136号116頁〔データ復旧ウェブサイト掲載事件〕……基Q11
知財高判平23・12・26判タ1382号329頁・判時2139号87頁〔折り紙図事件〕……基Q11
知財高判平24・1・31（平成23年（ネ）第10052号）裁判所ホームページ〔入れ墨事件〕……基Q11
知財高判平24・1・31判タ1384号325頁・判時2142号96頁……実Q35
知財高判平24・1・31判タ1404号304頁・判時2141号117頁……実Q35
知財高判平24・8・8判タ1403号271頁・判時2165号42頁〔釣りゲーム事件〕……実Q40
知財高判平26・8・28判時2238号91頁〔ファッションショー事件〕……基Q7
知財高判平26・10・22判タ1414号227頁・判時2246号92頁〔自炊サービス事件〕……基Q12，実Q34
知財高判平27・4・14判時2267号91頁〔トリップトラップ事件〕……基Q7，実Q20
札幌高判平27・6・23（平成26年（ネ）第365号）LEX/DB〔食べログ札幌事件〕……実Q27
知財高判平27・6・24（平成26年（ネ）第10004号）裁判所ホームページ〔プロ野球ドリームナイン事件〕……実Q40
知財高判平28・1・19（平成26年（ネ）第10038号）裁判所ホームページ〔旅行業者向けデータベース事件〕……基Q11

地方裁判所

東京地判昭33・8・16法律新聞114号15頁……実Q26
東京地判昭39・9・28下民15巻9号2317頁・判タ165号184頁・判時385号12頁〔宴のあと事件〕……基Q4
長崎地佐世保支決昭48・2・7無体5巻1号18頁〔博多人形事件〕……基Q7
大阪地判昭51・2・24無体8巻1号102頁・判タ341号294頁・判時828号69頁〔ポパイシャツ事件〕……基Q3
東京地判昭52・7・22無体9巻2号534頁・判タ369号268頁〔舞台装置設計図事件〕……基Q12
神戸地姫路支判昭54・7・9無体11巻2号371頁〔仏壇彫刻事件〕……基Q7
東京地判昭56・4・20無体13巻1号432頁・判時1007号91頁〔Tシャツ事件〕……基Q7
東京地判昭63・9・16無体20巻3号444頁・判タ684号227頁・判時1292号142頁〔POS実践マニュアル事件〕……基Q3
京都地判平元・6・15判タ715号233頁・判時1327号123頁〔佐賀錦袋帯事件〕……基Q7
東京地判平6・3・30行集45巻3号931頁・訟月42巻5号1298頁……実Q18
東京地判平6・4・25判タ873号254頁・判時1509号130頁〔日本の城と文学と事件〕……基Q8
東京地判平7・2・22判時1526号141頁〔UNDER THE SUN事件〕……基Q3
青森地判平7・3・28判タ891号213頁・判時1546号88頁〔ふかだっこ肖像権訴訟〕……基Q4
東京地判平7・12・18知財集27巻4号787頁・判タ916号206頁・判時1567号126頁〔ラストメッセージ事件〕……基Q6，実Q28
東京地判平9・4・25判タ944号265頁・判時1605号136頁〔スモーキングスタンド設計図事件〕……基Q6
東京地判平10・2・20知財集30巻1号33頁・判タ974号204頁・判時1643号176頁〔バーンズコレクション事件〕……基Q13

東京地判平10・10・30判タ991号240頁・判時1674号132頁〔血液型と性格事件〕……………実Q14，実Q28
東京地判平10・11・30知財集30巻4号956頁・判タ994号258頁・判時1679号153頁〔版画の写真事件〕
……………………………………………………………………………………………………基Q6，実Q5
東京地判平11・1・29判タ994号249頁・判時1680号119頁〔古文単語語呂合わせ事件〕………………実Q38
東京地判平11・2・19判タ1004号246頁・判時1688号163頁〔スイングジャーナル事件〕……………基Q3
水戸地竜ヶ崎支判平11・5・17判タ1031号235頁〔飛鳥昭雄の大真実事件〕…………………………基Q15
大阪地判平11・8・26（平成9年（ワ）第9641号・平成10年（ワ）第524号）LEX/DB………………実Q26
東京地判平11・8・30判タ1013号231頁・判時1696号145頁〔「ときめきメモリアル」パロディビデオ事件〕………………………………………………………………………………………………基Q16
東京地判平12・2・29判タ1028号232頁・判時1715号76頁〔中田英寿詩引用事件〕………………基Q13
東京地判平12・3・17判タ1027号268頁・判時1714号128頁〔NTTタウンページデータベース事件〕
………………………………………………………………………………………………………実Q26
東京地判平12・5・16判タ1057号221頁・判時1751号128頁〔スターデジオ事件〕……………………基Q5
名古屋地判平12・10・18判タ1107号293頁…………………………………………………………実Q26
東京地判平13・1・23判時1756号139頁〔新撰組ガイドブック事件〕……………………………………基Q6
東京地判平13・5・25判タ1081号267頁・判時1774号132頁〔自動車データベース事件〕…基Q18，実Q26
東京地判平13・5・30判タ1060号249頁・判時1773号127頁〔チャイルドシート交通標語事件〕……実Q38
東京地判平13・6・13判タ1077号276頁・判時1757号138頁〔絶対音感事件〕……………………………基Q13
東京地決平13・12・19（平成13年（ヨ）第22103号）裁判所ホームページ〔「チーズはどこへ消えた？」事件〕……………………………………………………………………………………………基Q16
大阪地判平14・7・25（平成12年（ワ）第2452号）裁判所ホームページ……………………………基Q18
東京地判平14・11・21（平成12年（ワ）第27873号）WLJ……………………………………基Q16，実Q12
名古屋地判平15・2・7判タ1118号278頁・判時1840号126頁……………………………………………実Q16
東京地判平15・10・22判タ1162号265頁・判時1850号123頁…………………………………………実Q26
東京地判平15・11・12判タ1160号229頁・判時1856号142頁〔イラスト事件〕…………………………基Q11
東京地判平16・3・24判タ1175号281頁・判時1857号108頁……………………………………………実Q38
東京地判平16・12・24（平成15年（ワ）第25535号）裁判所ホームページ〔武蔵事件〕………………基Q8
大阪地判平17・12・8判タ1212号275頁・判時1934号109頁〔クルマの110番事件〕…………………実Q23
東京地判平18・5・11判タ1226号276頁・判時1946号119頁〔豆腐パッケージ事件〕…………………基Q6
東京地判平19・5・25判タ1251号319頁・判時1979号100頁〔MYUTA事件〕…………………………実Q30
大阪地判平19・9・13（平成18年（ワ）第7458号）裁判所ホームページ〔カリカセラピ事件〕
……………………………………………………………………………………………実Q22，実Q23
東京地決平20・2・26（平成19年（ワ）第15231号）裁判所ホームページ〔社保庁LAN電子掲示板事件〕
………………………………………………………………………………………………………実Q2
東京地判平20・7・4（平成18年（ワ）第16899号）裁判所ホームページ〔博士イラスト事件〕…基Q11
東京地判平21・11・26（平成20年（ワ）第31480号）裁判所ホームページ〔オークション出品カタログ事件〕…………………………………………………………………………………基Q13，実Q21
東京地判平22・1・27（平成20年（ワ）第32148号）裁判所ホームページ…………………………実Q26
東京地判平22・2・25（平成20年（ワ）第32147号）裁判所ホームページ…………………………実Q26
東京地判平22・5・28（平成21年（ワ）第12854号）裁判所ホームページ〔がん闘病記転載事件〕
………………………………………………………………………………………………………基Q13
大阪地判平24・7・12判タ1407号348頁・判時2181号136頁〔SAMURAI JAPAN事件〕………………実Q23
東京地決平24・11・8（平成24年（ヨ）第22037号）判例集未登載〔「完全自殺マニュアル」事件〕
………………………………………………………………………………………………………基Q16

東京地判平24・12・27（平成22年（ワ）第47569号）裁判所ホームページ……基Q18
大阪地判平25・6・20判時2218号112頁〔ロケットニュース24事件〕……基Q19，実Q37
東京地判平25・12・20（平成24年（ワ）第268号）裁判所ホームページ〔毎日オークションカタログ事件〕……実Q21
札幌地判平26・9・4（平成25年（ワ）第886号）裁判所ホームページ……実Q27
東京地判平27・1・29判時2249号87頁〔IKEA STORE事件〕……実Q23
大阪地判平27・2・23（平成25年（ワ）第13183号）裁判所ホームページ〔食べログ大阪事件〕……実Q27
東京地判平27・3・20（平成26年（ワ）第21237号）裁判所ホームページ〔スピードラーニング事件〕……基Q 6
東京地判平27・4・15（平成26年（ワ）第24391号）裁判所ホームページ〔アマナイメージズ事件〕……実Q 6
大阪地判平27・9・24（平成25年（ワ）第1074号）裁判所ホームページ〔ピクトグラム事件〕……基Q 7
東京地判平28・1・18（平成27年（ワ）第21642号）裁判所ホームページ……実Q28
東京地判平28・4・27（平成28年（ワ）第2419号）裁判所ホームページ……実Q28

海外判例

Authors Guild v. Google, Inc., 804 F.3d 202 (2nd Cir. 2015)……基Q17
Campbell v. Acuff-Rose Music, Inc., 510 U.S. 569 (1994)……基Q17，実Q12
GS Media BV v. Sanoma Media Netherlands BV and Others (Case C-160/15)……実Q37
Judgment in Joined Case C-236/08 to C-238/08 *Google France and Google Inc. et al. v. Luis Vuitton Malletier et al.*……実Q22
Sony Corp. of America v. Universal City Studios, Inc., 464 U.S. 417 (1984)……基Q17
Sega Enterprises Ltd. v. Accolade, Inc., 977 F.2d 1510 (9th Cir. 1992)……基Q17

編著者紹介

齋藤　浩貴（さいとう　ひろき）

弁護士　森・濱田松本法律事務所パートナー
東京大学法学部卒業。ニューヨーク大学法科大学院修士課程修了。
1990年弁護士登録（第二東京弁護士会）。1995年ニューヨーク州弁護士登録。
2015年日本ライセンス協会理事（～現在）。
知的財産，技術取引，情報通信，エンタテインメントに関連する交渉案件，訴訟案件及びマネジメント案件を中心に取り扱い，国内外にわたる取引に豊富な経験を有している。
主な著書・論文として，『著作権法コンメンタール〔第2版〕』（勁草書房，2015年，共著），「〈知的財産法の新潮流〉著作物のダウンロード販売と頒布権，譲渡権の消尽」論究ジュリスト（2014年冬号），『著作権侵害をめぐる喫緊の検討課題』（成文堂，2011年，共著）などがある。

上村　哲史（かみむら　てつし）

弁護士　森・濱田松本法律事務所パートナー
早稲田大学大学院法学研究科修士課程修了。2002年弁護士登録（第二東京弁護士会）。
2011年早稲田大学大学院法務研究科非常勤講師「著作権法等紛争処理法」（～現在），2016年文化庁「著作権等の集中管理の在り方に関する調査研究」委員会委員。
知的財産権，特に，放送，エンタテインメント，コンテンツ，ソフトウェア，IT関連分野の紛争案件や取引案件について，豊富な知識と経験を有している。
主な著書・論文として，『企業の情報管理　適切な対応と実務』（労務行政，2016年，共著），『著作権法コンメンタール〔第2版〕』（勁草書房，2015年，共著），『秘密保持・競業避止・引抜きの法律相談』（青林書院，2015年，共著），『出版をめぐる法的課題』（日本評論社，2015年，共著）などがある。

情報・コンテンツの公正利用の実務
～IT／ネット時代の企業活動におけるコンテンツの活用～

2016年9月15日　初版第1刷印刷
2016年10月11日　初版第1刷発行

廃検
止印

©編著者　齋藤浩貴
　　　　　上村哲史
発行者　逸見慎一

発行所　東京都文京区本郷6丁目4の7　株式会社　青林書院
振替口座　00110-9-16920／電話03(3815)5897～8／郵便番号113-0033

印刷・シナノ印刷㈱／落丁・乱丁本はお取り替え致します。
Printed in Japan　ISBN978-4-417-01698-4